KB232845

골프에서 배우는
팀장 코칭
리더십

골프에서 배우는

팀장 코칭 리더십

김영태 지음

이담북스

줄거리

시작은 클럽 하우스.

대학 동기들과 오랜만에 만나서 라운딩을 하게 된다. 친구들은 각기 다른 직업을 가지고 있다. 체육 교사(원철), 요식업 사장(성환), 공무원(광효), 그리고 주인공인 마케팅 회사 팀장(영현)이다. 원래부터 팀장은 아니었고, 팀장이 된 지 얼마 되지 않았다. 업무 역량을 인정받아 팀장이 됐는데, 팀장이라는 직책을 어려워한다. 팀장이 된 것을 축하한다는 친구들 말이 그리 좋게 들리지 않는다. 오히려 팀원으로 다시 돌아가고 싶다는 생각이 가득하다. 의욕을 갖고 잘해보려고 하는데, 팀원들이 잘 따르지 않는다. 자기 마음을 알아주지 않는 팀원들로 고민이라는 하소연으로, 식사를 마친다.

식사를 마치고 나와 카트가 있는 곳으로 갔는데, 나이가
지긋한 분이 캐디라며 인사한다.

불편하고 어색한 기운이 감도는 가운데, 한 친구가 캐디를
오래 하셨냐고 묻는다. 캐디는 골프장 대표인데, 곧 정년 퇴
임을 앞두고 있다고 소개했다. 퇴임 전, 처음 시작한 일인 캐
디를 마지막으로 마무리하고 싶어서 나왔다고 했다. 친구들
은 서로를 보며 난감한 표정을 지었다. 캐디를 모시고 라운딩
을 해야 할 것 같은 느낌이 들었기 때문이다. 친구들은 주인
공을 캐디에게 맡기고 자기들끼리 알아서 하자고 합의한다.
친구들은 캐디에게 팀장이 돼서 스트레스가 많은 주인공을
잘 부탁한다고 말한다. 자기들은 신경 쓰지 않아도 된다고 하
면서 말이다. 캐디는 주인공에게 골프 상황에 빗대어 코칭 기
법으로 팀장의 역할을 알려준다.

목차

프롤로그

머리 올린 날이 생각난다.

잊을 수 없는 날이다. 머리를 올렸기 때문만은 아니다. 연습도 제대로 안 된 상태였고, 아무런 장비도 갖춰지지 않은 상황이었다. 신발은 동반하는 사람이 신던 것을 얻었고, 바지는 면바지에 티는 평상시에 입던 카라가 있는 티를 챙겼다. 골프채도 없었다. 친구에게 빌리기로 했는데, 친구가 당일 새벽 연락이 되지 않았다. 프로 테스트를 받던 친구여서 골프채가 좋았을 거로 생각된다. 그런 채를 머리 올리러 가는 친구에게 빌려주기는 매우 부담스러웠을 거다. 그렇게 추측한다. 그래도 그렇지. 못 빌려준다고 하든지. 빌려준다고 하고 연락을 받지 않은 건 무슨 경우란 말인가! 난감했다. 다행히 골프장에서 5만 원에 채를 빌려준다는 이야기를 듣고 출발했다.

아! 또 황당한 이야기가 있다. 실내골프장을 운영하는 친구한테 연습할 때 쓰는 공 몇 개만 가져가도 되냐고 물은 거다. 친구는 황당한 표정과 함께, 내가 한 말이 진담인지 농담인지를 가늠하는 모호한 표정을 지었다. 말도 안 되는 소리 좀 하지 말라고 했다. 그렇다. 정말, 말도 안 되는 소리다. 그 이유를 오래 지나지 않아 알게 되었다. 아무것도 모르고 아무것도 준비되지 않은 상태라, 황당한 말을 아무렇지 않게 할 수 있었다. 무식하면 용감하다고 하지 않던가! 친구는 차분하게, 골프장 근처에 가면 로스트볼을 파는데, 그건 저렴하니 그걸 사라고 이야기해 줬다. 참 이야깃거리가 많은 머리 올리는 날이었다.

여기에 이야깃거리가 하나 더 있다.

파 3에서 버디를 한 거다. 머리 올리는 날, 그것도 골프장에서 빌린 채로 버디를 한 거다. 함께 라운딩했던 경력자(?)들도 아직 하지 못한 버디를 내가 한 거다. 실력보다는 운이 좋았고, 초보였기에 가능했다. 휘두른 아이언에 우연히 잘 맞은 공이 온 그린이 됐다. 2m 정도 거리라고 해서 덤덤하게 툭 쳤는데, 들어갔다. 동반자들도 그랬다. 처음이니 별생각 없이 퍼팅해서 들어갔다고 말이다. 진짜로 한 말인지 질투가 담긴 말인지는 모르겠지만. 아무튼. 몇 번 해보니 틀린 말은 아니었다. 라운딩을 몇 번 해보니, 그 정도 거리가 쉽지 않다는 걸 알았다. 긴장돼서인지 욕심 때문인지는 몰라도 (아마도 같은 의미인 듯하다), 아슬아슬하게 홀 안이 아닌 홀 옆에 공이 멈쳤다. 계획도 준비도 생각도 없이 시작한 골프를 지금도 하고 있다. 회사 일로 시작했다. 지금도 개인적으로 나간 적은 거의 없다. 주로 회사 일로 나간다. 지금은 조금 여유가 생겨, 볼을 치고 말뚝이 박혀있는 근처로 슬슬 걸으면서, 로스트볼이 있나 살핀다. 운이 좋으면 막 집(케이스)에서 나온 볼을 만나기도 한다. 주운 볼로, 자급자족하면서 라운딩을 하고 있다. 가끔 선물로 받는 볼은 정말 아꼈다가 중요한 순간에 큰마음을 먹고 꺼낸다.

이래저래 구력이라고 하기도 뭣하지만, 기간으로는 머리 올리고 10년이 넘었다.

자주 나갈 때는 한 달에 3~4번을 나가기도 했고, 몇 달 만에 한 번 나갈 때도 있다. 평균적으로, 월 1회 정도는 나갔던 것 같다. 한창 나갈 때는 평균 80대를 유지했다. 초반에 무너지면 어떻게든 만회했고, 초반에 잘돼서 더 좋은 성적을 기대하면 후반에 무너졌다. 평균 불변의 법칙이 발휘되는 놀라운 체험을 했다. 언제부턴가 90대 늦에서 헤매고 있다. 가장 큰 이유는 연습하지 않아서겠지만, 전에도 연습은 하지 않았다. 다른 이유를 찾아봤다. 결론은 인생과 같다는 거다. 오르막이 있으면 내리막이 있듯, 이것도 하나의 과정이라는 말이다.

성적은 오르막과 내리막이 있지만, 항상 유지되는 게 있다.
골프를 바라보는 시선이다. 필자는 골프를 그냥 스포츠 혹은 운동으로만 바라보지 않는다. 직장 생활을 하고 있어서 그런지는 몰라도, 그 안에서 직장 생활과 맞닿은 부분을 보게 된다. 예를 들면, 골프 백과 용병술이 같다고 느낀 거다. 골프 백에는 여러 클럽이 들어있다. 상황에 따라 클럽을 선택한다. 직장에도 다양한 사람들이 있다. 리더는 시의적절하게, 필요한 사람에게 필요한 역할을 부여한다. 각자의 강점을 활용하여 필요한 역할을 하도록 여건을 만들어 주는 사람이 리더인 거다. 라운딩할 때도 그렇다. 상황에 따라, 일반적으로 사용하는 클럽을 사용하지 않을 때가 있다. 클럽 선택을 달리하는 거다. 골프와 리더십의 결이 같다고 느끼는 순간이었다. 그때 썼던 글을 인용하면 이렇다.

『골프는 여러 클럽을 가지고, 공을 홀에 넣는 스포츠이다.

각 클럽은 일정한 거리를 보내는 역할을 한다. 티샷하는 드라이브라는 클럽이 가장 멀리 보낸다. 이후부터는 공이 있는 지점의 상태와 목표까지의 거리 등을 고려해서 전략적으로 클럽을 선택한다. 일반적인 상황이라면 남은 거리에 따라 클럽을 선택하지만, 상황에 따라 달리 선택할 때도 있다. 무조건 멀리 보내는 게 좋은 게 아니라는 말이다.

중간에 해저드(호수같이 물이 있는 곳)가 있다면 끊어가야 한다.

거리를 잘라가야 한다는 말이다. 150m 이상 보낼 수 있더라도 그 지점에 해저드가 있다면, 120~130m 정도만 보내야 안전하다.

도전하겠다는 마음으로 야심 차게 달려들었다가, 공이 물에 빠지고 나서야 후회한다. 필자도 예외가 아니다. 넘겨보겠다는 호기는 물이 뛰는 것을 보고서야 쓰라린 마음으로 되돌아왔다. '그냥 안전하게 갈걸.' 후회해도 이미 소용없는 일이다. 공과 타수 모두를 잃고 터벅터벅 걷는 수밖에.

사용할 수 있는 클럽은 많지만, 꼭 필요한 클럽이 없을 때가 있다. 애매한 거리가 남을 때가 그렇다. 80~90m이다. 이에 맞는 적정한 클럽이 있는 사람도 있지만, 대부분은 조절해서 공략한다. 70m 보낼 수 있는 클럽으로 낮게 깔아서 많이 튀어 나가게 하는 전략이 있다. 100m 정도 보낼 수 있는 클럽을 짧게 잡고 가볍게 치는 전략도 있다. 이 선택 역시, 공이 놓여있는 상태와 목표물의 위치 등에 따라 판단한다. 생각대로 가면 전략이 맞았다며 환호하고, 그렇지 않으면 고개를 숙이며 잘못된 선택을 반성한다.

골프 백안에 들어있는 골프 클럽을 볼 때, 리더십이 떠오른다. 일반적인 상황에서 거리에 맞게 사용할 수 있는 클럽이 있다. 일반적인 상황이 아닐 때는 고민하게 된다. '어떤 클럽으로 치지?' 공동체에서 사람을 배치하고 역량을 발휘하게 하는 것도 이와 같다. 일반적인 상황에서는 그 역할을 잘하는 사람이 있지만, 돌발 상황에서는 전혀 손을 쓰지 못하는 사람이 있다. 이때는 그 상황을 잘 해결할 수 있는 사람에게 맡겨야 한다. 앞에서 든 예처럼 150m를 보낼 수 있는 클럽이 있지만, 이 상황에서는 최악의 결과를 낸다. 오히려 120~130m 정도로 짧게 보낼 수 있는 클럽이 최상의 결과를 낸다.

용병술은 이런 거다.

있는 사람을 적절한 상황에 배치해서 최선의 결과를 내는 것. 용병술은 스포츠에서 가장 많이 나오는 용어이기도 하다. 원하는 결과가 나오면 감독의 용병술을 칭찬한다. 너무도 시의적절한 용병술을 볼 때면, 감탄하고 환호한다. 좋지 않은 결과가 나오면, 감독에게 질타가 쏟아진다. 심하게는 감독을 경질하라는 목소리까지 나온다. 그만큼 공동체 리더에게 용병술은 무엇보다 중요한 능력이다.

클럽이 아무리 많아도, 사용할 클럽이 없다면 어떨까?

클럽이 없다면 그러려니 하겠지만, 클럽이 많이 있어도 사용할 클럽이 없다면 막막하다. 클럽도 이런데, 위기 상황에서 적절하게 투입할 수 있는 사람이 없는 리더의 입장은 두말하면 잔소리다. 용병술을 쓰고 싶어도 쓸 수 없는 상황은 눈앞이 캄캄해지는 것처럼 암담하다. 그렇다고 용병술의 결과가 구성원의 역량에만 달려 있다고 한다면 억울하지 않을까?

리더십을 이렇게 바라볼 수도 있다.

적절하게 배치하고 힘을 실어주는 리더에 따라, 구성원이 할 수 있는 역량도 달라진다. 두루두루 역량을 발휘할 수 있게 해주는 능력도 용병술에 포함되어야 한다는 말이다. 적절하게 배치하고 힘을 실어준다고 없던 능력이 솟아나는 건 아니다. 능력이 부족하지만 힘을 실어주는 리더가 있다면, 해결하는 방법을 찾기 위해 최선을 다하지 않을까? 그 마음을 통해 반드시 길도 열린다고 믿는다.』

골프 클럽은 각각 어느 정도 거리가 나간다고 정해져 있다.

정해져 있지만, 클럽을 결정할 때는 지형과 코스를 고려해야 한다. 용병술과 같다고 볼 수 있다. 항상 쓰는 패가 있지만, 유효할 때와 그렇지 않을 때가 있기 때문이다. 골프를 좀 더 넓게 바라보면, 용병술뿐만 아니라 리더십을 포함하여, 전반적으로 생각할 부분이 있다는 것을 알게 된다. 일례로 준비 운동을 들 수 있다. 라운딩할 때, 준비 운동을 소홀하게 생각하는 사람이 있는데 그러다 다치기에 십상이다. 마찬가지로 회사에서는 회의할 때나 면담할 때, 처음부터 본론으로 들어가면 서먹하고 딱딱해진다. 라포르 형성이라고 해서 분위기를 부드럽게 하는 시간을 가져야 한다. 골프에서는 준비 운동이다. 이렇듯 다양한 사례를 골프 상황에 빗대어 하나씩 풀어봤다. 전체를 풀어가는 핵심은 대화 프로세스인 코칭이다. 영역을 구분하자면, 비즈니스 코칭이라고 볼 수 있다. 골프와 리더십 그리고 코칭이 잘 버무려져 맛나게 전달되기를 소망해 본다.

이 책은 총 18홀 라운딩하는 여정으로 이루어진다.

각 홀에 따라 상황이 벌어지고, 그 상황에 빗대어 코칭으로 팀장 리더십을 기르도록 안내한다. 각 홀 끝에는 〈김 코치의, 코칭 레시피〉라는 글이 있다. 그 홀의 상황에서 전하고자 하는 코칭 메시지를 정리한 내용이다. 필자가 코칭을 배우고 익히면서 깨달은 것을 기록했다. 이 글에서 표현하는 코치를 팀장으로, 고객을 팀원으로 치환해서 읽는 것도 좋겠다.

클럽 하우스

"어! 여기야, 여기!"

저 멀리, 오른쪽 창가에 앉은 친구들이 나를 불렀다. 평일이라 그런지 한산한 식당, 아니지 여기서는 클럽 하우스라고 하지? 아무튼. 친구들이 앉아있는 테이블로 향했다. 골프장에 자주 다니는 친구들이라 그런지, 원래 이곳에 있던 사람들처럼 자연스러웠다. 오랜만에 오니 어색하긴 했지만, 오랜만에 친구들을 봐서 그런지 마음이 좀 풀렸다.

"왜 이리 바빠?"

강남에서 패밀리 레스토랑을 운영하는 친구, 성환이가 손을 내밀며 안부를 물었다. 손을 잡고 옆자리에 앉았다. 앞자리에는 중학교에서 체육 교사를 하는 친구 원철이가 그 옆에는 구청 공무원 광효가 앉아있었다. 원철이는 체육 교사답게 싱글 플레이어였다. 친구들은 내가 팀장 된 것을 축하한다며, 자리를 만들었다. 골프를 좀 치긴 하는데, 일 때문에 정신없어서 한동안 뜸했던 터였다. 오랜만에 나오면 기분도 좋고 설레기도 해야 하는데, 내 마음은 그렇지 않았다. 지금 내 상황이 그럴 상황이 아니기 때문이다.

"말도 마라. 팀장이 되면 좀 편해지나 했는데, 아니야. 더 바빠. 내 일도 해야지, 팀원 일도 봐줘야 하지, 아주 정신이 없다."

그렇다. 일이 재미있어 열심히 했더니, 회사에서는 새롭게 팀을 꾸려서 팀장 자리를 만들어 주었다. 지금 하는 것처럼만 하면 좋은 팀으로 만들 수 있을 거라며 말이다. 이제 3개월이 좀 지나고 있는데, 매우 혼란스럽다. 팀원으로 일할 때보다 더 힘들다. 팀원으로 일할 때처럼 열심히는 하는데, 그때처럼 성과도 안 나고 재미도 없고 마음만 무겁다. 어제는 팀원 하나가 그만두겠다며 왔는데, 이유를 명확하게 이야기하지 않는다. 공부를 좀 더 하겠다고 하는데, 진짜 공부를 더 하려는 것으로 보이지 않았다. 일반적으로 많이 하는 핑곗거리 하나를 대는 느낌이랄까? 팀장이 된 이후로, 제대로 풀리는 게 하나도 없었다.

"일 잘해서 팀장 달아준 거 아냐? 근데 왜 그래?"

구청에서 일하는 광효가 한마디 거들었다. 이 친구는 모두가 인정하는 공무원 체질이다. 딱히 뭘 잘하는 것 같지는 않은데, 승진도 빠르고 생활도 매우 여유 있어 보인다. 이 친구는 팀장을 단 지가 좀 됐다. 지금까지 만났을 때도 이 친구는 회사 얘기는 별로 하지 않았다. 그냥 마실 다니는 친구처럼 편안하게 다니는 듯 보였다.

"맞다! 너도 팀장이잖아. 넌 팀장 생활 힘들지 않아? 처음 팀장 됐을 때도 힘들다는 얘기는 없던 거로 기억하는데?"

"나? 난 뭐, 그냥 하던 대로 하는데? 팀장이라고 뭐 별거 있냐. 그냥 밑에 애들 일 시키고 잘하는지 보고, 잘못되면 한마디 하고, 그러는 거지 뭐."

"그게 다야?"

"야! 너는 팀원 2명이라며, 그래서 그런 거 아냐? 영현이 너는 팀원이 몇 명이야?"

성환은 요식업 사장답게 예리하게 집었다.

"난, 7명이지."

"거봐. 가지 많은 나무에 바람 잘 날 없다고, 인원이 많으면 아무래도 통제하기도 어렵고 이것저것 챙길 게 많아지지."

가만히 듣고 있던 체육 교사 원철이가 한마디 거들었다.

"야! 그냥 자기 맡은 거 잘하면 되는 거 아냐? 밑에 있는 애들로 따지면 나는 30명도 넘어!"

"야! 팀원하고 학생하고, 같냐? 그걸 그냥 인원수로 따지면 어떡하나?"

성환은 한심하다는 듯 원철이한테 한마디 하고, 물 한 잔을 들이켰다. 맞는 말이다. 팀원하고 학생을 인원수로만 보고 이야기하다니. 분야가 다르니 공감할 수 있는 부분이 한계가 있었다. 오랜만에 나를 축하해주려는 좋은 마음으로 모인 친구들인데, 이렇게 분위기를 흩트릴 순 없다는 생각에 여기까지 이야기하고 마무리하기로 했다.

"야! 내가 괜한 얘기 꺼냈나 보다. 나 생각해서 이렇게 모였는데, 지금까지 이야기한 건, 내가 알아서 잘 풀 테니까. 재미있게 치자. 난 오랜만에 나왔으니, 좀 봐주고. 오케이?"

준비 운동은,
충분히 하고 시작해야 한다.

**팀장은 회의할 때, 준비 운동하듯,
라포르 형성에 신경 써야 한다.**

시간이 돼서 밖으로 나왔다.

날씨가 좋았다. 이유가 어쨌든, 필드에 나오면 그냥 좋았던 느낌
이 다시 살아났다. 푸른 잔디만 봐도 마음이 좀 트이는 것 같았다.
두리번거리다 우리 카트를 찾았다. 친구들은 각자의 클럽 가방에서
이것저것 꺼내면서 분주하게 움직였다. 원철이는 오랜만에 나온 내
가 우려됐던지, 장비는 잘 챙겨왔는지 점검했다.

"볼은 어딨어? 티는? 장갑도 챙겼고?"

나는 숙제 검사를 받는 학생처럼 어제 산 로스트볼 한 세트를 보
여줬고, 티도 함께 내밀었다. 장갑은 이미 끼고 있었다. 원철이는 흐
뭇한 표정으로 숙제 검사를 마치고 자기 것을 챙겼다.

"그런데 캐디는 어딨지? 보통 캐디는 카트에 있는데."

좀 와봤다고, 광효가 한마디 했다. 작은 식당 같은 곳에서 한 사람이 걸어왔다. 캐디 복장을 한 것은 맞는데, 나이가 꽤 있어 보였다. 할아버지까지는 아닌데 편안하게 함께 있을 정도는 아니었다. 친구들은 일제히, 일시 정지가 되었다.

"안녕하세요. 여러분을 도와 라운딩을 진행할 김동진 캐디입니다. 만나서 반갑습니다."

캐디로 자신을 소개한 분은 중저음의 목소리로 차분하게 인사했다. 친구들은 어정쩡한 모습과 표정으로 "예. 예."라고 했지만, 매우 당황한 모습이었다. 캐디에 관해서는 원래 무덤덤했던 나로서는 그렇게 당황할 일인가 싶었다. 캐디가 차지하는 비중이 크다고 생각하는 사람들의 처지에서는 그럴 수도 있겠다는 생각도 들었다. 친절하고 잘 도와주는 캐디와 함께 라운딩하면 공이 잘 맞지 않아도, 기분 좋게 라운딩할 수 있으니 말이다.

출발 준비를 마치고 카트에 앉았다.

"자! 이동하겠습니다."

캐디분(?)은 고개를 살짝 돌려 말하고 나서 카트를 이동시켰다. 친구들은 각자 앉은 방향 바깥을 쳐다봤다. 가운데 낀 나는 묘한 분위기에 뭘 어떻게 해야 할지 난감했다.

"좀 당황스러우시죠?"

캐디가 먼저 말을 꺼냈다. 풍경을 의미 없이 바라보던 친구들이

동시에 캐디를 바라봤다.

"당연히 그러실 만합니다. 제가 고객님들 같았어도 그랬을 겁니다. 사실 저는 이 골프장 대표이사인데요. 내일이면 퇴임합니다. 떠나야 하는데 좀 아쉽더라고요. 그래서 제가 처음 시작한 일인, 캐디 역할을 마지막으로 해보고 싶어서 이렇게 나왔습니다. 미리 양해 말씀드렸어야 했는데 죄송합니다. 대신 오늘 캐디피는 내지 않으셔도 됩니다. 최대한 잘 서포트할 테니 양해 부탁드립니다."

"아! 그러시군요?"

앞에 앉은 원철이가 캐디를 바라보며 공감을 표현했다. 의외이긴 하지만, 무슨 말인지 알았다는 듯한 느낌을 전달했다. 옆에 있던 두 친구도 말없이 고개를 끄덕였다. 아무래도 캐디피를 내지 않아도 된다는 말이 친구들의 마음을 이해시키듯 보였다.

"그러시면, 저희는 알아서 칠 테니 가운데 있는 친구만 잘 좀 부탁드릴게요. 팀장 되고 나서 스트레스가 이만저만이 아니에요. 잘 좀 챙겨주세요."

"아! 그러세요? 그럼, 제가 잘 모시도록 하겠습니다. 양해해주셔서 고맙습니다."

카트가 첫 번째 티샷하는 근처에 도착하자 모두 내렸다. 우리 앞 팀 사람들이 티샷을 준비하고 있었다. 카트에서 내리자, 캐디는 준비 운동을 하겠다며 우리 앞에 섰다. 친구들은 그 앞에 나란히 섰다. 마치 소그룹 수업을 받으려고 준비하는 학생들처럼 말이다. 전화가 왔다. 팀원이었다.

"아……. 휴가라고 했는데."

건조하게 전화를 받았다. 팀원은 보고할 내용이 있다며 운을 뗐다. 들어보니 내일 복귀해서 보고해도 아무런 문제가 안 될 정도로, 급하지도 중요하지도 않은 내용이었다. 일단 알았다며 전화를 끊었다. 짜증이 몰려왔다. 가뜩이나 팀장이 되고 나서 스트레스가 이만 저만이 아닌데, 별거 아닌 일로 휴가인 상사한테 아무렇지 않게 전화하는 팀원에게 화가 났다. '날 자기 아래로 보나?' 생각할수록 아무런 도움이 되지 않는 생각만 올라왔다. 전화를 끊고 담배 한 대를 꺼내 물었다. 첫 모금에 답답한 마음도 함께 내뿜었다.

"준비 운동하셔야죠!"

고개를 돌리니 카트가 앞으로 이동하고 있었다. 다른 친구들은 준비 운동을 마치고, 카트를 따라 앞으로 걸어갔다. 캐디는 인자한 표정으로 준비 운동을 하자는 눈빛으로 쳐다봤다.

"아. 네, 뭐. 근데 이제 치러 가야 하지 않아요? 그냥 하시죠. 제가 알아서 풀고 갈게요."

"준비 운동은 해도 그만, 안 해도 그만인 게 아니죠. 반드시 해야 하는 아주 중요한 단계랍니다. 골프는 스윙만 하면 되는 것으로 생각해서, 준비 운동을 소홀히 하는 경우가 많죠? 그러니 촉박하게 도착해서, 바로 티샷을 하는 사람도 있는 거고요. 하지만 골프는 전신

을 사용하는 운동이라, 준비 운동을 충분히 하지 않으면 부상이 올
수 있습니다. 부상이라고 해서 타박상이나 골절상만 있는 게 아니
에요. 겉으로 드러나지 않는 부상도 많이 있습니다. 일상생활을 매
우 불편하게 하는 거죠. 엘보우나 근육 손상처럼 말이죠."

이 기분은 뭐지? 선생님께 한 소리 듣는 기분이었다. 어쩔 수 없
이 약식으로 몸을 풀고 아래로 내려갔다. 보란 듯이, 내려가면서도
어깨와 손목 그리고 목을 돌렸다. 앞 팀이 아직 진행 중이라 조금
더 기다려야 했다. 친구들은 자기 장비를 하나씩 꺼내 들고 여기저
기서 연습 스윙을 하기 시작했다.

"처음 만나는 사람과 만나자마자 본론으로 들어가나요?"

"네? 갑자기 무슨 뜬구름 잡는 말씀을…."

"사람들과 처음 만나면 라포르 형성이라고 해서 가벼운 이야기
로 분위기를 풀죠? 날씨 이야기를 하거나, 사회 이슈 등을 꺼내기도
하고요. 그런 이야기들이 별거 아닌 것 같지만, 대화를 풀어가는 데
아주 중요한 첫 단추가 된답니다. 준비 운동처럼 말이죠. 아까 친구
분들 말씀을 들어보니, 최근에 팀장이 되고 나서, 스트레스가 이만
저만 아니라고 하시던데요. 제가 몇 가지 팁을 좀 드릴까요? 저도
조직 생활하면서 시행착오를 많이 겪었거든요. 그러면서 깨달은 게
좀 있습니다. 혹시 팀장님께 도움이 될까 해서요."

갑자기 뭐에 홀린 기분이 들었다. 하지만 느낌이 나쁘진 않았다.
방금, 준비 운동을 라포르 형성과 비교할 때 사실 좀 놀랐다. 생각

지도 못한 연결이었다. 팀장이 되고 매주 월요일 아침 회의를 하는데, 뭔가 불편한 느낌이 항상 있었다. 내가 일부러, 분위기를 무겁게 하는 것도 아니다. 지난주 업무 특이 상황을 정리하고, 그 주에 할 일을 논의하는데 그렇다. 공기 자체가 무겁다. 이유를 찾으려 해도 떠오르지 않았는데, 이제 알 듯하다. 모이자마자 바로 본론으로 들어가니, 가뜩이나 마음이 무거운 월요일 아침인데, 팀원들 마음을 더 무겁게 했는지도 모르겠다. 다음 주 회의 때는 편안한 이야기로 시작해야겠다고 생각했다. 어떤 이야기로 준비할지 지금부터 살짝 설렌다. 묵었던 숙제 하나를 끝낸 기분이다. 오늘은 골프도 골프지만, 지금 나를 괴롭히는 팀장 역할의 해결책을 찾을 수 있을 듯한 기대가 올라왔다. 그렇게만 된다면, 이보다 더 좋을 수 있을까?

"네, 잘 부탁드리겠습니다."

캐디, 아니 선생님은 인자한 미소를 지으며 내게 주먹을 쥐어 내밀었다. 나는 한 손은 주먹을 쥐고 한 손으로는 주먹 쥔 손을 받쳐서 선생님 주먹에 갖다 댔다. 시작종을 울리듯 말이다.

Hole 1

스윙은 풀(Full)로 해라

**팀원 스스로 자각하도록 해주어야,
책임감을 느끼면서 행동한다.**

"저희 쳐도 돼요?"

원철이가 물었다. 몸이 근질근질한지, 아니면 뭔가 느낌이 오는지 빨리 치고 싶은 모양이었다. 앞 팀 사람들은 이미 그린 위에 올라가 있었다. 선생님은 쳐도 된다고 하면서 코스를 설명하셨다.

"네, 이번 홀은 420m 파 4홀입니다. 우도그레 코스이고 오른쪽은 오비, 왼쪽은 해저드입니다. 중앙 보고 치시면 됩니다."

원철이는 공이 올려진 티를 꽂고 뒤로 물러났다. 드라이버를 앞으로 들었는데, 방향을 재는 듯 보였다. 연습 스윙을 한 뒤에 공 앞에 서서, 쳐야 할 방향과 공을 번갈아 쳐다봤다. 모두가 조용한 가운데 원철이의 티샷을 지켜봤다. 가장 잘 치는 친구의 스윙을 눈으로 스캔하겠다는 표정으로 말이다.

"땅"

잠시 멈추는 듯하더니 거침없이 스윙을 돌렸다. 군더더기 없는 완벽한 스윙이었다. 언제봐도 정말 멋진 스윙이었다. 공은 원철이가 바라본 그 방향으로 그대로 날아갔다. 우리는 일제히 손뼉을 치며 굿샷을 외쳤다.

"야! 죽인다. 난 졸려서 어떻게 치나?"

7년 정도 구력이 되고 한창 골프에 빠져있는 광효가 앓는 소리를 하며, 티박스에 올랐다. 광효는 공이 올려진 티를 꽂고 바로 공 앞에 섰다. 공에서 두 걸음 정도 물러나서 연습 스윙을 두 차례 시원하게 돌렸다. 준비됐는지 공 앞에 섰다. 원철이와 마찬가지로 공과 앞을 번갈아 보다가, 시선을 공에 멈췄다. 백스윙을 천천히 하더니, 다운스윙을 빠르게 가져갔다.

"땅"

앓는 소리를 한 광효도 원철이 못지않게 잘 뻗어 나갔다. 둘의 차이를 느끼지 못할 만큼 잘 나갔다. 이제 성환이 차례였다. 앞선 친구들이 잘 쳐서인지 긴장한 표정이 역력했다. 성환이는 티를 먼저 꽂고 그 위에 공을 올렸다. 성환은 광효와 달리 오히려 공 앞으로 더 가까이 붙었다. 그리고 연습 스윙을 했다. 광효의 연습 스윙이 공 뒤에서 이루어졌다면, 성환의 연습 스윙은 공 앞에서 이루어졌다. 좀 특이한 모습이긴 한데, 나빠 보이진 않았다. 성환은 연습 스윙할 때, 클럽을 앞으로 내밀고 정면을 바라봤다. 마치 실제 공을 친 다음 바라보는 것처럼. 그렇게 두어 번을 하고 뒤로 물러났다. 공을 뚫어져라 쳐다보더니 빠르게 백스윙하고 또 빠르게 다운스윙 했다. 맞는 소리가 좀 둔탁했다. 공이 높게 솟아올랐다. 앞으로 나가긴 했는데, 멀리 가진 못했다. 성환은 아쉬운 듯 고개를 떨구고 절레절레했다. 모두가 살았다. 이제 내 차례다. 오랜만에 티샷하려니, 이게 뭐라고, 떨렸다. 친구들은 파이팅을 외쳤다.

티를 꽂고 공을 올렸다.

예전 느낌을 생각하면서, 연습 스윙을 했다. 여기까지는 친구들과 크게 다르지 않았다. 연습 스윙은 시원하게 했는데, 공에 맞을지가 걱정이었다. 영상에서 가끔, 공을 못 맞혀서 헛스윙하는 모습을 봤다. 그렇게 우스꽝스러울 수 없었는데, 내가 그 꼴이 되어서는 안 된다는 생각이 강하게 올라왔다. 아무리 오랜만이지만, 그건 초보에게나 나올 수 있는 모습이니 말이다. 첫 티샷은 일단 공에 맞추자고 생각했다. 공을 뚫어지게 봤다. 오랜만에 라운딩 나오는 거라 연습장에 갔는데, 티칭 프로가, 공만 끝까지 보면 일단 맞추긴 한다고 말했었다. 백스윙을 천천히 하고 공을 계속 보면서 다운스윙을 했다. 드라이버 헤드가 공에 맞는 게 보였다. 고개가 돌아갔다. 소리가 나쁘진 않았다. 하지만 공이 날아가는 방향은 나빴다. 오른쪽으로 휘어져 나가는 게 보였다. 속으로 그만을 외쳤지만, 공은 아랑곳하지 않고 낭떠러지 같은 곳으로 떨어졌다. 아쉬운 탄성이 절로 나왔다.

"한 번 더 쳐보세요."

선생님이 제안했다. 공을 직접 올려 주시면서, 다시 해보라고 기회를 주셨다.

"오랜만이라 그럴 수 있어요. 자. 이번에는 헤드가 공에 맞는 순간 고개를 들지 말고 계속 밑을 보세요. 그리고 공을 때리려고 하지 말고, 헤드가 공을 지나간다는 생각으로 한번 해보세요. 천천히."

고개를 들지 말고 끝까지, 그리고 헤드는 공을 지나간다는 느낌으로. 들은 이야기를 잊지 않기 위해 되새기면서, 다시 공 앞에 섰다. 이번에는 헤드가 공을 지나가는 것까지 보겠다고 다짐하면서 백스윙했다. 그리고 계속 봤다.

"땅"

맞는 순간에도 고개를 들지 않으려고 했지만, 관성에 의해서인지 고개가 돌아갔다. 아까보다는 조금 늦게. 소리와 느낌이 좋았다.

"와!"

친구들도 일제히 탄성을 질렀다. 공이 앞으로 잘 갔다. 다른 친구들보다 멀리 나가진 않았지만, 그래도 잘 나갔다. 내가 봐도 좋았다. 다시 기회를 주고 알려준 선생님께 인사하고, 카트에 올랐다.

"아! 다른 분들은 카트로 이동하시고, 우리 팀장님은 저랑 걸어서 가실까요? 이런저런 이야기도 나눌 겸 해서요. 다른 분들은 어떠세요?"

갑작스러운 제안에 모두 당황했지만, 모두가 동의했다. 대답 없이 멍하니 있던 나를 성환이가 옆으로 밀었다. 내리라는 의미였다. 선생님과 내가 내리자, 카트는 천천히 앞으로 이동했다.

"괜찮으시죠?"

"아. 예. 뭐."

"처음 티샷했을 때와 두 번째 티샷했을 때의 차이가 뭔 거 같아요?"

이제 시작인가? 싶었다.

"처음에는 공만 맞히자고 생각했어요. 그래서 다른 건 신경 안 쓰고, 공이 맞는 것만 신경 썼는데요. 두 번째는 선생님이 헤드가 공을 지나가게 해야 한다고 하셔서 그렇게 했어요. 차이라면 이 둘이 아닐까 싶은데요?"

처음 쳤을 땐 내 생각대로 쳤고 두 번째는 알려주신 대로 했으니, 그대로 말했다.

"그래요. 첫 번째와 두 번째 스윙 궤적은 어땠던 것 같아요?"

스윙 궤적이라……

"스윙 궤적이요? 너무 어려운 질문 아닌가요? 그것까지는 생각하지 않았어요. 예전에도 스윙 궤적까지 살피지는 않았어요."

"아! 그럴 수 있겠네요. 그럼, 이렇게 질문을 바꿔볼게요. 공이 맞고 난 다음, 헤드의 위치가 어떻게 달랐나요?"

헤드의 위치라……

"처음에는 공을 맞히는 데까지만 신경 써서 그런지, 헤드가 어깨 위에 있었고요. 두 번째는 공을 지나가게 하느라 더 돌리다 보니….

아! 헤드가 스윙하는 방향 그대로 등까지 넘어갔네요!"

　처음에는 공만 보겠다는 생각 때문이었는지, 의도하진 않았지만, 헤드가 왼쪽 하늘을 향한 상태로 멈췄다. 두 번째는 헤드가 공을 지나가도록 돌리다 보니, 계속 돌아서 등 뒤까지 갔다. 등 뒤까지 돌리려고 한 건 아닌데, 헤드가 머리 뒤쪽에 있었다.

　"잘 알아차렸네요. 두 스윙의 차이가 결과를 어떻게 다르게 했죠?"

　"첫 번째는 오른쪽으로 휘어나갔고 두 번째는 앞으로 잘 나갔어요."

　"왜 그런 차이가 났다고 생각하세요?"

　"그거야 뭐. 처음에는 잘 안 맞았으니 휘어졌을 거고, 두 번째는 잘 맞았으니, 앞으로 나간 거 아닐까요? 좀 어렵네요."

　"그렇죠? 이런 질문이 쉽거나 익숙하진 않을 텐데요. 그렇다고 어려운 것도 아니에요. 인내를 갖고 잘 생각해 봐요. 잘 맞았을 때, 공을 때리는 헤드의 방향이 어땠을 거 같아요?"

　"방향이요? 헤드의 방향은 뭐. 공에 정확하게 맞았을 테니, 앞을 향하지 않을까요?"

　"맞아요. 면 그대로 잘 맞았어요. 맞은 다음에도 정면을 향해서 잘 나갔어요. 그럼, 오른쪽으로 휘어져 갔을 때는 어떻게 맞았을까요?"

　"오른쪽으로 휘어졌으니까, 약간 열려서 맞은 게 아닐까요? 휘어진 방향으로 열려서요."

"네, 맞아요. 열려서 맞은 이유도 있지만, 조금 전에 친 공은 그렇진 않았어요. 오른쪽으로 간다고, 다 열려 맞은 건 아니에요."

"그럼요?"

"열려 맞았으면 공이 휘어지는 느낌이 아니라 맞고 바로 오른쪽으로 꺾여서 날아가요. 하지만 팀장님이 친 공은 점점 휘어져 나갔거든요. 이건 알아차리기 어려울 테니, 이야기해 줄게요. 깎여 맞아서 그래요."

"깎여 맞았다고요?"

"네, 헤드가 어디 있었다고 했죠?"

"왼쪽 어깨 위에요."

"헤드가 왼쪽으로 꺾이면서 깎여 맞은 거예요. 두 번째처럼 헤드가 공에 맞고도 정면으로 향한 게 아니라, 공이 맞는 순간 멈추려고 하니 왼쪽으로 꺾인 거죠. 그러니 헤드가 공을 밀고 나가는 게 아니라 깎으면서 나갔던 거예요."

"아!"

듣고 보니 그런 듯하다. 밀고 나갈 때는 헤드가 앞으로 나가니까 공이 그대로 밀려 나갔다. 하지만 첫 번째는 의도하진 않았지만, 멈추는 동작으로 클럽을 몸쪽으로 당겼던 느낌이 났다.

"그래서 헤드가 공을 지나가게 치라고 하셨던 거군요? 깎아서 치지 말고, 그대로 밀고 나가라고요."

"오. 빠르게 알아차렸네요. 그게 바로 자각이에요. 행동에 변화를 일으켜야 할 때 가장 중요한 건, 자각이에요. 자기 스스로 알아차려야 하는 거죠. 스스로 알아차리면 깨닫게 되고, 깨달으면 행동하게 되는 거죠. 팀원들한테 지시하는 편이죠?"

"당연한 거 아닌가요? 일을 시키려면 지시해야 하니까요."

"네, 지시하는 건 맞아요. 하지만 일일이 이렇다 저렇다 설명하는 건, 그다지 좋지 않아요. 스스로 알아차릴 기회를 빼앗는 거니까요. 질문을 해보세요. 결과물이 잘못됐다면, 왜 그런 결과물이 나왔는지 물어보세요. 어떤 과정으로 했는지도 물어보는 거죠. 그 방법 말고 다른 방법으로 한다면, 어떻게 해볼 수 있을지도 묻는 거예요. 무엇이 잘못됐는지 알려주는 것이 아니라, 스스로 알아차리게 하는 거죠. 스스로 문제의 원인을 깨달으면, 스스로 해결할 힘이 생기게 되죠. 동기부여랄까요? 제가 만약, 첫 번째 공과 두 번째 공의 차이를 그냥 설명했다면 제대로 알아차릴 수 있었을까요? 알아차렸다고는 해도 금방 잊을 가능성이 커요. 어쩌면 기분이 나빠서 들으려고 하지도 않았을 수 있고요. 지적당했다는 생각이 들었을 테니까요."

그렇다.

나는 '지적맨'이라 불릴 정도로 지적을 잘한다. 잘 해왔던 일이니 어렵지 않게, 잘못된 부분을 발견한다. 그리고 거침없이 지적한다. 나는 이것을 큰 강점이라 여겼다. 제대로 알려줄 수 있으니 말이다. 하지만 그게 꼭 좋은 방법만은 아니었던 거다. 스스로 잘못을 알아차릴 수 있도록, 말하고 싶은 것을 참고, 질문하면서 접근했으면 어뗐을까? 조금 더 부드럽게 문제를 발견하고, 해결할 수 있지 않았을까? 스스로 알아차리고 더 나은 방법을 찾는 문제해결 능력을 키울 기회도 줬을 거다. 무조건 지적하지 않기와 자각하도록 질문하기. 이 두 가지는 내가 가장 먼저 장착해야 할, 팀장으로서의 역량으로 느껴졌다.

김 코치의, 코칭 레시피 코칭의 시작, 자각

'자각(自覺)'

흔하게 그리고 편하게 사용하는 단어다. 별생각 없이 사용하기도 한다. 의미가 어렵지도 않다. 한자 그대로 해석하면, 스스로 깨닫는 것을 말한다. '아!'라는 감탄사를 내뱉을 때가 그렇다. 자각은 크게, 두 가지 상황으로 정리된다. 새롭게 알게 됐을 때와 기억 어딘가에 덮어놨던 것을 들춰낼 때다. 자각을, 알아차림이라고 표현하기도 한다. 명상할 때 이 표현을 많이 사용한다. 신체 부위 하나하나를 지목하면서, 그 감각을 알아차리라고 한다. 그렇게 노력할 때 각 부위의 감각이 느껴진다. 그것이 바로, 알아차리는 감각 곧, 자각이다.

자각하는 방법은 두 가지가 있다.

스스로 알아차리는 것과 누군가의 도움으로 알아차리게 되는 거다. 전자보다 후자의 경우가, 더 많다. 누군가의 말 혹은 행동을 보고 깨닫게 되는 거다. 왜 이럴 때 있지 않은가? 버스에서 한숨 잘 자고 내리는데, 앞에 걸어가는 사람의 뒤통수가 보인다. 쥐가 파먹은 듯한 모양이다. 순간, '앗! 내 머리도?' 하며 자기 뒤통수를 만지면서, 다듬는다. 필자도 이런 경험이 종종 있다. 예전에는 '에이! 머리 좀 만지고 내리지.'라며 칠칠치 못하게 생각했는데, 이제는 '감사, 감사' 하며 손을 뒤통수로 보낸다.

출근길에 있었던 에피소드 하나가 떠오른다.
비가 왔다가 그쳤다. 여러 사람이 버스에서 내렸다. 버스가 출발하기 전, 내렸던 한 명이, 다시 버스로 올라와 뒷자리로 빠르게 걸었다. 앉은 자리에서 고개를 숙이더니 무언가를 집어 들었는데, 우산이었다. 우산을 들고 다시 빠른 걸음으로 버스에서 내렸다. 이 사람이 한 행동을 추측해 봤다. 아! 의도한 건 아니고 그냥 든 생각이다. 비가 오지 않으니, 평소처럼 무심히 내렸다. 앞에 걸어가는 사람들을 봤는데 손에 우산이 들려있는 게 보였다. 처음에는 '뭐지?' 했을 거다. 순간, '아차!' 하면서, 자기가 버스에 두고 온 우산이 생각이 났을 거다. 다급하게 버스에 다시 뛰어오른 이유다. 필자도 우산을 버스에 두고 내렸던 기억이 있다. 집에 들어오고 나서, 현관에 있던 우산을 본 다음에야, 버스에 두고 온 우산이 떠올랐다. 빨리도 자각했다.

일상에선 이렇게 가벼운 '자각'이, 묵직하게 다가왔다.
《성과 향상을 위한 코칭 리더십》을 읽으면서다. 그 시작은 이랬다. "코칭의 첫 번째 핵심 요소는 자각이다." 공감했다. 코칭을 공부할 때, 자주 들었던 이야기다. 고객이 자기 문제를 자각하고 해결하겠다는 의지가 있어야, 원활한 코칭이 이루어진다. 코칭의 첫 단추가 자각이라는 말이다. 저자는 사전에서 소개하는 자각의 의미를 몇 가지 언급했는데, 그중 '웹스터 사전'이 풀이한 해석이 마음에 든다며 이렇게 소개했다. "자각은 보고 듣고 느끼는 것을 조심스럽게 관찰하거나 해석하여 어떤 것을 아는 것이다." 어떤가? 좀 더 감각적으로 이해되지 않는가? 연결해서 코칭에 관해서는 이렇게 말한다.

"코칭의 원칙은 자각 능력을 높이는 것이다."

코칭이 마치, 자각을 위한 수단이라고 말하는 듯하다. 다음 페이지에 나오는 설명이, 더욱 그렇게 느끼게 한다. "자각을 깨우는 코칭은 각 개인의 고유한 신체적, 정신적 특징을 드러내 주고 돋보이게 하는 동시에 다른 사람의 지시 없이도 발전할 수 있는 능력을 키워주며, 할 수 있다는 확신을 심어준다." 코치가 자각을 불러일으켰을 때 얻는 긍정적 결과로 볼 수 있다.

코치가 질문하는 이유이기도 하다.

코칭에서 이루어지는 대화의 절반 이상이, 질문이라고 해도 과언은 아니다. 코칭의 전반적인 흐름도 질문에 따라 그 방향이 갈린다. 코칭 관련 책을 보더라도, 코치들만의 다양한 질문 리스트가 소개

된다. "누가 누가 질문을 잘하나?" 하며 뽐내는 듯하기도 하고, 자기 경험을 최대한 소개해 주려는 대인의 마음이 느껴지기도 한다. 코칭 공부하는 사람들은 이런 책을 보면서, 상황별 질문 리스트를 정리하고 계속 살펴보면 좋다. 상황에 따라 질문해야 하는데, 리스트가 무슨 소용이 있냐고 반문할 수 있겠지만, 이렇게 말하고 싶다. "기본도 안됐는데, 응용한다고요?" 기본에 먼저 충실해야 한다. 선배 코치들이 정리한 질문 리스트는 경험이라는 터널을 거치고 살아온 아이들(?)이다. 어느 정도 보증이 됐다는 말이다. 이렇게 익혀놓은 질문은 자기도 모르는 사이 습득된다. 습득된 질문은 필요한 순간에, 입에서 자동 출력되는 마술을 부린다.

코치는 고객이 자각할 수 있도록, 다양하게 질문해야 한다.

고객이 방향을 잡지 못할 때는 관점을 전환해서 자각하도록 도와준다. 사고를 확장하거나 깊이 있게 들어가서 생각하도록 한다. 그렇게 흐름을 이어갈 때 고객은 어느 순간, "아! 맞네요!", "아! 그러네요!"라며 자각했다는 것을 알린다. 코칭할 때 가장 짜릿한 순간이, 바로 이때다. 뭔가를 해야겠다고 결심은 하지만, 행동으로 이어지지 않을 때가 있다. 보통은 의지가 없다는 이유로 풀이하는데, 의지보다는 자각이라고 봐야 한다. 필요성이나 절박함 등의 이유를 자각하지 못했기 때문에, 행동으로 이어지지 않았다는 말이다.

자각하도록 노력해야 한다.

나에게 필요한 것이 무엇인지 자각하도록 해야 한다. 코치나 그 외의 사람들을 통해 도움을 받는 건, 좋은 방법이다. 사람은 혼자서 무언가를 지속하는 데 어려움을 느낀다. 하지만 그 누군가가, 24시간 따라다닐 수는 없는 노릇이다. 따라서 혼자서도 자각하는 힘을 길러야 한다. 자각하는 힘을 기르는 데, 명상이 좋다. 명상 앱에서 설명하는 대로 따라 한 적이 있는데, 자각하는 데, 큰 도움이 된다. 깊이 호흡하면서 지금 내 상태를 자각하게 한다. 의자에 닿은 몸의 느낌, 발이 땅에 닿은 느낌. 그리고 그밖에 알아차릴 수 있는 느낌 등을 떠올리게 했다. 이것이 가장 기본적인 자각이 아닐까 싶다. 좀 더 깊이 들어가면, 내 안에서 올라오는 감정이나 생각까지 자각하게 된다.

프로는 원하는 곳으로 공을 보내고, 아마추어는 우려한 곳으로 공이 간다.

팀원은, 팀장이 보고 싶은 대로 보인다.

멀지 않은 곳으로 이동한 카드가 멈춰 섰다.

모두 일사불란하게 카트에서 내렸고, 각자의 드라이버를 집어 들었다. 홀까지의 거리가 꽤 길어 보였다. 폭이 좁은 건 아니지만, 그리 넓은 것도 아니었다. 핀이 잘 보이지 않았다. 성환이가 홀 위치를 묻고 답을 듣고 나서야, 핀 위치를 확인할 수 있었다. 핀 앞에는 넓은 해저드가 보였다. 빠지기 딱 좋은 위치였다. 얼핏 봐도 매우 어려운 코스로 보였다. 이번 코스에서는 '고생 좀 하겠구나!'라는 생각이 들었다. 모든 코스가 다 그렇겠지만, 이번 코스는 보기만 해도 그랬다.

"이번 코스는 450m 파 4홀입니다. 핸디캡 1번 코스예요. 좌우 모두 오비입니다. 오른쪽이 넓으니, 오른쪽을 보고 치시면 됩니다."

예상했던 대로 어려운 코스였다.

핸디캡 1번이라는 건, 이 골프장에서 가장 난도가 높은 코스라는 것을 의미한다. 거리도, 파 5라고 해도 이상하지 않을 정도였다. 이번에도 원철이가 앞장섰다. 첫 홀과 같은 루틴을 하고 자세를 잡았다. 신중하지만 거침없이 스윙했다. 경쾌한 소리와 함께 공이 아름답게 날아갔다. 정말 아름다웠다. 공이 이렇게 아름답게 날아갈 수 있는지 놀라웠다. 다음은 광효가 나섰다. 자리를 잡고 연습 스윙을 한 뒤, 신중하게 백스윙을 하더니 빠르게 다운스윙을 가져갔다. "픽" 소리가 나고 공이 왼쪽으로 휘어서 날아갔지만, 죽지는 않았다. 광효는 안도의 한숨을 내쉬었다. 맞는 순간 잘못 맞혔다는 것을 인지한 듯했다. 죽었겠거니 생각했는데 살았으니, 다행이라 여기는 듯했다. 성환이 여유롭게 티박스에 올랐다. 성환이도 첫 홀과 마찬가지로 루틴을 하고, 공과 마주했다. 맞는 소리는 좋았는데 공 밑을 맞혔는지 한참을 위로 올라갔다. 위치는 중앙에 떨어졌지만, 거리를 많이 내지 못했다. 성환은 생각대로 되지 않았는지, 살았음에도 아쉬움을 드러냈다. 생각보다 거리가 많이 나지 않은 아쉬움을 드러냈다. 나 같으면 살았음에 감사했을 텐데 말이다.

내 차례가 되었다.

코스의 난도에 압도되어 부담감이 첫 홀보다 더 강하게 올라왔다. 첫 홀에서의 배움을 잘 떠올렸다. 끝까지 풀스윙하는 것을 상상하면서, 연습 스윙도 그렇게 했다. 침을 한 번 꼴깍 삼키고 숨을 잠시 멈춘 다음, 천천히 백스윙했다. 그리고 드라이버를 던지는 기분으로 내렸다. 드라이버 헤드가 공에 맞는 것을 확인했다. 클럽이 가는 힘에 끌려 그대로 팔이 따라갔다. 맞는 느낌이 좋았다. 잘 갔다. 멀리 가진 못했지만, 만족스러웠다. 친구들도 나이스샷을 외치면서 격려해 주었다. 원 포인트 레슨 효과를 바로 보니, 기분이 좋았다. 스승님을 쳐다보니 엄지 척을 하고 손뼉을 쳐주셨다. 카드에 오르자, 원철이가 한마디 했다. "야! 오랜만에 나온 것 치곤 잘하는데? 금방 감을 잡겠어!" 싱글 플레이어에게 이런 말을 들으니, 자신감이 한껏 더 올라갔다.

공이 있는 곳에 카트가 멈춰 섰다.

친구들은 거리를 물었고, 각자에게 거리를 불러주었다. 그리고 한마디 덧붙였다. "앞에 해저드가 있으니, 웬만하면 끊어가는 게 좋습니다. 도전하다가 물에 빠진 분들이 많아요." 그리고 해저드 앞까지 남은 거리도 각자에게 알려주었다. 선택하라는 거였다. 나에게는 당연히 끊어갈 것으로 여기고 그만큼의 거리를 불러주었다. 그리고 클럽을 물었다. 무엇이 편하겠냐고 말이다. 거리는 한참 남았으니 멀리 보낼 수 있는 것 중에 편안한 것을 선택하라고 했다. 7번 우드를 집었다. 지인이 쓰라고 준 클럽이다. 우드로 정확하게 맞추긴 어렵긴 한데, 7번 우드는 잘 맞으니 쳐보라고 준 거였다. 연습할 때 쳐봤는데 잘 맞았다. 제대로 맞으면, 연습장 맞은편 그물 근처까지 갔다. 거리로 치면 160m 정도 나갔던 것 같다. 잘 맞으니 편했다. 공이 있는 위치가 어렵진 않았다. 공을 앞에 두고 섰는데, 해저드에 빠질 일은 없다는 생각이 들어 안심되었다. 문제는 오른쪽 언덕이 가까이 있어 그쪽으로 가면 바로 죽을 듯 보였다. 왼쪽은 그나마 좀 넓었는데, 여기도 잘못 치면, 나갈 수도 있어 보였다. 정면으로 잘 보내야 한다는 결론이 나왔다. 마음 같아서는 앞으로 똑바로 보내고 싶은 마음이 왜 없겠느냐마는 어디 그게 쉬운가? "오른쪽으로만 가지 않으면 좋겠네요!" 혼잣말이지만 들리게끔 말하고, 호흡을 가다듬었다. 공을 보고 섰다. 속으로 바랐다. '오른쪽으로만 가지 마라! 가지 마라!' 그리고 스윙했다. 잘 맞았다. 잘 맞았을 때의 손맛이 느껴졌다. 그런데 웬걸. 잘 나가는 듯했지만, 이내 오른쪽으로 급격하게 휘어져서 날아갔다. 우려했던 그곳으로 간 거다. 고개를 떨구고 말았다. 선생님은 잘 맞았는데 아깝다며, 나만큼 아쉬워하셨다.

앞으로 걸어가는데, 선생님이 물으셨다.
"왜 오른쪽으로 휘어서 나간 것 같아요?"
교육이 시작됐다. 생각해 봤다. 잘 맞았는데 왜 오른쪽으로 휘어져 갔을까? 열려 맞았나? 아니면 첫 홀처럼 당겨서 비켜 맞았나? 둘 다 맞는 것 같기도 하고 아닌 것 같기도 했다. 헷갈렸다. 솔직하게 대답했다.
"잘 모르겠네요. 잘 맞은 것 같은데, 왜 오른쪽으로 갔을까요? 몸이 오른쪽으로 쏠려 있었나요? 아니면 열려 맞았던지 혹은 비켜 맞은 건가요? 선생님이 뒤에서 보셨으니 잘 아실 듯한데요."

선생님은 인자한 미소를 지으시면서 말씀하셨다.

"제가 질문했는데, 오히려 질문은 받았네요? 세게 치려고 하면서, 당겼어요. 첫 홀 드라이버 쳤던 것처럼, 깎여 맞은 거죠. 그래서 잘 나가다가 휘어져 나간 거예요. 그런데요. 더 중요한 문제가 있어요."

"네? 중요한 문제라고요. 어떤 거죠? 당겨친 것보다 더 중요한 문제가 있나요?"

"마음가짐이요."

"마음가짐이요? 어떤……."

자세 이야기를 하다가, 마음가짐이라는 말에 좀 당황스러웠다. 갑자기 마음가짐이라니.

"공을 치기 전, 팀장님이 한 말에 힌트가 있어요."

'내가 한 말이라고? 뭐지? 무슨 말을 했지?'

내가 무슨 말을 했는지 되돌아봤다. 끊어가야 한다고 해서 동의했고, 클럽 선택 질문을 받고 7번 우드로 선택했다. 공 앞에 서서 위치를 보고…….

"아! 혹시, 오른쪽으로 가지 않으면 좋겠다고 한 말을 말씀하시는 건가요?"

"오! 빠르게 찾으셨네요."

"아니, 그럼, 제가 오른쪽으로 가지 않았으면 좋겠다고 해서 오른쪽으로 갔다는 건가요? 그럼, 제가 왼쪽으로 가지 않았으면 좋겠다고 했으면 왼쪽으로 갔겠네요?"

이해가 되지 않아서, 되물었다. 내가 말하는 것과 반대로 된다는 말이 아닌가?

"오른쪽 왼쪽이 중요한 게 아니에요. 중요한 건, 우려하는 방향을 말하고 계속 생각한다는 거죠. 다른 말로 하면 집중한다는 말이에요. 걱정에 집중하는 거죠. 걱정을 정의하는 명쾌한 문장이 있어요. '걱정은 일어나지 않았으면 하는 일이 일어나길 바라는 기도다.' 어때요? 명확하지 않나요? 팀장님은 오른쪽으로 가지 않았으면 하고 바랐다고 말하지만, 실제로는 바란 거나 마찬가지예요. 그 일이 일어나길 바랐던 거죠."

일어나지 않았으면 하는 일이 일어나길 바라는 기도라고?

마음으로는 일어나지 않았으면 하고 바라지만, 결과는 그 일이 일어나길 바라는 것과 같다는 말이다. 한 방 얻어맞은 기분이다. 지금까지 걱정했던 많은 일이 벌어진 이유가, 일어나지 않았으면 하는 일을 바라서라니. 그렇다면 지금 팀장 역할이 힘든 이유도, 걱정에 집중했기 때문일까? 좀 혼란스럽긴 하지만, 안개가 조금씩 걷히는 기분도 들었다. 걱정하고 문제로 여겼던 것들의 이유를 찾지 못했는데, 조금씩 알게 되는 느낌이다.

오비티에서 공을 새롭게 놓았다.

친구들은 이미 그린에 올라가서 거리와 기울기 등을 살피고 있었다. 거리가 많이 가까워졌다. 그래도 그런까지 올리기는 어려워, 가장 치기 쉬운 7번 아이언을 집어 들었다. 이번에는 보내고 싶은 곳을 바라보고, 마음도 그곳을 향하도록 집중했다. '저기까지 보내야겠다!' 집중했다. 원하는 곳에 집중했다. 그리고 샷을 했는데, 원하는 거리는 아니어도 방향은 옳게 갔다. 이 정도면 만족스러운 샷이라 여겼다. 선생님은 잘 쳤다며 다시 한번 엄지 척을 해주셨다. 카트는 이미 그린 근처에 있었기에 선생님과 빠른 걸음으로 걸어갔다. 선생님은 실제 이야기라며 하나의 이야기를 해주셨다. 책《마음을 꿰뚫는 일상의 심리학》에 나오는 이야기인데, 집중에 관련된 이야기라고 하셨다.

역사상 최고의 공중 곡예사가 있었다.

그는 미국의 고공 외줄 묘기 공연자였다. 그의 사전에는 실패란 없었다. 그의 이름은 '칼 웰렌다'. 그는 1978년 73세의 나이를 앞둔 마지막 공연을 끝으로, 은퇴를 결심했다. 그가 선택한 마지막 공연 장소는 푸에르토리코의 해변 도시 산후안이었다. 하지만 그는 그 마지막 공연에서 처절한 실패를 하게 된다. 수십 미터 높이의 와이어에서 떨어져, 목숨을 잃게 된 거다. 이후 그의 아내는 의미심장한 말을 했다. 그녀의 말을 요약하면 이렇다. 이번 공연에 무슨 일이 일어날 것 같았다. 남편이 공연을 나가기 전, 실패가 없어야 한다고 끊임없이 말했기 때문이다. 이전에는 줄을 잘 타는 것 말고는 신경 쓰지 않았다. 하지만 마지막 공연이라 그런지, 너무 성공하고 싶었던 모양이었다. 그러니 일 자체에 집중할 수 없었던 것 같다. 만약 그가 와이어 타는 것 외에 실패를 생각하지 않았다면, 이런 일은 절대 일어나지 않았을 거다. 실패의 원인은 실패를 생각했기 때문이라는 거다. 지금까지는 줄을 잘 타는 것 외에는 신경 쓰지 않았다. 지금까지 잘 해왔고 이번에도 잘할 거라는 생각으로, 줄 이외에는 신경 쓰지 않은 거다. 하지만 '마지막'이라는 단어가 그에게는 평소에 없던 근심 걱정을 안겨주었다. 한 번도 생각하지 않은 실패에 관한 생각을, 떠오르게 한 거다. 실패에 대한 걱정이 결국, 실패를 바라는 기도가 된 거다. 매우 안타까운 일이지만 말이다. 이 사례를 토대로 심리학자들은 거대한 심리 압박을 받으며 끝없이 근심 걱정하는 심리 상태를, '웰렌다 효과'라고 명명했다.

걱정에 집중할 때 벌어지는 최악의 상황이다.

중요한 것은 어디에 집중하느냐다. 가능성에 집중하느냐 혹은 걱정에 집중하느냐의 차이가 다른 결과를 만들어 낸다. 그러고 보니, 시작 전 화장실에 들렀을 때, 골프 명언이라고 붙은 문구 하나가 떠올랐다. "프로는 본 대로 가고, 아마추어는 우려한 대로 간다." 프로는 원하는 곳에 집중하니 그곳으로 보내고, 아마추어는 우려한 곳에 집중하니 우려한 곳으로 보낸다는 말이다. 진짜 명언이다. 골프뿐만 아니라, 삶 자체를 관통하는 잊지 않아야 할 명언이다. 이제부터 원하는 것에 집중하자 다짐하며, 두 번째 홀을 마무리했다.

홀을 마무리하고 이동하는데, 선생님이 한마디 더 거드셨다.

"팀원도 마찬가지예요. 팀장님이 팀원을 어떤 시선으로 바라보느냐에 따라, 팀원의 성과가 달라져요. 팀원을 바라볼 때도 우려하지 마시고, 기대하며 바라봐주세요. 지금까지의 성과와 많이 달라질 겁니다. 팀장님이 하는 말이나 질문도 달라집니다. 질책이 아닌 성과를 내는 말과 질문으로 달라지지요. 속는 셈 치고 한번 해보세요."

두 명의 팀원이 떠올랐다. 뭘 해도 믿음직한 팀원과 뭘 해도 불안한 팀원이다. 전자의 팀원은 뭘 맡겨도 믿음이 갔고 믿음에 보답했다. 후자의 팀원도 마찬가지였다. 뭘 맡겨도 불안했는데 역시나 결과가 좋지 않았다. 이런 이유가, 팀원의 역량 문제일 수도 있겠지만, 팀장이 어떻게 바라보느냐에 따라 달라질 수 있다는 말이다. 불안한 팀원에게 이 방법을 적용해 봐야겠다. 우려하지 말고 기대하며 질문을 건네 봐야겠다. 선생님 말씀대로 밑져야 본전 아니겠는가?

김 코치의, 코칭 레시피
고객은 해결할 문제를 가지고 있는 사람이다.

코치가 코칭할 때, 반드시 가져야 할 믿음이 있다.

어떤 믿음일까? 코치 자신의 역량에 대한 믿음일까? 고객이 코치 자신을 믿고 있다는 믿음일까? 물론, 두 가지 믿음도 필요하다. 하지만 코칭에 들어가기 전에, 기본적으로 품고 들어가야 할 믿음은 따로 있다. 그 믿음은 고객을 바라보는 관점이다. 어떤 일이든 중점을 두는 부분에 따라 결과가 달라지듯, 고객을 어떤 관점으로 바라보는지에 따라 코칭 결과는 크게 달라진다. 따라서 처음에는 의식적으로라도 이런 마음을 가지고 코칭에 임해야 한다. 코칭 철학에 집중적으로 다루는 내용인데, 설명하면 이렇다.

고객을 이렇게 정의한다.

다른 말로 하면, 고객은 이런 사람이라는 믿음이다. "고객은 문제가 있는 사람이 아니라, 해결해야 할 문제를 가지고 있는 온전한 사람이다." 고객 자체가, 문제라는 말이 아니다. 고객은 스스로 해결하지 못한 문제를 가지고 있고, 그 문제를 해결하기 위해 코치와 마주하고 있는 것뿐이다. 따라서 고객은 품고 있는 문제를 해결하면, 온전한 마음으로 일상생활을 할 수 있게 된다. 크지 않은 문제라면 그 느낌이 크지 않겠지만 매우 심각하게 여긴 문제라면 어떨까? 그 기분을 감히 상상할 수 있을까?

"이슈에 집중하지 말고, 사람에게 집중하라!"

코칭에서 강조하는 말 중, 하나다. 이 말의 의미는 고객을 바라보는 시선에서부터 시작된다. 고객 자체가 문제가 아니라, 고객과 문제는 별개로 봐야 한다는 의미다. 하지만 우리는 해결해야 할 문제를 안고 있는 사람 자체를, 문제로 바라본다. 예를 들면 이런 거다. "문제아". 이 표현을 들으면 어떤 생각이 드는가? '문제아? 문제 있는 애가 뭐?' 그렇다. 우리는 무심히 아니, 어쩌면 너무 당연하게 '문제아'라는 말을 쉽게 사용한다. 문제가 있는 아이라는 의미에서 말이다. 문제를 일으키거나 문제를 일으킬 여지가 있는 아이가 아니라, 아이 자체가 문제라고 생각한다. 내 아이와 어울리지 않아야 할 아이로 분류된다.

아이만 그럴까?

아니다. 사회생활을 할 때도, 문제 있는 사람으로 규정이 되면, 어떻게든 엮이지 않도록 주의한다. 소위 말해 꼬이지 않기 위해서다. 문제 있는 사람은 어떻게든 거리를 둬야 하고 뭐든 엮이지 않게 조심해야 하는 사람이 된다. 괜히 나까지 같은 사람 취급받을 것 같은 염려 때문이다. 문제 있는 사람이라고 정의되면, 그의 말은 어떤 말도 듣지 않는다. 들을 필요가 없다는 거다. 사실, 필자조차도 그렇게 바라본 것을 반성한다.

사람이 품고 있는 문제에 대한 인식도 달리해야 한다.

일반적으로 사람이 품고 있는 문제를, 시험에서 풀어야 하는 문제와 같이 생각한다. 시험에 나오는 문제는 맞고 틀리고를 기준으로 점수를 매긴다. 그렇게 설계(?)되어 있기 때문이다. 하지만 사람이 품고 있는 문제를 그렇게 바라보는 것은 곤란하다. 맞고 틀리고의 문제가 아니라, 다름의 문제로 바라봐야 한다. 평소에는 말을 잘하는 사람이 있다. 편안한 일상적인 자리에서는 그렇다. 하지만 공식적인 자리에서 앞에 나와 말하는 것은 매우 어려워한다. 같은 사람이 맞냐는 의심이 들 정도로 차이가 크다. 앞에 나와 말을 잘하지 못하는 이 사람은 틀린 사람일까? 그렇다고 단정 지을 수 있을까?

다른 사람이라고 해야 하지 않을까?

이 사람은 평소에는 말을 잘하지만, 사람들 앞에 서면 울렁증 증세가 있어 말하는 데 어려움을 가지고 있을 뿐이다. 공식적인 자리에서 말을 잘하는 사람이 옳고, 그렇지 않은 사람은 틀린 것이 아니다. 그냥 다른 사람이다. 이외에도 많이 있다. 다른 것임에도 불구하고, 틀렸다고 단정 짓고 그렇게 몰아간다. 평범한 사람이 이상한 사람이 되는 거다. 사람 하나 바보 만드는 거 어렵지 않다고 말하는 사람들이 하는 방식이 그렇다. 그렇게 한 사람의 삶을 피폐하게 만든다.

'다르다'와 '틀리다'를 잘 구별해서 사용해야 한다.

무의식적으로 내뱉는 말이라고 하지만, 그 무의식 안에 똬리를 틀고 있는 건 본심이기 때문이다. 말이 의식을 지배한다는 이유도 있다. 그렇게 생각하지 않지만, 내가 내뱉는 말이 나의 의식을 지배하게 된다. "할 수 있다!"라고 외치며 의지를 다지는 이유도 이 때문이다. 현재 역량이 부족하더라도, 의식은 할 수 있는 상태로 만드는 게 중요하다. 말하는 대로 이루어졌다는 사람이 많다는 것이, 그 증거다.

문제라는 표현을 이렇게 정의하면 어떨까?

"다르다." 문제라고 하면 틀린 것으로 여기는데, 다른 것으로 여기면 어떠냐는 말이다. 그러면 문제를 바라보는 관점이 조금은 부드러워지지 않을까? 틀린 건 고치거나 제대로 만들도록 해야 하는데, 다른 건 이해하고 공감하면서 맞출 수 있다. 공감하면서 맞출 수 있다는 태도는 마음에 여유를 가져온다. 반드시 해결해야 한다는 중압감에서도 벗어날 수 있다. 아니면 말고 식이 아니라, 아니면 다르게 하면 된다. 이렇게도 해보고 저렇게도 해보면 된다. 그렇게 시도하는 과정에서 성장이라는 큰 선물을 얻을 수 있다. 누가? 고객과 코치 모두 말이다.

같은 거리라도 내리막 퍼팅이 더 어렵다.

**공감하고 알아주는 팀장이,
팀원의 마음을 움직인다.**

"영현? 어때?"

"뭐가?"

광효가 세 번째 홀로 가는 카트에서 물었고, 뭐가 어떤지를 되물었다.

"야! 골프장에서 어떠냐고 물으면, 골프가 어떠냐고 묻는 거지 뭐 다른 걸 물어볼까?"

이야기를 듣고 보니, 그랬다. 너무 당연한 질문을 당연하지 않게 받아들였다. 골프만 치는 게 아니어서인지, 순간 헷갈렸다. 골프를 통해 배우는 팀장으로서의 모습에 더 많이 마음이 가고 있어서였는지도 모르겠다.

"아! 그치? 골프는 뭐 생각보다 잘 되는 것 같아. 그보다도 골프에서 팀장의 역할을 설명해 주시는 선생님 설명이 너무 좋아. 그래서 좀 헷갈렸어. 골프를 치는 건지 팀장 교육을 받는 건지. 하하하."

"그 정도야?"

성환이 의아한 표정으로 쳐다보며 물었다.

"선생님 저희도 한 수 가르쳐주시죠?"

원철이가 옆에서 고개를 살며시 돌려서 물었다. 진심인 듯 보였다. 그랬다. 두 홀이었지만 지금까지 들었던 내용이 꼭 팀장한테만 해당하는 건 아니었다. 누구라도 듣고 자기 상황에 적용하면, 참 좋겠다는 생각이 들었다.

"아이고. 별거 아닙니다. 그렇게 말씀하시니 제가 좀 쑥스럽네요."

"아니에요. 선생님. 이 친구들한테도 한 수 가르쳐주세요. 피가 되고 살이 되는 좋은 말씀이잖아요!"

선생님이 민망해하시는 듯하여, 한마디 얹어드렸다. 카트가 멈추고 자리에서 내렸다. 멀지 않은 곳에 핀이 꽂혀있는 게 보였다. 파 3 홀인 듯 보였다.

"오케이. 내가 잘하는 파 3홀이다!"

성환이 말했다. 자기는 파 3에 강하다고 했다. 머리 올리러 간 날, 파 3홀에서 버디를 했다고 어찌나 자랑하던지. 얼마나 잘하는지 눈으로 직접 확인해 보리라 벼르고 있었다.

"네, 여기는 파 3홀입니다. 거리는 135m로 짧지만, 그린이 좀 어렵습니다. 핀 앞쪽에 떨어지면 오르막 퍼팅을 해야 하고, 핀을 지나면 내리막 퍼팅을 해야 합니다. 짧은 게 좋겠죠?"

이야기를 듣고 좀 헷갈렸다.

오르막보다 내리막이 더 수월한 게 아닌가 싶었다. 아! 퍼팅 고민할 때가 아니었다. 그런에 올려야 뭘 해도 할 테니 말이다. 이번 홀에서 첫 번째로 티샷하는 사람은 원철이가 아니었다. 앞 홀에서 좀 헤맸듯 보였다. 광효가 의기양양하게 먼저 티박스에 올랐다. 안면에는 미소가 한가득하였다. 싱글인 원철이보다 먼저 티샷을 하니 그럴 만도 했다. 정작 원철이는 무덤덤해 보였다. 가만 보면, 꼭 하수나 잘하지 못하는 사람이, 자기만의 기준을 정하고 그에 따라 기분이 오르락내리락한다. 상대는 싸울 의지가 전혀 없는데, 혼자가 투쟁하는 모습이랄까? 광효는 쇼트 티를 꽂고 공을 올렸다. 방향을 살피더니 연습 스윙을 몇 번 하고 공과 마주했다. 공을 노려보더니, 과감하게 스윙을 돌렸다. 부드러운 타격 소리가 났다. 공도 부드럽게 날아갔다. 포물선이 또렷하게 보였다. 핀 우측에서 조금 거리가 있게 떨어졌다. 광효는 생각만큼 잘 맞지 않았는지, 클럽을 하늘로 향해 들고 샤프트에 머리를 비볐다. 저 정도면 잘 간 거 아닌가? 좀 알미웠다.

다음은 우리의 희망, 원철이가 나섰다.

원철이는 티를 꽂지 않고 공을 매트 위에 내려놓았다. 프로선수들만 그렇게 하는 줄 알았는데, 뭔가 좀 있어 보였다. 원철이도 거리와 방향 등을 살피더니, 공 앞에 섰다. 주저 없이 백스윙하고 돌렸다. 소리도 좋고 포물선 모양도 좋았다. 그린 끝에 떨어져서 앞으로 굴러갔다. 오르막이라 그런지 많이 올라가진 않았다. 일부러 그곳에 떨어뜨린 듯 보였다. 다음은 성환이 차례였다. 가장 자신감이 충만한 친구라 기대됐다. 얼마나 샷이 좋으면 머리 올리러 간 날, 버디를 잡았을지 궁금했다. 티를 좀 높이 꽂고 공을 올렸다. 공이 많이 떠 보였다. 저렇게 치면 잘 나가는지 궁금증을 가지고 지켜봤다. 막상 큰소리는 쳤지만 좀 떨리는 듯 보였다. 잘하는 건 더 잘하고 싶은 마음 때문일까? 아니면, 큰소리친 것에 대한 부담감 때문인지도 모르겠다. 신중한 표정으로 준비를 마치고 샷을 했다. 맞는 소리는 좋았는데, 공이 상당이 높이 떴다. 방향은 정확했지만, 거리는 좀 못 미쳤다. 그린 끝쯤 떨어졌다. 성환이도 매우 아쉬운 탄성을 내며 고개를 절레절레했다. 자! 이제 내 차례다. 성환이가 티를 높게 꽂았는데 높이 떴으니, 그보다 낮게 꽂아야겠다고 생각하고 그렇게 했다. 공이 바닥에 붙은 듯하여 좀 불안하긴 했지만, 그대로 뒀다. 방향을 먼저 확인하고 방향을 잊지 않기 위해 발 위치를 잡았다. 클럽 헤드를 공 뒤에 두고, 그대로 맞기를 바라면서, 백스윙과 동시에 다운스윙했다. 둔탁한 소리가 나더니 공이 뜨지 않고 앞으로 낮게 날아갔다. 다행인 건 방향은 나쁘지 않았다는 것이고, 거리도 얼추 나갔다는 거다. 그린 근처까지 갔다.

"모두 나이스샷입니다. 그럼 이동하겠습니다."

카트에 올랐다. 잘 맞지 않아서 좀 찝찝하긴 하지만, 그래도 죽지 않고 앞으로 갔으니 다행이라 여기면서 이동했다.

그린 근처 아래에는 내 볼과 성환의 볼이 보였다.

그린에는 원철이의 공이 있었고, 광효는 그린 오른쪽 위쪽에 있었다. 그린 앞에 가니 생각보다 경사가 심했다. 원철이 마킹하고 옆으로 빠져줬다. 나와 성환을 위해서였다. 어정쩡한 거리이기도 하고 그린 주변 풀이 낮아, 퍼팅으로 하는 게 좋겠다고 선생님이 조언해 주셨다. 내가 먼저 했다. 좀 약하게 했는지 그린 위까지는 올랐는데, 한참 못 미쳤다. 광효는 내가 하는 걸 봤는지 조금 더 세게 퍼팅했다. 홀을 향해서 가는가 싶었는데, 오른쪽으로 휘어지면서 홀을 지나갔다. 다음은 광효 차례였다. 광효는 더 애매해 보였다. 왼쪽으로 흐르는 내리막이었다. 광효는 홀보다 오른쪽 위를 향해서 섰고 그곳으로 쳤다. 공은 굴러가다가 어느 시점에 왼쪽으로 기울어서 내려오기 시작했다. 홀 거의 근처까지 왔다. 광효도 스스로 만족한 것으로 보였다.

"어? 뭐야. 오케이 안 줘?"

"야! 내리막이잖아. 내리막은 안 되지."

이건 무슨 소리람. 거리는 오케이 거리쯤 되는데, 내리막이라 안 된다? 광효도 더는 뭐라고 하지 않고 수긍했다. 원철이는 오르막이라 그런지 약간 세게 쳤다. 빠르게 오르더니 홀 안으로 들어갔다. 버디를 잡은 거다. 모두 주먹 하이 파이브를 하면서 축하해주었다.

"야! 버디 했으니까 오케이 줘!"

광효는 그래도 아쉬운지 한 번 더 요청(?)했다.

"그래, 오케이! 근데 내리막은 연습하는 게 좋으니까 한번 해봐.

오케이 받고 해봐."

광효는 알았다며 의기양양하게 퍼팅했다. 나도 넣을 수 있을 듯 보였다. 광효는 툭 하고 밀었다. 웬걸 홀을 타고 넘어갔다. 처음 거리보다 한참은 더 밑으로 갔다. 오케이를 주지 않았다면, 더블 보기도 가능해 보였다. 광효는 민망했는지 얼른 가서 공을 주워서 그린을 나갔다. 나와 성환이도 퍼팅을 마무리하고 홀을 끝냈다.

"왜 내리막은 오케이를 잘 안 주는지 알겠어요?"

카트로 이동하는데 선생님이 물었다. 눈으로 보니 이해가 갔다. 같은 거리라면, 오르막보다 내리막이 더 어렵다는 걸 말이다. 내리막은 자칫, 처음 거리보다 더 많이 나가서 몇 타는 더 까먹을 수 있겠다는 생각이 들었다.

"네, 눈으로 보니까 확실히 알겠네요. 앞으로 그린에 올릴 때는 가능하다면 내리막보다는 오르막 퍼팅을 하도록 해야겠어요."

"맞아요. 자! 여기에도 배울 점이 있는데 뭘까요?"

'아! 맞다. 지금 골프만 치는 게 아니라, 팀장 수업을 받는 거잖아?'

친구들하고 떨어져 있을 때는 몰랐는데, 같이 있으면서 골프에 몰입하니 잠시 망각(?)했다. 지금 상황에서 핵심은 내리막과 오르막. 거리는 같은데 둘의 난도는 큰 차이가 있다는 건데. 이건가? 선생님께 물으니, 포근한 미소를 지으시고는 이렇게 질문하셨다.

"네, 좋습니다. 거리는 같고 내리막과 오르막의 난도는 분명 차이가 있었지요? 그럼, 이 둘의 차이에서 알아차릴 수 있는 건 무엇일까요?"

둘의 차이에서 알아차릴 수 있는 거라……. 거리는 같다. 난도는 차이가 있다. 거리는 같다. 난도는 차이가 있다. 거리는……. 아! 그렇네. 처음에 광효가 거리가 가까우니 오케이를 요청했는데, 원철이는 내리막이라 안 된다고 했었지? 왜? 내리막은 더 어려우니까. 나라면 그냥 오케이를 쳤을 텐데. 원철이는 그렇지 않았어. 왜? 알고 있었으니까. 내리막이 더 어렵다는 걸. 아는 사람은 알고 모르는 사람은 모르는 그것. 그래! 경험하지 않으면 알 수 없다.

"알겠어요! 둘 다 거리는 같지만, 난도는 달랐어요. 이유는 내리막이 더 어렵기 때문인데요. 이건 아는 사람은 알지만, 저처럼 잘 모르는 사람은 몰라요. 거리가 같으니까 같은 난도인 줄 알죠. 이게 핵심이에요. 아는 사람은 알지만, 모르는 사람은 모른다."

"오! 대단해요. 이걸 금방 알아차린 사람은 많지 않은데. 리더 자질이 있으시네요. 맞아요. 같은 거리지만, 난도가 완전히 다르죠. 아는 사람만 알고요. 일도 마찬가지예요. 모르는 사람이 봤을 때, 업무의 가짓수가 많으면 일이 많아 보이지요? 개수가 많은 사람이 당연히 일이 더 많은 것으로 보이는 거죠. 하지만 아는 사람은 알죠. 개수가 4~5개인 사람보다 1~2개의 일이지만 더 많은 일을 하고 있다는 것을. 팀장은 이것을 알아차려야 해요. 일하는 사람은 팀장도 모를 거라면서, 못 알아준다고 속상해하고 있는지도 몰라요. 이

때, 얼마나 어렵고 중요한 일을 하는지 알아차려 주면 어떨까요? 공감하고 인정해 주면 어떨까요? 동기부여가 되지 않을까요?"

그렇다.

나는 안다. 팀원들은 모를지 몰라도 나는 안다. 팀원 시절 안 해본 일이 거의 없었으니, 어떤 일이 얼마나 걸리는지, 얼마나 신경이 쓰이는지 나는 안다. 나도 그랬다. 겉으로 보기엔 별거 아닌 일인데, 매우 힘겨운 일이 있다는 것을. 하지 않은 사람은 모르지만, 해본 사람은 아는 그런 일. 그것을 알아주고 공감해 주면, 정말 일할 맛이 난다. 에너지가 솟아오르고 더 좋은 성과를 내도록 힘을 다한다. 내가 그랬다. 내가 그랬으니, 팀원도 그럴 거다. 그걸 알아차려야 한다는 말이다. 알아차리는 데 필요한 것이, 공감과 인정이고 말이다.

김 코치의, 코칭 레시피 ┃ 에너지를 끌어올려 주는 공감

에너지에 관한 이야기를 해볼까 한다.

기초 교육을 받기 시작하면서, 코치 인증 시험을 보겠다고 다짐했다. 중요한 건, 단순히 자격증만 취득하겠다는 의미가 아니었다. 많지는 않지만, 지금까지 자격을 취득하면서, 자격증만 있으면 된다는 마음으로 도전한 적은 없었다. 자격증이 있으면, 그에 합당한 자격도 갖추고 있어야 한다고 여겼다. 자격증만 있지 그에 걸맞은 자격을 갖추고 있지 않다면, 매우 부끄럽지 않겠는가? 그렇다고 필자가 가지고 있는 모든 자격증에 합당한 자격을 갖추고 있다고 말하는 건 아니다. 그런 교만한 말이 어디 있는가!

'그래! 그래도 이 정도면 괜찮지, 뭐!'

최소한, 자기 인정은 있어야 한다는 말이다. 자기 자신도 최소한의 인정을 하지 않는데, 누가 그 자격을 인정해 주겠는가? 그래서 필자는 자격 취득을 위한 지원 조건이 갖춰져도, 스스로 인정할 만한 실력이 되지 않는다고 판단되면 지원하지 않았다. 나름 신념이라 생각했다. 후회는 없지만, 시간이 지나면서, 반대로 생각하는 게 더 나을 수 있겠다는 생각도 들었다. 자격을 먼저 취득하고 그 자격에 합당하도록 노력하면 된다고 말이다. 그렇게 하면, 더 빠르게 성장할 수 있지 않을까? 하는 생각이 들었다. 자격을 갖춘 다음 자격증을 취득하는 것도 좋지만, 자격증을 취득하고 그에 맞는 모습이 되겠다고 다짐하는 것도 괜찮아 보인다.

다이어트에 비교하면 이렇다.

다이어트를 하고 그에 맞는 옷을 사겠다는 사람이 있다. 자격을 갖춘 후에 자격증을 취득하겠다는 사람이다. 옷을 먼저 사고 다이어트에 들어가는 사람이 있다. 원하는 치수의 옷을 먼저 사고 그 옷에 맞추겠다는 말이다. 자격증을 딴 후에 자격에 맞도록 노력하겠다는 사람이다. 어느 쪽이 원하는 옷을 입을 가능성이 클까? 사람에 따라 다르겠지만, 자기 관리가 잘 되는 사람이라면 후자의 모습이 더 가능성이 커 보인다. 목표가 명확하게 눈앞에 있으니, 동기부여가 자연스레 일어날 테니 말이다. 자격증이 그런 역할을 해줄지도 모르겠다. 그러니 '내가 해도 될까?'라는 생각을 하는 분이라면, 일단 하고 보는 것도 좋겠다. 일반적으로는 생각하고 행동하라고 하지만, 이럴 때는 행동하고 생각하는 게 더 나을 수 있다. 모든 걸 다 갖추고 하겠다는 마음으로 임했다가, 중간에 포기하는 사람을 보면서 이런 생각이 더 강하게 들었다.

중요한 건, 어떤 방법이든, 좋은 코치가 되고 싶다는 마음이다.
좋은 코치가 되고자 하는 마음이라면, 어떤 방법이든 자기에게 맞는 방법으로 하면 되겠다. 그리고 또 하나 중요한 게 있다. 코칭의 정의다. 협회에서 말하는 정의가 아닌, 본인의 언어로 설정한 정의가 필요하다. 새롭게 정의하는 것도 좋지만, 우리 선배들이 코칭에 관해 여러 이야기를 하셨다. 그중 하나를 선택하는 것도 좋은 방법이다. 필자가 선택한 정의는 이렇다. "코치는 고객의 떨어진 에너지를 끌어올려, 고객 스스로 문제를 해결하도록 도와주는 사람이다." 멋지지 않은가! 이 한마디에 코칭을 시작했다고 해도, 아니 코칭의 매력에 빠져 계속하게 됐다고 해도 과언이 아니다.

처음부터 확 와닿은 건 아니다.
교육받고 코칭을 실습하면서 조금씩 어떤 의미인지 몸소 체험하면서, 머리와 가슴에 확 꽂혔다. "고객의 떨어진 에너지를 끌어올려, 고객 스스로 문제를 해결하게 도와주는 것"이 한 문장에 코칭의 모든 것이 담겨 있다고 믿는다. 나름대로 풀어보면 이렇다. 코칭을 받고자 하는 고객은 아무렇지 않은 사람이 아니다. 무언가 고민이 있거나 해결해야 할 문제가 있는 사람이다. 그걸 혼자 풀기 어려우니 코칭을 받는 거다. 혼자 해결하지 못하는 이유는 아이디어가 떠오르지 않기 때문이다. 해결해야 할 고민이나 문제해결에 대한 실마리를 도무지 찾지 못하는 거다. 그러면 왜? 아이디어가 떠오르지 않을까? 코칭은 그 원인을 에너지에서 찾는다. 에너지가 떨어져 있는 상태에서는 아이디어가 떠오르지 않는다.

에너지라고 해서 거창한 게 아니다.

기분이 가라앉아 있을 때를 떠올리면 된다. 아무것도 하기 싫다. 어떤 생각도 떠올리기 싫고, 떠오르지도 않는다. 격하게 아무것도 안 하고 싶다는 광고 문구처럼, 정말 아무것도 하고 싶지 않다. 이 상태가 에너지가 떨어져 있는 상태다. 에너지를 스스로 올릴 수 있다면 그것만큼 좋은 것도 없다. 흔히 알려진 방법으로는 운동과 명상 그리고 기도 등이 있다. 아니면 자신이 좋아하는 취미활동도 있다. 스트레스를 푸는 방법의 하나로 사용되는 방법이 전부, 연관되어 있다고 보면 된다. 아쉬운 건, 대부분 일정한 시간이 필요하고, 장소 혹은 복장이나 도구가 있어야 한다는 거다. 일상에서 떨어진 에너지를 당장 끌어올리기에는 제약이 많다.

누군가의 도움으로 에너지가 올라가기도 한다.

가벼운 농담으로 분위기를 말랑말랑하게 해서 올릴 때가 있다. 풀리지 않아 고심하던 문제를 해결했다는 한마디로, 한 방에 끌어 올리기도 한다. 너무 중요한 미팅 날 아침, 무거운 마음에 에너지가 떨어져 있는 상태였는데, 미팅이 취소됐다는 말 한마디는 에너지가 급속히 올라가기도 한다. 하지만 이런 방법들은 누군가에 의해서 이루어져야 하고, 그때가 언제인지 알 수 없다는 단점이 있다. 내 의지와 노력으로 되는 게 아니다. 더 안 좋은 소식은 이런 상황이 아예 일어나지 않을 수도 있다는 사실이다.

코칭은 이런 문제를 해결하기에 적합하다.

혼자서 해결하지 못하는 어려움을 해결할 수 있다. 언제일지 또 누구에 의해서 어떻게 이루어질지 모른다는 불확실성도 해결할 수 있다. 코치에게 요청하면 되기 때문이다. 코치를 찾는 것도 일이라고 한다면, 할 말이 없지만 말이다. 짧으면 15분~30분 만에, 문제해결까지는 아니지만, 에너지를 끌어올릴 수 있다. 그 느낌만으로도 활기가 돋고, 다시 시작하겠다는 의지를 다질 수 있다. 실제 경험을 통해 체험한 사실이다. 그래서 더, 코치로서 역량을 갖추고 싶다고 다짐하게 됐다. 꽉 막힌 듯한 공간에 한 줄기 빛과 같은 존재. 갈증이 극에 달했을 때 마시는 한 모금의 물과 같은 존재. 이런 역할을 코치가 해줄 수 있으니 말이다.

여담이지만, 에너지의 중요성을 절실히 깨달은 일화가 있어 소개한다.

에너지가 떨어진 상태에서는 대화도 원활하게 이루어지지 않는다는 교훈을 얻은 일이다. 아내가 어떤 문제로 고민하고 있었다. 퇴근 무렵 전화가 왔는데, 역시나 그 문제였다. 항상 듣던 문제라 또 그런가 싶었다. 아내가 원하는 게 무엇인지는 분명히 알고 있었다. 감성적인 위로였다. 하지만 나는 감성적으로 풀 문제가 아니라는 생각이 강했다. 그래서 이성적으로 접근했다. 역시나. 문제가 더 커졌다. 문제가 커졌다는 말은 더는 대화가 이어지지 않았다는 말이다. 전화를 끊고 퇴근길에 올랐다. 이동하는 내내, 이성적인 부분을 감성적으로 풀려는 아내가 이해되지 않았다.

퇴근하는 저녁이 되면, 몸과 마음이 지친 상태가 된다.

아침 일찍부터 일어나 이동하고 일하고 사람들과 부딪힌다. 그럭저럭 넘어가는 날도 있지만, 전쟁 같은 하루를 보내기도 한다. 그런 날이면 기력이 빠져, 이동하는 시간마저 버겁다는 생각이 든다. 지하철에서는 선 채로 이동하지만, 다행히도 광역버스는 앉아서 이동한다. 이 시간은 거의 잠에 빠지게 된다. 라디오를 듣거나 책을 볼 때도 있지만, 얼마 지나지 않아 바로 잠이 든다. 집에 도착할 때쯤이면, 짧지만 깊은 잠에서 깨어난다. 찌뿌둥한 느낌 반과 개운한 느낌 반을 가지고 버스에서 내린다. 그날도 그랬다. 아니, 찌뿌둥한 느낌이 더 컸다. 아내와의 찜찜한 통화 때문이었다.

그렇게 집에 들어갔다.

아내는 이불을 뒤집어쓴 채로 누워있었다. 자는 건지, 자는 척을 하는 건지 알 수 없었다. 다툰 건 아니지만, 다투고 나서 빠르게 화해하자고 합의했기에, 화해를 위한 시도에 들어갔다. 어찌어찌해서 마주 앉게 되었다. 아내의 상태는 에너지가 급격히 떨어진 상태였다. 이 상태에서 전화 통화로 했던 톤을 유지하면 어떻게 될까? 전화로 벌어졌던 의견 차이를, 얼굴 보고 다시 확인하는 것밖에 되지 않는다. 오히려 간격이 더 크게 벌어질 가능성도 있다. 마음 같아서는 "이성적으로 풀어야 할 문제를 왜 감성적으로 풀려고 해?"라고 묻고 싶었지만, 아내의 이야기를 솔직히 듣고 싶은 마음에, 내 생각은 접고 감성적으로 접근했다.

감성적 접근의 첫 번째는 공감이다.

경청이 우선이기는 하지만, 내용을 아는 상황에서는 공감으로 바로 들어가기도 한다. 공감이 안 된다면, 공감할 수 있는 부분을 찾는 노력까지 해야 한다. 그 부분을 찾아 구체적으로 이야기한다. 어떤 점에서 공감이 되는지, 어떤 점에서 서운할 수 있었겠는지를 이야기한다. 사과할 때도 그렇지 않은가? 그냥, "미안해!"라고 하면 사과를 받는 사람이 와닿지 않는다. "뭐가 미안한데?"라는 물음에 아무 답을 하지 못하면, 오히려 더 관계가 나빠진다. 따라서 사과도 그렇듯이, 공감도 어떤 부분이 공감되는지, 구체적으로 말해야 상대방도 공감한다고 느낀다.

진짜 이야기를 듣기 위해서는 공감이 필수다.

공감하는 사람에게 마음을 열고 말문도 열기 때문이다. 그렇게 열린 말문을 통해, 어떤 부분을 고민하고 있는지 조금은 더 명확하게 알게 되었다. 내가 도움을 줄 수 있는 부분이 있으니, 그 부분에 도움을 주기로 하고 좋게 마무리했다. 이에 더해, 내가 하고 싶지만, 못했던 이야기도 얹어서 했다. 에너지가 떨어져 있을 때는 반박만 하던 아내도, 수긍하며 들었다. 내 이야기를 상대의 마음에 얹고 싶다면, 상대의 에너지를 끌어올려 주는 게 순서다. 에너지를 끌어올리는 가장 좋은 방법은 경청과 공감이다.

1번 아이언의 변신

**정해진 건 없다. 팀원의 이야기를 들으면서
그에 맞는 질문을 해야 답을 찾을 수 있다.**

다음 홀로 이동했다.

홀 근처에 다다랐는데, 앞에 카트가 하나 더 있었다. 좀 밀리는 모양이었다. 우리는 카트에서 내렸다. 성환과 광효는 화장실에 다녀오겠다며 같이 이동했고, 원철이는 코스를 보려고 하는지, 조심스레 좀 앞으로 나아갔다. 나는 몸을 좀 풀면서 지금까지 배운 내용을 머릿속으로 복습했다. 핸드폰 메모장에 키워드 중심으로 메모도 했다. 선생님은 말씀을 많이 하셔서 목이 타시는지 물을 들이켜셨다. 카트 주위를 돌다가, 친구들 골프 백에 들어있는 클럽을 둘러봤다. 구력이 좀 있어서 그런지 다들 내가 갖고 있지 않은 도구(?)들이 하나씩 있었다. 우드도 다양하게 있고, 퍼터처럼 생겼는데 퍼터는 아닌 처음 보는 모양의 클럽도 있었다. 찬찬히 구경하는데, 눈에 띄는 게 보였다. 원철이 백에 있는 클럽이었는데, "1"이라고 적힌 아이언이었다. "1번 아이언?" 4번까지는 본 기억이 있고 3번 아이언까지는 들어봤는데, 1번 아이언이 있다는 건 들어보지 못했다. 신기해서 꺼냈는데, 헤드 로프트가 거의 직각이었다. 그런데 이상한 점을 발견했다. 생각보다 샤프트가 짧은 거였다. 아이언은 숫자가 적어질수록 샤프트가 길어야 하는데 생각보다 짧았다. 원철이는 답사를 마쳤는지 카트 쪽으로 걸어왔다. 마침 잘 됐다 싶어서 물었다.

"원철아! 1번 아이언이 다 있네? 근데 샤프트가 좀 짧은 것 같은데, 어디에 쓰는 물건인고?"

원철이는 씩 하고 웃더니, 내가 들고 있던 1번 아이언을 건네받아 자세를 취했다. 스윙하는데 헤드를 위로 들지 않고 앞으로 던지는 듯한 스윙을 보여줬다.

"뭐에 쓰이는 물건 같아?"

스윙을 보여줬으니 맞춰보라는 의도로 보였다. 스윙하는 거로 봐서는 앞으로 밀어낸다는 느낌이 들었는데, 무슨 용도인지는 도무지 알 수 없었다.

"낮게 깔아 칠 때 사용하는 거야. 1번 헤드는 봐봐. 거의 직각이잖아? 공을 띄우기가 어려운 거지. 그게 이 클럽의 장점이야. 뜨지 않는 거. 그런데 샤프트가 길면 치기가 어려우니 7번 아이언 샤프트에 끼운 거야. 치기 가장 좋은 길이로. 앞에 나무가 있으면 띄워 치기가 어렵겠지? 띄워 친다고 해도 걸릴 가능성이 크고. 거리까지 많이 남아있는데 돌아가긴 좀 아깝고. 그런 상황이 자주 있다 보니 깔아 치기 좋은 클럽이 있으면 좋겠다고 생각했지. 중고 매장에 가서 둘러보는데, 1번 아이언이 눈에 띄는 거야. 그래서 1번 아이언 헤드를 7번 아이언 샤프트에 끼웠지. 아주 유용하게 잘 쓰고 있어. 나무가 없더라도 깔아 치면 좋을 때가 가끔 있거든? 그때도 종종 이용해. 꼭 멀리 보내는 게 아니더라도 말이지."

역시. 고수는 달랐다. 보통은 그냥 있는 클럽으로 맞춰서 치는데, 원철이는 자기한테 필요한 클럽을 만들어서 사용하고 있던 거다. 클럽에 자신을 맞추는 것이 아니라, 자기한테 맞게끔 클럽을 만든 거다. 기발하다는 생각과 함께 골프 열정을 느낄 수 있었다. 이 정도의 열정이 있으니 싱글 플레이어가 되지 않았나 싶었다. 새삼 멋있어 보였다. 진정 프로의 모습을 봤다고 할까?

우리 차례가 왔다.

"네, 이번 홀은 390m 긴 파 4홀입니다. 좌우 해저드고요. 페어웨이가 무난하니 편안하게 치시면 됩니다."

순서대로 드라이버를 쳤다.

네 번째 홀 정도 되니 모두 몸이 풀린 모양이었다. 제 실력을 발휘했다. 나만 잘하면 됐다. 혼자서 뒤따라가는 것보다, 앞선 홀처럼 함께 움직이니 재미있었다. 집중해서 잘하리라 마음먹고 티박스에 올랐다. 긴장이 되긴 했지만, 차분하게 마음을 가라앉히고, 첫 번째 홀에서 배운 것을 떠올렸다. 공을 끝까지 보고 클럽헤드는 공을 지나간다는 생각으로.

"땅"

좋은 소리를 내며 공이 앞으로 나아갔다.

맞긴 잘 맞았는데, 생각보다 거리가 나진 않았다. 모두 카트에 올라 이동했다. 카트가 서고 재빨리 내렸다. 빨리 치고 친구들과 같이 이동하려는 마음에서였다. 선생님은 7번 아이언을 건네주셨다. 집중해서 쳤다. 많이 연습한 클럽이라 그런지 잘 맞았다. 생각보다 많이 나갔다. 앞으로 걸어가는데, 나무와 꽃 그리고 풍경이 보였다. 공이 잘 맞아서 나가니 마음에 여유가 생기고 주변을 둘러볼 여력도 생긴다. 골프를 잘 치는 사람들은 풍경이 보인다는데, 그 말이 맞는 듯하다. 한번 잘 맞았는데도 이러니, 계속 잘 맞으면 어떨까? 감각을 빨리 찾기를 바라며 앞으로 갔다. 성환과 광효는 세컨드 샷을 하고 이런저런 이야기를 나누면서 앞으로 걸어가는 게 보였다. 원철은 그 자리에 서 있었다. 제일 앞에 있어야 할 친구가 뒤에 있으니 좀 어색했다. 원철이는 나를 보더니, 손짓하며 불렀다.

"영현아! 일루 와 봐."

뭘 보여주려는지 빨리 오라고 재촉했다. 천천히 걷다가 뛰어갔다. 근처에 도착해서 물었다.

"뭔데? 뭐 보여주려고?"

원철이는 씩 웃어 보였다.

"일부러 그런 건 아닌데, 이렇게 됐네? 아까 보여준 1번 아이언 있지? 그걸 쓸 기회가 생겨서."

그러고 보니 약간 우측에 커다란 나무가 있고 그 가지들이 아래로 한참 내려와 있었다. 그냥 다른 클럽으로 해도 크게 무리는 없어 보였는데, 내가 관심 두고 물어봐서 그런지, 실제로 보여줄 모양이었다.

"자! 좀 뒤에서 봐봐. 어떻게 날아가는지. 오케이?"

나는 원철이 뒤로 갔다. 스윙이 아닌 공이 날아가는 것을 봐야 하니, 공만 뚫어지게 쳐다봤다. 원철이는 잠시 멈추더니 바로 스윙했다. 아까 카트 옆에서 보여줬던 스윙보다는 헤드가 좀 더 올라갔다. 공은 맞고 바로 앞으로 뻗어갔다. 신기했다. 프로선수들이 이런 상황에서 깔아 치는 것을 본 적은 있지만, 실제로 본 건 처음이었다. 정말 유용한 클럽으로 보였다.

"어때? 죽이지?"

나는 엄지 척을 해 보이고 함께 앞으로 걸어갔다. 성환과 광효는 이미 그린 위에서 퍼팅 준비를 하고 있었다. 원철이 공도 거의 그린 근처에 있었다. 나만 좀 뒤에 있어서 샷을 하고 앞으로 걸어갔다. 원철이는 그사이 카트로 가서 클럽을 바꾸고 앞으로 갔다. 선생님은 다음 샷에 필요한 클럽을 가지고 내 쪽으로 오셨다.

"1번 아이언을 보면서 무슨 생각을 하셨어요?"

"네? 무슨 생각이요?"

신기하고 멋지다는 생각 말고 더 무슨 생각이 필요할지 생각해 봤다. 아! 팀장으로서 1번 아이언의 사례를 보고, 어떤 깨달음이 있었는지를 물으시는 거라는 것을 알아차렸다. 1번 아이언은 원래 있던 아이언이다. 7번 아이언도 원래 있던 아이언이다. 이 둘을 합쳤다. 둘을 합치니 새로운 용도로 사용할 수 있는 도구가 되었다.

'융합? 복합? 뭐 그런 건가?'

이번에는 잘 떠오르지 않았다.

"아! 이번에는 잘 모르겠는데요. 그저 신기하고 멋지다는 생각 말고는 잘 모르겠어요. 각각의 아이언을 합쳐서 새로운 도구로 만들었다는 것 말고는 떠오른 게 없네요. 이것도 맞나요?"

"네, 뭐 그것도 좋은 인사이트죠. 본래의 용도로 사용되는 도구의 장점들을 모아 새로운 도구로 만든다는 건, 새로운 시도고 도전이 될 수 있죠. 팀이 함께 프로젝트를 하는 이유도 그런 거고요. 각자의 장점을 이용해서 최고의 결과를 낼 수 있도록 말이죠. 그런데, 제가 이야기하고 싶은 건 다른 부분이에요."

"어떤 부분일까요? 궁금한데요?"

"상황에 따라 바뀌어야 한다는 거죠. 클럽은 보통 거리에 따라 선택하게 되어있죠? 하지만 아까처럼 나무가 있거나 지형이 좀 다르다면, 거기에 맞는 클럽을 선택해야 해요. 생각 없이 거리에만 맞추면 더 어려운 상황에 부닥치게 되죠. 언덕 중턱에 걸쳐 있을 때도 마찬가지예요. 야구 스윙하듯 해야 하니, 거리 욕심을 내기보다 짧은 클럽으로 안전하게 보내는 게 필요해요."

"아! 상황에 따라, 그에 맞는 도구를 사용해야 한다는 말씀인 거죠? 팀장으로서는 어떤 상황이 있을까요? 어떤 말씀인지 이해는 되는데, 막상 활용하려고 하니, 떠오르는 게 없네요."

"질문이요."

"네? 질문이라고요? 질문을 상황에 따라 하라는 말씀은…. 어떻게 하라는 말씀일까요?"

"질문한다는 건, 대화하는 상황이겠죠? 질문에도 여러 형태의 질문이 있어요. 몰라서 묻는 게 있고 확인차 묻는 게 있지요. 알지만 상기시키기 위해 하는 질문도 있고요. 어떻게 질문하느냐에 따라, 답변의 방향이 완전히 달라질 수도 있어요."

"답변의 방향이 달라진다고요?"

"네, 예를 들어, 닫힌 질문과 열린 질문이 있어요. 닫힌 질문은 '예', '아니오'로 답하게 만드는 질문이에요. 좀 전에 봤던 1번 아이언을 가지고 질문한다고 해볼게요. '1번 아이언 좋아?'라고 질문하면 어떤 답이 올까요?"

"좋아. 아니면 안 좋아. 이렇게 답이 올 것 같은데요?"

"그렇죠. '예' 혹은 '아니오'. 이 두 가지 말고는 답할 게 없어요. 말하기 좋아하는 사람이라면, 이유를 달겠지만요. 대체로 그렇죠. 열린 질문은 이런 거예요. '1번 아이언으로 치면, 어때?' 이 질문에는 '예' 혹은 '아니오'로 답하는 게 아니라, 사용한 느낌 등을 이야기하게 되는 거죠. 우리는 대부분 닫힌 질문에 익숙해져 있어요. 닫힌 질문으로는 얻을 수 있는 정보가 적어요. 그러니 열린 질문, 그러니까 이런저런 이야기를 꺼내놓을 수 있는 형태의 질문을 하는 게 좋아요."

"아…. 질문 하나에 결과가 완전히 달라질 수 있는 거네요? 신기해요."

"그리고 제일 안 좋은 질문도 있어요."

"제일 안 좋은 질문이요?"

"네, 바로, 유도 질문이죠. 답을 정해놓고 그 답을 하도록 유도하는 건 매우 좋지 않아요. 특히 팀장은 더욱 그렇죠. 팀원이 해결할 문제가 있어서 찾아왔다고 해보죠. 보통은 답을 바로 알려주는데, 좋은 방법은 아니에요. 물고기를 주면 다음에도 또 물고기를 줘야 하니까요. 물고기 잡는 법을 알려줘야 해요. 물고기 잡는 법을 알려주는 가장 좋은 방법이 바로, 질문이에요. 단, 유도 질문은 피해야 해요. 팀장이 답을 정해놓고 그쪽으로 유도하면, 답을 말해주는 것과 별반 다르지 않아요. 질문하세요. 팀원이 현재 상황을 알아차리도록 질문하세요. 어떻게 해결하는 게 좋은지 질문하세요. 해결하기 위해서 무엇을 해볼 수 있는지 질문하세요. 질문하고 답변하는 동안, 팀원은 서서히 원하는 답을 찾아가게 될 거예요. 물고기 잡는 법을 터득하게 되는 거죠. 팀장은 문제에 답을 주는 사람이 아니라, 팀원이 스스로 답을 찾도록 도와주는 사람이에요. 무슨 말인지 이해되나요?"

팀원들의 표정이 떠올랐다.

면담하고 싶다고 온 팀원들과 대화를 나눴을 때, 그들의 표정이 떠올랐다. 그때는 인지하지 못했다. 지금 돌이켜보니 표정이 보였다. 시간이 갈수록 더 답답해하는 표정이었다. 나는 팀장으로서 경험을 다양하게 설명해 주었다. 팀원이 다른 사정을 이야기하면 단박에 자르고 이렇게 해라, 저렇게 해라, 지시했다. 아! 질문한 적도 있긴 하다. 확인하는 질문이었다. 내 말을 잘 알아들었는지에 대한 질문이었다. 질문하는 사람도 나였고 대화를 주도했던 사람도 나였다. 팀원은 그저 내가 시키는 대로 말하는 대로 해야 하는 사람일 뿐이었다. 그 방법이 얼마나 잘못됐고 위험한 것인지 깨닫게 되었다. 질문의 힘. 그래! 질문의 힘을 믿고, 팀원들과 정해놓은 답 없이 편안하게 소통할 필요가 있겠다.

김 코치의, 코칭 레시피 원하는 것을 찾는 방법, 질문

질문의 힘!

여러 번 강조해도 지나침이 없다. 왜냐고? 자주 잊기 때문이다. 질문의 중요성과 그 힘에 대해, 많이 듣고 경험해서 알고 있지만, 잊는다. 순간순간 잊는다. 그래서 계속 강조해도 무리가 없다. 질문의 힘에 대해 다시금 깨닫게 된 건, 코칭 교육을 받으면서다. 교육받을 때 강조한 것도 있고 실제 코칭 연습을 하면서도 깨닫는다. 질문하거나 받거나 상관없다. 질문 그 자체가 깨달음을 준다. 코칭의 과정이 질문의 연속이라고 해도 과언이 아닐 만큼, 질문을 강조한다. 코칭의 목적이, 질문을 통해 고객 스스로 답을 찾게 하는 것이기 때문이다.

프로세스와 상황에 따른 질문이 있다.

코칭 대화를 끌어가는 단계가 있고, 그 단계에서 할 수 있는 질문들이 있다. 코치 전문가들은 각 단계에서 사용할 수 있는 질문 리스트를 만들고 자주 반복해서 읽으라고 말한다. 그래야 상황에 따른 질문이 머릿속에서 '톡' 하고 뛰어나온다고 한다. 그래서 단계별 질문 리스트를 정리했다. 코칭 실습하면서 던진 질문 중에 괜찮은 질문이라는 생각이 들면, 질문 리스트에 추가했다. 집에 있는 질문에 관한 책을 살펴봤다. 몇 종이나 있는지 헤아려 봤다. 꽤 여러 권의 책이 있었다. 질문에 관한 책이 많이 출간되었다는 의미가 되고, 내가 그동안 질문에 대해 중요하게 생각했다는 증거도 됐다. 앞으로도, 질문에 관한 책은 계속 출간될 거라고 확신한다.

질문은 진정성 있는 대화의 시작이다.

질문은 관심의 표현이요, 대화의 시작이다. 《리더의 질문법》이라는 책에, 이런 내용이 나온다. 『커뮤니케이션 컨설팅 회사 컨버선트는 중요성, 걱정거리, 상황에 대한 시각을 묻는 것이 진정성 대화를 이끄는 중요한 세 가지 질문이라고 제시했다. 이 세 가지 질문은 거의 모든 상황에서 훌륭한 질문거리가 된다.』 예를 들면 이런 질문이다. "프로젝트를 하면서 OO님에게 가장 중요한 것은 무엇인가요?", "프로젝트에 참여하면서 걱정이 되는 것은 무엇인가요?", "현재 우리가 하는 프로젝트의 진행 상황에 대해 OO님은 어떻게 보고 있나요?" 실제 이 세 가지 질문으로 대화하면, 서로에 대한 이해도가 높아진다고 한다. 중요성과 걱정거리 그리고 상황에 대한 시각을 담은 질문은 그 자체로 진정성이 느껴진다. 이런 질문을 중심으로 대화하는데 어떻게 신뢰하지 않을 수 있으며 어떻게 이해도가 높아지지 않을 수 있을까? 누군가 대화할 때 겉도는 느낌이 든다면, 이 세 가지 질문을 중심으로 대화를 나눠보는 것도 좋겠다.

자! 그러면 여기서 질문 하나 해보자.

"질문이라고 다 좋을까?" 이 또 무슨 뚱딴지같은 질문이란 말인가? 하고 생각할 수도 있겠다. 이 시점에 이런 질문을 한 것으로 봐서는 아니라는 답이 정답일 것 같다는 느낌이 든다. 맞다. 그 느낌이 맞다. 질문이라고 다 좋은 건 아니다. 특히 코칭에서는 피해야 할 질문이 있다고 강조한다. 바로, '유도 질문'이다. 고객이 스스로 고민하고 찾아서 내놓는 답이 아닌, 코치가 의도한 방향으로 흘러가게 하는 질문은 좋지 않다. 유도 질문 하면, 마치 취조실에서나 나올 법한 질문이라 생각하지만, 일상에서도 종종 나온다. 대체로 선배와 후배 혹은 윗사람과 아랫사람(이렇게 위아래로 나눠도 되는지 모르겠지만, 빠른 이해를 위한 것이니 그리 이해하시길) 사이에 오가는 대화방식이다. 전자에 있는 사람이 자기가 의도한 답을 끌어내기 위해 하는 질문 방법이 유도 질문이다. 자기 뜻대로 답이 나오지 않으면 때로는 성질을 부리기도 하고, 대화를 끊고 뛰쳐나가기도 한다. 내 생각이 분명히 있는데, 강요당하는 느낌이 싫으니 버티는 수밖에. 그래서 꼴통이라는 말을 듣기도 한다.

코칭도 마찬가지다.

스스로 답을 찾도록 도와주는 게 코치의 역할인데, 자신이 원하는 생각의 방향으로 흐름을 돌리려고 한다. 바람직하지 않은 생각이다. 대화 프로세스에 함몰된 사람들이 자주 보이는 행동이다. 왜 그럴까? 자기가 세팅한 대화 프로세스대로 대화가 오가지 않으면 그렇게 된다. '어? 이게 아닌데?' 하며 당황스러워한다. 대화 프로세스라는 레일을 깔고 그 위로 대화가 이루어지길 바라는 거다. 코치의 어원이 뭔가? 마차(Coach)다. 노선이 정해져 있지 않은 마차와 같이 자유롭게 대화가 오가는 게 코칭 철학이다. 대화 프로세스라는 레일 위에 올려놓고 벗어나면, 탈선이라 여기고, 큰일 난 사람처럼 유도 질문으로 끌고 와서는 안 된다. 코칭의 중심은 코치가 아닌 고객이라는 사실을 잊지 않아야 한다.

고객 말고 자신은 어떨까?

고객에게 하는 유도 질문 말고, 자신에게 하는 유도 질문 말이다. 말이 좀 이상하게 들릴 수 있겠는데, 여기서 말하는 '유도'는 앞선 '유도'와는 결이 좀 다르다. 어두운 방향이 아닌 밝은 방향으로, 유도하자는 의미다. 어떻게 할까? 내가 가지지 않은 것으로 원망의 질문으로 빠지려 할 때, 내가 가진 것에 집중하는 질문을 하는 거다. 불평과 불만이 솟아오를 때, 감사할 일로 유도하는 거다. 이런 유도 질문은 괜찮지 않을까? 내 안에서 떠오르는 질문이, 내가 가지고 있지 않은 어두컴컴한 곳으로 나를 이끌려 할 때. 내가 가지고 있는 밝은 곳으로 이끄는 질문이라면 매우 아름답다고 하겠다.

모든 것을 가지고 있는 사람은 없다.

가끔 '엄친아'라는 대명사로 불리는 정말 모든 것을 다 가진 것 같은 사람도 보인다. 하지만 실상도 그럴까? 누구나 갈증을 느끼는 대목이 있다. 바로, 결핍이다. 나에겐 일상인 것이 누군가에게는 결핍일 수 있다는 말이다. 부러울 게 하나 없을 것 같은 유명한 걸그룹 멤버의 소원이 무엇인지 아는가? 좀 어이없이 들릴 수 있지만, 진심이라고 한다. 다른 친구들처럼 길거리에서 떡볶이를 먹는 것이, 소원이란다. 길거리에서 떡볶이 먹는 것을 소원이라고 하면, 아이들이 어떤 반응을 보일지 궁금하다.

내가 가지고 있는 것에 집중할 필요가 있다.

아무것도 없는 것 같지만, 찾아보지 않아서 그렇지 분명히 있다. 물건을 찾을 때를 생각하면 쉽게 이해된다. 그냥 쓱 둘러보면 없는데, 꼭 필요한 상황이 생기면 어떤가? 온 집안을 다 뒤집어서라도 찾아내지 않는가? 그게 바로 우리의 잠재력이다. 잠재력은 이럴 때

쓰라고 있는 거다. 내가 가지고 있는 것이 무엇인지 찾을 수 있는 질문을, 자신에게 던져보자! 그러면 지금까지 바라보던 세상이 달리 보일 것이라 확신한다. 이런 유도 질문은 좋지 않은가?

골프 스코어는 그린 주위 100m 안에서 결정된다.

팀원을 이끄는 코칭 대화에는 프로세스가 있다.

조금씩 감이 잡혀간다.

골프 감은 아직 멀었지만, 팀장이 해야 할 역할이랄까? 무엇을 어떻게 해야 할지, 안개가 걷히듯 조금씩 걷히는 느낌이다. 일정도 많고, 마음도 불편해서 올까 말까 심각하게 망설였는데, 오길 정말 잘했다. 이런 배움을 얻을 수 있다니, 상상하지 못한 일이다. 잊고 있던, 예전 팀장님 말씀이 떠오른다. "모든 일은 계획대로 되지 않는다. 계획대로 되지 않는다고 잘못된 것이냐? 아니다. 오히려 계획한 것보다 더 좋은 몫을 얻을 수도 있다. 이걸 알아보는 눈은 마음에 따라 갈린다. 계획되지 않은 상황이라고 고개를 처박고 있으면 아무것도 볼 수 없다. '다 이유가 있겠지!'라는 마음으로 온전히 받아들이면, 비로소 보이게 된다. 벌어지는 상황이 아니라, 그 상황을 해석하는 시선이 그 몫을 결정한다."

그때는 몰랐다. 계획대로 되지 않은 것이, 오히려 나을 수 있다는 게 무슨 말인가. 그럼, 애초에 계획하지 않아야지. 안 그런가? 그냥 그런가 보다 하고 흘렸는데, 그 말뜻을 이제야 깨닫게 된다. 역시 어른들의 말은 허투루 들어서는 안 된다. 당장은 이해되지 않더라도, 잘 새기고 그 말이 무슨 의미인지 살피면, 피가 되고 살이 되지 않겠는가?

다음 홀에 도착했다.

거리가 그리 길어 보이지는 않았다. 파 4홀이라고 하기에는 좀 짧은 듯 보였고, 파 3홀이라고 하기엔 좀 길어 보였다.

"네, 이번 코스는 350m, 짧은 파 4홀입니다. 서비스 코스라고도 하는데요. 그렇다고 만만하게 보시면 큰코다칩니다. 여기서 버디 잡은 분이 그리 많지 않아요. 좌우 모두 오비입니다. 전체적으로 왼쪽으로 좀 기울어졌으니, 약간 오른쪽 보고 치시면 됩니다. 앞에 방향 핀 보시고 치시면 돼요"

원철이는 자리에서 내려, 거리 측정기로 거리를 살폈다. 선생님이 불러주신 거리가 맞는지, 고개를 끄덕였다. 성환과 광효의 표정도 좋았다. 이번에는 뭔가 보여주겠다는 의지를 다지는 듯했다.

원철이는 공 뒤에서 연습 스윙을 하고 거리와 방향을 재는 듯한 자세를 취하더니, 공 앞에 섰다. 원철이 실력 정도면 껌이다 싶어

보였는데, 선생님의 말씀을 새겨들은 듯 신중한 표정이었다. 호흡을 가다듬고 스윙을 가져갔다. 경쾌한 소리와 함께 직선으로 쭉 뻗어갔다. 공이 떨어진 지점은 약간 왼쪽이었다. 일부러 왼쪽으로 보낸 것인지는 모르겠으나, 만족한 표정으로 돌아왔다. 다음은 성환이 올라갔다. 지금까지 하던 루틴을 하고 샷을 준비했다. 역시 경쾌한 소리와 함께 앞으로 잘 날아갔다. 공이 약간 오른쪽으로 향했는데, 선생님 말씀대로 페어웨이를 맞고 왼쪽으로 흘러갔다. 생각보다 잘 굴러가는 것으로 보였다. 성환은 주먹을 불끈 쥐고 미소를 지어 보였다. 매우 만족한 듯 보였다. 광효도 자신감 있게 티박스에 올랐다. 티를 꽂고 연습 스윙 두 번을 하더니 바로 자세를 잡았다. 무심한 듯 툭 치는가 싶었는데, 이번 공 역시 잘 나갔다. 중앙을 향해서 날아갔다. 이제 나만 잘하면 됐다. 긴장됐다. 모두 잘 치고 나갔는데, 내가 분위기를 흐리면 어쩌나 하는 마음이 들었다. 아무리 오랜만에 왔다지만, 그래도 구색은 갖출 정도로 쳐야 한다는 생각이 나를 재족했다. 심호흡하고 티박스에 올랐다. 세게 치려고 힘주지 말고 힘 빼고 공만 끝까지 보겠다는 마음으로 백스윙하고 공만 바라봤다. 잘 맞았다. 고개가 자연스레 돌아갔다. 공은 떠서 앞으로 가고 있었다. 그런데 방향이 너무 왼쪽으로 가는 게 아닌가 싶었다. 공은 정확하게 카트 도로에 떨어졌다. 떨어진 공은 옆에 있던 나무보다 높게 뛰었다. 높이가 잦아들면서 카트 도로에 몇 번 튀더니 앞으로 빠르게 굴러갔다.

"죽었나요?"

조급한 마음에 물어봤다.

"가봐야 할 것 같네요. 굴러가다가 왼쪽으로 쏠리지만 않았으면 도로 어딘가에 있을 듯합니다. 살아있다면 롱기어(가장 멀리 보낸 사람)가 되시겠는데요? 허허허"

서둘러 카트에 올랐다. 카트는 이전보다 조금 빠르게 내려갔다. 바람이 불어 시원했지만, 머릿속에는 온통 공 위치뿐이었다. 제발 살아만 있어 달라는 간절함을 계속 되뇌었다. 친구들 공이 있는 위치에 내려주고, 카트로 조금 더 내려갔다. 카트가 멈추자마자 뛰어나가듯 내려서 도로를 따라갔다. 도로에는 안 보였다. 죽었나 싶었는데, 선생님이 외쳤다.

"저기 있네요!"

고개를 들어 선생님이 손가락으로 가리키는 방향을 봤다. 그린과 그리 떨어지지 않은 위치에 공이 보였다. '저게 내 공이라고?' 믿기지 않았다. 저렇게까지 갔다는 게 믿기지 않았다.

"전생에 나라를 구하셨나 봅니다. 도로 맞고 저렇게 잘 갔네요. 300m는 족히 간 것 같아요."

나에게 이런 일이 일어나다니, 놀랍고 신기했다. 그리고 감사했다. 친구들을 향해 외쳤다.

"여기 내 공. 여기 살았어!"

친구들은 각자의 방식으로 살아서 잘 간 것을 축하해줬다. 나는 한쪽으로 비켜서서, 순서대로 세컨드 샷 하는 모습을 지켜봤다. 원철이는 그린에 올라갔고, 성환과 광효는 좌우로 흩어져서 그린 바로 앞에 떨어졌다. 이제 내 차례였다. 떨렸다. 50m 좀 더 남은 거리인데, 꼭 그린에 올려서 버디까지는 아니더라도 파플레이라도 하고 싶었다. 어프로치를 들고 방향을 살피면서 연습 스윙을 했다. 신중하게 매우 신중하게 지금까지 했던 것보다 신중하게 공을 노려보고, 샷을 했다. "턱" 너무 신중해서였을까? 아니면 욕심 때문이었을까? 공은 오른쪽으로 살짝 튀고 말았다. 그렇다. 나갔다고 하기엔 너무 짧은 거리에 떨어졌다. 뛰었다는 게 맞다. 너무 아쉬웠다. 이좋은 기회를 이렇게 허무하게 날렸으니 말이다. 공을 끝까지 보지않았다는 걸 깨달았다. 헤드에 묻은 흙을 털어내고 다시 자세를 잡았다. 이번에는 앞으로 좀 보내는 데 목적을 두고 스윙했다. 맞기는했지만, 가다가 말았다. 띄웠어야 했는데 그러지 못하니 근처 잔디에 묻힌 거다. 드라이버를 가장 멀리 치고, 두 번을 더 쳤는데 친구들보디 뒤에 있으니 너무 허무했다. 친구들은 내려와서 기다려 주고 있었다. 마음이 더 조급해졌다. 다시 어프로치를 해시 그린에 올렸는데, 너무 세게 쳤다. 공은 굴러서 반대편 그린 끝까지 굴러갔다. 다른 친구들은 각자의 어프로치와 퍼팅으로, 원철이는 버디 영현과 성환은 오케이를 받아 각각 파를 했다. 끝까지 마무리하고 홀을 마무리했다.

"이번 홀에서는 무엇을 배우셨나요?"
내 속을 아는지 모르는지 선생님은 뭘 배웠냐고 물어보셨다. '그러게요. 뭘 배웠을까요?' 이번 홀은 드라이버가 운 좋게 살았다. 그것도 가장 멀리 나갔다. 하지만 50m 정도의 거리에서 5번이나 더 치다니. 말도 안 됐다. 그저 아쉽고 안타까운 마음뿐이었다. 할 수만 있다면 세컨드부터 다시 해보고 싶은 마음뿐이었다.

"혹시 이런 말 들어보셨어요?"

선생님은 이제야 내 마음을 아셨는지, 먼저 말을 꺼내셨다.

"어떤 말이요?"

"골프 스코어는 100m 안에서 결정 난다."

"100m 안이라면, 홀에서부터 거리겠죠? 왜 100m인 거죠?"

"100m 안쪽에서 하는 플레이를, 쇼트 게임이라고 표현합니다. 짧은 거리라서 그런 건데요. 쇼트 게임으로 스코어가 결정된다는 말이죠. 왜 이런 말이 있냐면요. 골프는 타수로 승부를 겨루는 스포츠잖아요? 드라이버로 200m 이상 보내는 것과 1m 퍼팅하는 것 모두, 1타로 치는 거죠. 불공평해 보여도 어쩔 수 없어요. 규칙이 그러니까요. 조금 전처럼 아무리 드라이버를 잘 쳐도 쇼트 게임에서 실수하면, 도로 아미타불이 되는 거죠. 반대로 드라이버로 멀리 보내지 못해도 쇼트 게임을 잘하면, 타수를 유리하게 가져갈 수 있어요. 쇼트 게임이 더 섬세한 샷을 요구하기도 하고요. 퍼팅을 보세요. 아주 예민하게 공이 반응하잖아요? 들어가는가 싶은데 살짝 꺾이면서 홀 바로 옆에 서기도 하고요. 쇼트 게임을 해보셔서 아시겠지만, 거리가 짧으니 더 어렵지 않던가요? 신중하게 치긴 하지만, 그 신중함이 오히려 실수로 연결되기도 하고요. 방금 경험하셔서 아시겠죠?"

듣고 보니 그랬다.

가장 멀리 보내는 드라이버나 짧은 퍼팅이나 다 1타로 인정한다. 아무리 멀리 보내도 퍼팅에서 실수하면 다 까먹는다. 내가 그랬듯이. 반대로 얘기하면 그런까지 오는 길이 험난해도 퍼팅을 잘하면 어느 정도 만회할 수 있게 된다. 그렇다. 골프는 누가 멀리 보냈느냐 혹은 누가 멋지게 쳤느냐를 겨루는 스포츠가 아니다. 적은 타수로 홀에 공을 넣는 스포츠다. 티샷부터 시작해서 공이 홀에 들어가는 순간까지가 모두 골프의 프로세스다. 가장 중요한 건, 티샷에서 멀리 보냈느냐가 아니라, 몇 번째 샷에 공이 홀에 들어갔느냐이다. 스코어가 중요하다는 말이다. 스코어를 결정하는 건 쇼트 게임이다. 결론적으로, 전체 프로세스를 어떻게 가져가느냐가 관건이라는 말이다.

"자! 생각이 좀 정리가 되었나요? 여기서 중요한 것이 뭐라고 생각하세요?"

조금 전에 정리했던 생각을 이야기했다.

"프로세스인 것 같아요. 골프의 프로세스. 티샷부터 공을 홀에 넣는 순간까지 프로세스가 있는데, 그 프로세스를 적절한 도구를 이용해서 짧은 횟수로 마무리해야 하는 거잖아요?"

"네, 정확하게 봤습니다. 프로세스가 매우 중요하죠. 결과를 내기 위한 프로세스인데요. 골프 프로세스에서 중요한 비중을 차지하는 것이 바로, 쇼트 게임인 거고요. 공을 홀에 넣어야 결론이 나니까요.

이것을 업무 현장으로 가져오면, 대화에도 프로세스가 있다는 거예요. 앞서 이야기했던, 질문하는 것도 순서가 있듯이요. 질문하면 상대방은 그에 관한 답을 하게 될 테고, 답을 들을 때, 경청하는 거잖아요? 경청하면서 다시 궁금한 내용이 있으면 질문하고. 이렇게 반복하는 거죠. 이후에도 몇 가지 프로세스가 있는데요. 이 부분도 라운딩하면서 천천히 알려드릴게요. 중요한 건, 대화에도 프로세스가 있다. 원하는 결과를 얻기 위해서는 프로세스를 잘 숙지하고, 적절하게 활용하면서 이어 나아가야 한다는 거예요. 여기서 기억해야 할 것이 있어요. 프로세스는 수단이지 목적이 아니라는 거예요. 라운딩도 보면 기본적으로 공략하는 프로세스가 있긴 한데요. 자기의 공이 있는 위치 혹은 자신의 상태에 따라 달리해야 하거든요. 대화 프로세스도 마찬가지예요. 기본은 있되, 사람과 상황에 따라 달라져야 한다는 거죠. 이게 핵심이에요."

이해됐다.

대화는 항상 내가 예상하고 계획한 대로 흘러가지 않았다. 때로는 당황스러워 난감하기도 했고, 때로는 뜻하지 않게 잘 풀릴 때도 있었다. 중요한 건, 전하고자 하는 핵심만 잘 품고 있고 그것을 내어놓는 방법이나 시점은 상황에 따라 판단해야 한다는 사실이다. 참 어렵지만, 잘만 맞추면 좋은 결과를 얻는다. 팀원과의 대화도 마찬가지라는 생각이 든다. 일대일로 미팅할 일이 많아지고 있는데, 이 내용을 잘 기억하고 임해야겠다. 대화 프로세스는 수단이지 목적이 아니다. 사람과 상황에 따라 달리해야 한다.

김 코치의, 코칭 레시피 코칭 대화 프로세스는 필수? 선택?

코칭에는 대화 프로세스가 있다.

코칭을 효과적으로 진행하는 데 필요한 순서와 그에 따른 질문과 대응 등을 포함한 모든 것이다. 이 프로세스를 원활하게 진행하기 위해서 먼저 확립해야 할 것들이 있는데, 코칭의 정의와 철학 그리고 기술 등이다. 이는 코칭을 진행하는 데 필요한 바탕이 되므로, 대화 프로세스를 배우기 전에 먼저 배운다. 정의는 기준이 되고, 철학은 바탕이 된다. 그리고 기술은 정의와 철학을 실현하는 도구가 된다. 각각을 살펴보면 다음과 같다.

코칭의 정의는 코칭을 실행하는 기준이 된다.

여러 정의가 있지만, 필자가 마음에 담고 있는 정의는 이렇다. "고객의 떨어진 에너지를 끌어올려 고객 스스로 문제를 해결할 수 있도록 도와주는 것" 따라서 코칭을 실행할 때 기준으로 삼는 건, 고객의 에너지다. 떨어진 에너지를 끌어올리기 위해 다양한 방법을 사용한다. 여기서 중요한 건, 톤을 맞추는 거다. 활달한 고객은 활기차게 그리고 차분한 고객에게는 잔잔하게 에너지를 나눈다. 활달한 고객에게, 잔잔한 투로 이야기하면 어떻게 되겠는가? 활달함이 사그라질 수 있다. 본래 있던 에너지가 떨어질 수 있다는 말이다. 차분한 고객은 어떤가? 차분한 고객에게 활기차게 이야기하면, 거부감을 느낄 수 있다. 코치 혼자 신나서 날뛰는 것처럼 보인다. 발라드를 좋아하는 사람한테 록이나 헤비메탈 음악을 들려주면 어떻겠는가? 눈살을 찌푸리지 않겠는가? 마찬가지다. 코칭을, 왈츠를 추는 것에 비유하는 이유다. 왈츠는 상대방의 리듬에 맞춰야 무리 없이 출 수 있는 춤이다. 코치는 고객의 호흡을 맞춰야 한다는 말이다.

코칭 철학은 코칭을 진행하는 바탕이 된다.

바탕이라는 게 뭘까? 생각의 기저(基底)라고 할 수 있는데, 고객을 어떻게 바라보느냐이다. 고객을 어떻게 바라봐야 할까? 이렇게 한 문장으로 정리할 수 있다. "고객은 문제가 있는 사람이 아니라, 해결해야 할 문제를 가지고 있는 온전한 사람이다." 어떤가? 문제가 있는 사람과 해결할 문제를 가지고 있는 사람. 그 느낌이 완전히 다르다. 고객의 몸이 문제가 아니라, 입고 있는 옷이 문제라는 말이다. 몸은 바꿀 수 없지만, 옷은 언제든 갈아입을 수 있다. 그런 면에서 고객은 충분히 지금의 문제를 스스로 해결할 수 있는 사람이라는 것을 의미한다. 그것을 믿고 응원하고 지지해 주는 사람이 코치다. "이슈에 집중하지 말고, 사람에게 집중하라!" 코치들에게 이렇게 강조하는 것도, 다 같은 이유다.

코칭의 기술은 정의와 철학을 실현하는 도구가 된다.

기술은 효과적으로 원하는 목표에 도달하는 방법이라 할 수 있다. 코칭의 기술은 다섯 가지로 정리된다. 경청, 공감, 인정과 칭찬, 질문, 피드백이다. 어느 것 하나 소홀히 할 것이 없다. 서로 유기적으로 연결이 돼야, 좋은 결과를 얻을 수 있다. 굳이 가장 중요한 요소를 꼽으라고 하면, 뭐가 될까? 가장 우선되어야 하고 모든 기술에 근간이 되는 경청이다. 제대로 된 경청, 그러니까 '맥락적 경청'이 되지 않으면 코칭 대화를 원활하게 이끌어가기 어렵다. 원하는 좋은 결과를 얻기 어렵다는 말이다. 자! 그럼, 여기서 궁금증 하나가 떠오른다.

"좋은 결과는 어떤 상태를 의미할까?"

좋은 결과라는 표현에서는 목표 달성 여부에 대한 명확한 기준을 찾을 수 없다. 목표를 설정하는 데 잘 알려진 방법은 'SMART' 방식이다. 'SMART'는 이렇게 구성된다. 구체적이어야 하고(Specific), 측정할 수 있어야 하며(Measurable), 실행으로 옮길 수 있어야 한다(Actionable). 그리고 자기와 관련이 있으며(Relevant) 시간제한이 있어야 한다(Timely). 목표 설정을 하는 이유가 뭔가? 그냥 하는 건가? 아니다. 달성하기 위함이다. 목표를 달성하는 데 필요한 건, 실행이다. 실행하기 위해서는 'SMART'한 목표 설정이 필요하다. 원하는 결과를 얻을 가능성이 크다는 말이다. 실행하지 않고 코칭의 효과에 대해 말한다면, 글쎄다. 뭐라 할 말이 없다.

좋은 결과를 판단하는 또 하나의 기준이 있다.

만족도다. 누구의 만족도일까? 고객의 만족도다. 서비스 만족도 조사를 할 때, 누구한테 설문하는가? 고객에게 한다. 서비스의 만족도는 제공자가 아닌 사용자가 평가한다. 따라서 서비스 제공자는 사용자에게 좋은 평가를 받기 위해 노력한다. 라디오 청취율을 조사하는 시점에, 모두가 자신의 방송을 선택해달라고 말하는 것도 그런 이유에서다. 좋은 평가를 받아야 방송이 유지되거나 확대 개편되기 때문이다. 여기서 질문을 해볼 수 있다.

코칭도, 고객의 만족에 집중해야 할까?

그렇게 해야 한다. 처음에는 그런 마음으로 출발한다. 출발은 그렇지만, 진행하는 과정에서 고객 만족이 아닌, 코치 만족으로 변질될 때가 있다. 코치는 앞서 언급한 대화 프로세스를 중심으로 고객을 이끌어 간다. 자신이 이끄는 대로 잘 따라와 주면 좋겠지만, 그렇지 않을 때가 있다. 대화 프로세스대로 진행이 되지 않는다는 의미다. 사람의 문제가 어떻게 정해진 프로세스대로 움직일 수 있겠는가? 어쩌면 너무 당연한 말이다. 따라서 대화 프로세스는 표준적인 지침 정도로 생각해야지, 맹신해서는 곤란하다. 대화의 중심에서 고객을 밀어내고, 코치가 그 자리를 차지하게 되는 모양이 될 수 있다. 코칭의 진정한 목적을 잃고, 코치 개인의 만족에 몰두하게 된다는 말이다.

대화 프로세스는 효과적으로 대화하는 방법이다.

무조건 따라야 하는 법칙이 아니다. 법칙은 오직 하나다. 고객 스스로 문제를 해결할 수 있다는 믿음이다. 그 믿음을 바탕으로 맥락적 경청을 하고 필요한 질문과 피드백 그리고 지지와 응원을 하면, 언젠가는 해결의 실마리를 찾을 수 있게 된다. 때로는 코치가 자기 경험이나, 알고 있는 내용을 이야기해 줌으로써, 도움을 줄 수도 있다. 코칭 대화 프로세스는 수단이지 목적이 아니라는 것을 꼭 기억해야 한다.

Hole 6

벙커샷에서 중요한 것은 아는 것보다 그것을 실행할 용기다.

팀의 목표와 해야 할 목록이 잘 설정되어 있어도, 결과를 내는 건 실행이다.

어느새, 1/3 지점에 다다랐다.

공기에 꽉꽉 눌러 담은 밥처럼, 알차게 꾹꾹 눌러 담으며 온 느낌이다. 어느 홀 하나도 허튼 홀이 없었다. 골프를 좀 친 사람들 이야기를 들어보면, 매 홀을 다 잘 칠 순 없다고 한다. 아니다 싶은 홀이 있으면, 포기하기도 한다는 말을 들었다. 포기한다고 그만하는 게 아니라, 스코어에 연연하지 않는다는 말이다. 평소 잘 사용하지 않던 클럽이나 방법을 사용하면서, 연습하는 느낌으로 홀을 진행한다는 거다. 지금으로서는 이해되지 않지만, 자주 오면 그럴 수도 있겠다는 생각은 들었다. 카트가 여섯 번째 홀에서 멈췄다. 카트에서 내려서 홀을 봤다. 파 3홀인데, 홀 앞에 커다란 벙커가 보였다. 입을 커다랗게 벌린 모양이었다. 깊이도 매우 깊어 보였다. 들어가면 나오기 쉽지 않겠다는 생각이 들었다. 벙커가 워낙 커서, 짧으면 다 들어갈 듯 보였다. 골프는 심리가 크게 작용하는 스포츠인데, 심리적 압박을 주기에 충분했다.

"이번 홀은 135m 파 3홀인데요. 보시는 것처럼 그린 앞에 벙커가 크고 깊어서 짧으면 어려워집니다. 길게 치시는 게 좋습니다. 양쪽 모두 해저듭니다."

"야! 저건 그냥 다 벙커에 빠트리겠다는 모양인데?"

성환이 못마땅한 듯 이야기했다. 원철이는 미소를 지으면서, 자기 클럽을 집어 들더니 한마디 던졌다.

"없다고 생각하고 치면 되지 뭘 그래? 선수끼리."

성환과 광효는 어이없다는 표정 반과 재수 없다는 표정 반이 섞인 얼굴로 서로를 바라봤다. 없다고 생각하고 치라고? 그게 말이 되나? 버젓이 있는 벙커를 어떻게 없다고 생각하고 치지? 잘 치는 사람은 그게 되나 보다. 난 잘 칠 수 있다고 해도, 그 경지까지는 좀 어렵지 않을지 싶었다. 뭐, 머리 올리러 온 사람이 이런저런 걱정할 필요가 있겠는가? 나는 더 큰 성과를 얻어내고 있으니 말이다.

원철이가 티박스에 올랐다.

"그래! 벙커 없다고 생각하고 잘 한번 쳐봐!"

광효는 빈정대듯, 원철이한테 한 소리를 날렸다. 원철이는 개의치 않고 오른손으로 오케이 모양을 그리더니, 자세를 잡았다. 공을 보고 홀을 보고 공을 보고 홀을 보고, 두어 번 그렇게 고개를 왔다

갔다 하고 스윙했다. 원철이답게 공이 부드럽게 날아갔다. 성환과 광효는 부러운 듯 탄성을 내뱉고 날아가는 공을 멍하니 바라봤다. 정확하게 그린에 떨어졌다. 선생님 말씀처럼 좀 길게 가긴 했지만, 잘 갔다. 친구들의 방해에도 아랑곳하지 않고 자기 스윙을 하는 모습에서 프로의 냄새가 났다. 나도 저 정도 실력을 갖출 날이 올까? 이내 고개를 저었다. 일단 오늘 잘하자, 마음을 먹었다.

성환과 광효는 잘 치긴 했는데, 방향이 많이 벗어났다. 벙커를 의식한 듯 보였다. 둘 다 오른쪽 해저드로 나갔다. 그래도 괜찮다는 표정이었다. 한 타 잃은 것이니, 벙커에 빠진 것보다는 낫다는 계산이었다. 내 차례가 왔다. 나도 그냥 바깥으로 보내고 해저드 티에서 칠까를 생각했지만, 마음을 고쳐먹었다. 벌써 요령을 부리면 안 된다고, 마음에서 채찍을 휘둘렀다. 크게 호흡을 내뱉고 티박스에 올랐다. 티박스에 올라와서 보니 벙커 입이 더 강하게 압박하는 듯 느껴졌다.

'그래! 어차피 난 오랜만에 왔는데 뭐. 뭘 걱정해!'

편안하게 마음먹자, 생각하고, 공만 끝까지 바라보며 스윙했다. 나름대로 손의 느낌은 좋았다. 소리도 나쁘지 않았다. 공을 보니 핀을 향해 앞으로 잘 갔다. 좀 높이 뜨지 않았나 하는 생각이 들었다. 마음속으로 '제발'을 계속 외쳤다. 공은 벙커 상단 턱을 맞더니 앞으로 가지 않고, 뒤로 떨어졌다. 조금만 더 힘이 있었다면, 넘어갔을 텐데 아쉬웠다. 고개가 절로 숙어졌다.

"야! 잘 맞았는데 아깝다!"

친구들은 위로했지만, 마음이 쓰렸다. 카트에 올라 천천히 이동했다. 바깥 풍경을 보면서 아쉬움을 달래려 했다. 조금만 아주 조금만 더 갔더라면, 아니면 맞고 앞으로만 갔더라면 하는 생각이 계속 들었다. '만약에'가 계속 떠올랐다. 엎질러진 물이니 잘 주워 담아야지 별수 있겠냐 생각하고, 카트에서 내렸다. 친구들은 각자가 다음 샷을 해야 할 곳으로 이동했다. 선생님은 56도 웨지를 건네주면서 손으로 가라고 안내했다. 클럽을 받아 들고 방향을 돌리니, 선생님이 옆으로 따라오셨다.

"벙커 연습한다고 생각하고 편안하게 하세요."

편안하게 하라는 말은 어려움에 부닥친 나에게는 별 도움이 되지 않았다.

"이전에, 벙커샷은 어땠나요? 벙커샷 방법은 알고 계시죠?"

벙커샷 경험은 별로 없지만, 여러 이론은 들었다. 볼을 중앙에 놓고 일반적으로 스윙하듯 하면, 볼 뒤에 헤드가 떨어지면서 모래의 힘으로 볼을 친다는 설명이 있었다. 누군가는 왼쪽으로 무게 중심을 옮겨놓고 샷을 하라고 했다. 헤드를 완전히 눕힌 상태에서 치라는 사람도 있었고, 도끼로 바닥을 찍듯이 치라는 사람도 있다. 지금, 이 사람들의 말 중에 어떤 게 좋을지 선택해야 했다.

"얘기는 여러 버전으로 들었는데요. 뭐가 맞는지 확신이 서진 않네요."

"아마 벙커 상태에 따라 다른 이야기를 들은 것 같네요. 턱이 낮은 벙커 혹은 높은 벙커 그리고 모래 상태에 따라 샷 하는 게 조금씩 달라질 수 있죠. 지금은 턱이 매우 높으니, 헤드를 완전히 눕힌 상태에서 공 밑을 떠내듯 샷을 하는 게 좋습니다. 그래야 공이 뜨거든요. 공이 떠야 높은 턱을 넘어갈 수 있어요. 안 그러면 턱이나 그 아래를 맞고 다시 내려오게 되죠."

내가 들은 이야기가 다 맞는다는 말이었다. 벙커 상태에 따라 설명한 내용인데, 그냥 어떤 벙커에서든 다 그렇게 하라는 말인 줄 알았다.

벙커에 들어가니, 턱이 더 높아 보였다.

이걸 넘길 수 있을지 확신이 서지 않았다. 헤드를 눕혀서 떠내듯 치라는데, 가능할지 확신이 서지 않았다. 공에 힘이 전달되지 않을 것 같은 생각이 들었다. 들은 건 있어서, 두 발을 비벼서 모래에 묻어 고정하고, 공을 노려봤다. 심호흡을 한 뒤 샷을 했다. 공이 뜨긴 했는데 미약했다. 살짝 오르더니 중간 정도에 맞고 다시 돌아왔다. 처음보다 조금 더 뒤로 밀려났다. '아! 조금만 더 세게 칠걸!' 후회됐지만, 이미 지난 일이었다.

"과감하게 치세요! 아무리 세게 쳐도 절대 멀리 가지 않습니다. 각도가 그래요. 벙커인 이유도 있으니까요."

이번에는 정말 풀로 세게 쳐야겠다 마음먹었다. 다시 심호흡하고 발을 모래에 집어넣었다. 조금 전처럼 헤드를 눕히고 공 밑 모래를 파낸다는 심정으로 풀로 돌렸다. 공이 처음보다 더 많이 올랐지만,

생각보다 많이 나가진 않았다. 공은 턱 위를 살짝 오르더니 그 자리에 멈췄다. '와! 그렇게 세게 돌렸는데도 저기밖에 안 갔다고?'

친구들은 나이스 아웃이라고 외치면서 축하해줬다. 생각보다 짜릿하긴 했다. 드라이버가 잘 맞아서 나간 거 다음 정도랄까? 쾌감이 느껴졌다. 패인 모래를 정리하고 밖으로 나왔다. 선생님은 손을 들어 나를 맞아주셨다. 나는 그 손에 내 손을 대며 화답했다.

"이번 샷은 느낌이 어땠어요?"

"완전히 풀로 돌리는 마음으로 했는데요. 말씀처럼 생각보다 많이 안 나가서 놀랐어요. 일단 어려운 벙커를 빠져나와서 좋은데요?"

"좋아요. 사실 구력이 있는 사람들도 이런 벙커는 빠져나오기 쉽지 않아요. 정말 잘했어요."

선생님께 골프로 칭찬받으니, 마음이 들썩해졌다.

"자! 그럼 또 수업해야죠? 그럼, 앞에서 이야기 나눈 경청 그리고 질문과 연결해서 생각해 보면 어떤가요? 팀원에게 질문하고 경청하면서 문제의 답을 찾는 과정을 이야기했죠? 이것과 연결해서 지금 상황을 어떻게 풀어볼 수 있을까요? 주변 사람들한테 벙커샷에 관한 여러 조언을 받은 것도 연결해서 생각하면 답을 찾기가 좀 나을 거예요."

질문하고 이야기를 들을 때, 경청한다. 경청하면서 궁금한 것을 또 묻는다. 이것을 반복하다 보면, 어느새 팀원은 문제의 답을 찾아간다. 그다음? 그다음이라. 여러 의견도 연결해서 생각하라고? 질문하고 경청하는 것을 반복하고 여러 의견을 연결해서 본다고 하면, 다음에는 뭐가 있을까? 문제의 답을 여러 개 찾았다고 하면, 다음에는…….

"문제의 답을 찾았으니, 그걸로 그치지 말고 행동해야겠네요. 문제를 해결할 행동이요! 방법을 아무리 많이 알고 있다고 해도, 행동하지 않으면 결과가 나오지 않으니까요!"

"역시! 알아낼 줄 알았어요. 맞아요. 행동이에요. 질문하고 경청하면서 문제의 답을 찾는 과정이 단순히 대화에만 그치면 소용없어요. 아무리 많은 방법을 알면 뭐 하겠어요. 행동해야 결과를 얻죠. 행동으로 문제해결을 위해 노력해야, 그 목적을 이루는 거예요. 문제가 해결됐는지 그렇지 않은지는 그다음이에요. 해결되지 않은 문제라면, 다시 대화를 통해 찾아내면 되니까요. 벙커에서 나오는 방법이 여럿이듯, 벙커에 따라, 안 맞으면 다른 방법을 이용해서 해보는 거죠. 그렇게 벙커에 따라, 어떻게 샷을 해야 할지 알아가는 거예요. 행동하지 않으면 성장도 어려워요."

모든 것에는 그 목적이 있다. 목적을 잃으면 그것을 할 이유가 없다. 팀원과의 대화도 그렇다. 문제해결을 위한 대화라면, 대화에서 찾은 해답을 가지고, 행동하도록 하고 그 결과를 함께 살피는 것이 필요하다. 조금씩 퍼즐 조각을 맞추듯, 팀장으로 어떻게 해야 하는지 명확해지는 듯하다. 마지막까지 집중력을 잃지 않고 잘 살펴야겠다.

필자가 교육받은 프로그램 중, 〈뉴 저널리스트 아카데미〉가 있다.

'뉴 저널리스트'라는 표현처럼, 새로운 저널리즘을 장착한 사람들을 육성하는 프로그램이다. 매일 저널링을 쓰고, 저널리스트가 되기 위한 다양한 교육을 받고 경험했다. '뉴 저널리스트'의 기본 원칙을 빌려 표현하자면, 뉴 저널리스트를 이렇게 정의할 수 있겠다. "진실성을 바탕으로 시민들에게, 자기 생각을 명확하게 표현하는 뉴스 생산자" 이런 역할을 할 수 있도록 준비하는 과정은 매주 수요일 새벽 6시에 진행됐다. 3단계까지 총 26주에 걸쳐 진행됐다. 참 의미 있는 시간이었다. 저널리스트가 아니더라도, 새로운 시각을 가질 수 있고, 생각하는 기회를 경험했다. 특히 많은 도움을 받은 부분은 위에 언급했던 교육과정 말고 따로 있다.

'지정의(知情意) 학습'이다.

'지(知)'는 깨달음이다. 알지 못했거나 어렴풋이 알았던 것을, 명확하게 깨닫는 것을 지(知)라고 할 수 있다. 명확하게 깨닫게 되면, 정(情)으로 연결된다. 정(情)은 알아차린 것을 감정으로 느끼는 거다. 믿음에 대한 확신[지(知)]이 있다면, 우리는 희망[정(情)]을 품게 된다. 머리에서 가슴으로 내려오면, 계획을 세우고 이뤘을 때를 상상하기도 한다. 버킷리스트를 작성하는 것이 대표적이다. 앞으로의 희망이 있으니, 버킷리스트도 작성할 수 있는 거다. 아무런 희망이 없는 사람이 버킷리스트를 작성한다는 말은 아직 들어보지 못했다. 깨닫고 느끼게 되면 다음은 어디로 연결될까? 의(意)로 연결된다. 깨닫고 느낀 사람은 가만히 있기 어렵다. 실천해야 한다. 어떻게 이룰지 차근차근 방법을 찾으면서, 조금씩 걸음을 뗀다. 리스트에 'X' 표를 하나씩 늘려나가는 거다.

'지정의 학습'은 항상 강조됐다.
단계가 올라가면서, 그 접근 방법이 조금 달라졌다. 1단계에서는 기본적인 내용이었다면, 2단계는 보다 확장되고 구체적이라고 해야 할까? '활동'이라는 키워드에 초점이 맞춰졌다. 활동에 초점을 맞추면서, '체험리즘'의 대표적인 기자라는 분을 소개했다. 참고로 '체험리즘'은 '체험'과 '저널리즘'의 합성어다. 직접 체험한 내용을 바탕으로 기사를 쓰는 기자라는 말이다. '어떤 체험을 했다는 거지?'라는 궁금증이 올라올 때쯤, 영상을 보여줬다.

방송으로 방영된 영상이었다.
기자로, 기사를 쓰는 방식이 남달랐다. 눈으로 보고 귀로 들은 내용 그러니까, 이해한 내용만으로 기사를 쓰지 않았다. 직접 체험하고 깨달은 내용을 바탕으로 기사를 작성했다. 접했던 당시도, 진행 중이라고 했다. 영상을 보는 내내, 용기 있는 분이라는 생각이 들었다. 그리고 진정으로 타인을 위하는 자비의 마음을 가진 분이라는 생각이 들었다. 3인칭 시점에서 바라만 보는 것이 아니라, 1인칭 시점으로 바라보고 체험한 기사는 어떠하겠는가? 교수님은 이분이 진정한 '뉴 저널리스트'의 표본이라고 말씀하셨다. '뉴 저널리스트'라는 개념을, 더욱 명확하게 정립했다. 그리고 또 하나. '지정의'의 완성이 무엇인지도 명확하게 정립했다. 온전히 받아들였다는 것의 증거랄까?

온전히 받아들였다는 증거는 실천이다.

생각하고 말하고 느끼는 대로 행동하지 않으면, 그것은 온전히 받아들였다고 볼 수 없다. '지'와 '정'의 마침표는 '의'다. '의'는 '지'와 '정'으로 온전히 받아들이지 않으면 발휘되기 어려울뿐더러, 설사 발휘되더라도 지속하기 어렵다. 생각하고 느낀 것이 행동으로 연결되지 않는다면, '지'와 '정'이 온전히 받아들여졌는지 살펴볼 필요가 있다. '의'를 실행하지 않는 건 의지의 문제가 아니다. 많은 사람이 실천하지 않는 문제의 원인을, 의지로 돌렸기 때문에 실패를 반복하는 게 아닐까 싶다. 필자도 포함해서 말이다. 의지가 약해서 그렇다는데, 더 무슨 이유가 필요하겠는가! 하지만 정말 문제는 제대로 깨닫지 못하고 제대로 느끼지 못했기 때문이다. 그렇지 않은가?

코칭도 같은 맥락으로 바라볼 수 있다.

코칭의 정의가 뭐라고 했던가? 고객의 떨어진 에너지를 끌어올려 스스로 답을 찾게 해주는 것이라 했다. 여기서, 이런 질문을 해볼 수 있다. '왜, 에너지가 떨어졌을까?' 그걸 알면, 떨어지게 두지 않았겠지? 자! 이렇게 설명할 수 있다. 자신의 문제를 제대로 발견하지 못했거나, 왜 해결해야 하는지 깨닫지 못했기 때문이다. 자신의 문제를 제대로 발견하지 못했다는 건, '지'가 제대로 작동하지 않은 거다. '지'가 제대로 작동하지 않으니, '정'도 온전히 작동하지 않은 거다. 깨닫고 느끼지 못했는데, 움직인다? 말이 안 된다. 이런 악순환이 에너지를 떨어뜨리는 원인이다.

떨어진 에너지로는 의지가 발휘되기 어렵다.

코칭을 하면 사람들이 "아!"라는 작은 탄식과 함께, 자신의 문제를 명확하게 인지하거나 무엇을 해야 할지 깨닫는 순간을 맞이한다. 이때가 바로 '의'를 실천하기 위한 '지'와 '정'이 완성된 순간이라고 볼 수 있다. '왜'를 알고 '무엇'을 알았으니, 어떻게 해야 하는지는 자연스레 알게 된다. 묻지 않아도 본인이 이야기한다. 그럼 남은 건 뭐다? 그렇다. 실천만 하면 된다. 이런 생각까지 오게 되면, 그 사람의 목소리가 어떻게 변하는지 아는가? 몇 톤은 올라간다. 믿지 못하겠다면, 코칭 과정을 녹음해서 들어보면 된다. 처음 시작할 때의 목소리 톤과 마칠 때쯤의 목소리 차이를 말이다. 아! 녹음 전에 고객의 동의를 얻어야 하는 건, 필수다. 이 말은 즉, 에너지가 올라갔다는 의미다. 고객의 에너지가 올라가면 코치의 에너지는? 당연히 함께 올라간다. 코칭의 매력을 절절하게 느끼는 순간이 바로 이때다.

아! 중요한 한 가지가 더 있다.

'지'와 '정'은, '의'와 상관관계가 아니다. 인과관계다. 상관이 있는 정도에서 그치는 게 아니다. '지'와 '정'이 온전히 이루어져야, '의'가 이루어진다. 앞서 설명했던 것처럼, 깨닫고 느끼지 않으면 행동으로 연결되는 건 불가능하다고 봐야 한다. 이는 선순환으로 이어지는데, '의'를 통해 다시 '지'와 '정'을 확립하게 된다. 서로서로 인과관계로, 떼려야 뗄 수 없는 관계라는 말이다. 작은 눈덩이가 굴러서 점점 커다랗고 단단한 눈덩이가 되듯, '지, 정, 의'도 그렇게 작게 시작하지만, 커다란 덩어리가 된다. 그 덩어리가 곧, 나를 대변하게 되는 날이 온다고 믿는다.

Hole 7

퍼팅할 때, 반드시 지켜야 할 예절이 있다.

**자기 말을 들어주길 바라는 것처럼,
팀원의 말을 경청해야 한다.**

"아는 것과 하는 것은 다르다."

앞선 홀에서 배운 것을 한 문장으로 요약하니, 이렇게 정리됐다. 100가지 방법을 아는 것보다 1가지 방법을 실행하는 것이 더 중요하다. 결과를 낼 수 있기 때문이다. 구슬이 서 말이라도 꿰어야 보배라는 속담도 있지 않은가? 아무리 좋은 재료가 있으면 무엇하나? 실제 끼우지 않으면 아무것도 아닌 것을. 누군가 이런 말을 한 기억이 난다. "일할 때 고민하는 이유가 뭔지 알아? 해야 할 일이 있는데 하기 싫어서 그런 거야! 하긴 해야 하는데, 하고 싶지 않으니, 마음이 불편한 거지." 이 말을 듣고 바로 공감했다. 하기 싫은 일을 해야 할 때, 참으로 고민을 많이 했기 때문이다. '어떻게 하면 하지 않을 수 있을까?' 고민했다. 다른 사람한테 넘길 수 있는지도 살폈다.

어쩔 수 없이 내가 해야 한다는 결론이 나면, 마음이 그렇게 불편할 수가 없었다. 신기한 건, 막상 하면 또 하게 된다는 거다. 생각보다 어렵지 않았고, 오래 걸리지 않았다. 하기 전에는 커다란 바위 같은 일이, 실행해 보니 충분히 들 수 있는 돌덩이 정도였다. 실행의 중요성을 다른 측면에서 깨닫게 된 계기였다.

실행에 관한 생각에 빠져있을 때, 다음 홀에 도착했다.

"이번 홀은 좌도그레 430m 파 5홀입니다. 우측 오비, 좌측 해저드입니다. 좌우가 넓어서 무난하게 갈 수 있는데요. 가보시면 아시겠지만, 그린이 매우 넓고 언들레이션(높낮이)이 심합니다. 거리가 그리 길지 않은데 왜 파 5홀인지 아실 겁니다."

"아이고. 초반부터 겁주시네요?"

원철이 드라이브를 집어 들고 티박스로 올라가면서, 진짜로 그런 건지 농담인지 알 수 없는 뉘앙스로 한마디 했다. 좌우가 넓어서인지 원철이는 과감하게 스윙했다. 지금까지처럼, 공을 때리는 소리도 좋았고 공이 날아가는 모양도 좋았다. 성환과 광효도 무난하게 드라이버 샷을 했다. 티박스에 오르니, 얘기 들었던 것처럼, 좌우 폭이 넓어 보였다. 마음에 안정감이 올라왔다. 이 정도면 죽진 않겠다는 생각이 들었다. 편안하게 마음을 먹고 호흡을 가다듬은 다음, 공을 향해 드라이버를 던졌다. 드라이버를 계속 앞으로 쭉 던지려는 마음은 있었지만, 힘이 들어가서인지 좀 당겼다는 느낌이 들었다. 공은 중앙으로 잘 날아가는 듯했지만, 조금씩 왼쪽으로 휘어졌다.

나무들이 띄엄띄엄 있는 곳으로 공이 향했다. '죽었나?' 하는 생각이 들었는데, 다행히 아웃은 아니라는 말을 들었다. 이렇게 넓은 공간에 하필 저기로 갔을까? 나도 모르게 고개가 절레절레 흔들렸다. 선생님은 옅은 미소로 내 드라이버를 받아서 백에 넣어주시고, 카트를 출발시켰다. 카트가 멈추자, 성환과 광효는 남은 거리를 물었다. 중앙에 계곡 같은 해저드가 있으니, 끊어가라는 조언도 잊지 않았다. 끊어갈 때 남은 거리도 각각 알려주셨다.

원철이는 자기 공이 있는 자리로 가서, 거리 측정기로 거리를 쟀다. 나는 일단 가보자며 함께 걸었다. 옆 홀과 맞닿아 있는 듯한 곳인데, 분위기(?)는 아웃처럼 보이는데 아웃은 아니라고 했다. 나무 아래 나무 조각들이 있었고 그 안에 내 공이 보였다. 앞의 나무들로 치기가 좀 불편해 보였다. 선생님은 여기서 치면 나무를 맞고 되돌아올 확률이 높아 위험하다고 하면서, 공을 들고 밖으로 나가셨다. 페어웨이에 공을 던져주시고 해저드까지 130m가 남았다고 알려주셨다. 그리고 7번 아이언을 주셨다. 연습할 때 가장 많이 사용하던 아이언이었다. 골프를 배울 때, 보통 7번 아이언으로 배운다. 이유는 7번 아이언을 칠 때 공을 양발 사이 중앙에 놓고 쳐서 그렇다. 기본기를 닦는 데 가장 좋은 아이언인 거다. 그래서인지 7번 아이언을 건네받을 때 마음이 편안했다. 바닥이 굴곡도 없고 평평해서, 연습했던 느낌 그대로 치면 될 듯했다. 지금까지 중 가장 좋은 환경인 거다. 이번에는 정말 잘 보내고 싶었다. 해저드 앞까지 거리가 정확하게 가는 상상을 했다. 공을 중앙에 두고 해저드를 바라봤다. '저기까지 가는 거야!' 나도 모르게 공한테 당부(?)했다. 심호흡을 한 번 하고 방향을 놓치지 않게 계속 앞을 보면서, 공 앞에 섰다. 두 발을 공 중앙에 모은 다음, 좌우로 같은 간격으로 발을 벌렸다. 클럽 헤드를 공 뒤에 두고 백스윙을 했다가 공 뒤까지 오는 동선을 그려봤다. '오케이!' 이렇게 그대로 맞으면 원하는 거리까지 보낼 수 있을 것 같았다. 다시 한번 호흡을 내뱉고, 공을 노려보면서 천천히 백스윙을 가져갔다. 정점에 올라갔다 싶었을 때, 반동을 이용해 다운스윙했다. 공을 끝까지 바라봤다. 헤드가 공 뒤에 정확하게 떨어져서 맞는 모습이 보였다. 손에는 아무런 감각이 느껴지지 않았다. '이건가?' 제대로 맞으면 손에 느낌이 없다고 하는데 그 느낌인 듯했다. 공은 잘 떠서 앞으로 나갔다. 선생님이, 굿샷을 외쳐주셨다.

"아주 잘 맞았네요. 정확하게 해저드 앞까지 갔어요. 오늘의 베스트 샷입니다!"

기분이 좋았다. 공이 잘 맞아 나간 것도 있지만, 손의 느낌이 정말 좋았다. 이런 손맛에 골프를 치나 싶었다.

선생님과 하이 파이브를 하고, 카트로 이동했다.

해저드 근처에 도달했는데, 정말 정확하게 그 앞에 공이 떨어져 있었다. 이어서 원철이와 광효 그리고 성환이 샷을 했다. 원철이는 해저드를 훌쩍 넘긴 샷으로, 그린에서 100m 안쪽에 떨어졌다. 광효와 성환이 샷을 했는데, 결과는 안타깝게도 해저드를 넘기지 못했다. 광효는 정확하게 해저드 중앙에 떨어졌고, 성환은 해저드 앞에 떨어졌지만, 빠르게 굴러가서 해저드에 빠졌다. 둘의 의도는 어땠는지 모르겠지만, 결과적으로는 아웃이 되었다. 이 사실을 아는지 모르는지 둘은 이야기를 나누며 걸어왔다. 말소리가 들릴 만한 거리쯤 왔을 때, 친절하게 사실을 알려줬다.

"둘 다 아웃이야! 해저드!"

그제야 둘은 아깝다는 표정을 지으며 다가왔다.

"해저드 티는 저 앞에 100m입니다."

선생님 설명을 들은 두 친구는 카트로 가서 클럽을 교체했다. 내가 칠 차례였다. 남은 거리는 120m라고 했다. 7번의 느낌이 좋았으니 그대로 7번으로 치기로 했다. 한 클럽 낮게 잡는 게 거리상 맞을지는 몰라도, 그린이 넓으니 좀 길어도 괜찮다는 생각에서였다. 그린에 올릴 수 있을진 모르겠지만. 다시 심호흡하고 공 앞에 섰다. 모두 나를 쳐다보는 느낌이었다. 아까처럼만 하자고 다짐하면서, 공을 내려다봤다. 아까 맞은 느낌을 잘 떠올렸다. 공 앞에 섰는데, 왼발이 약간 높게 자리했다. 좋은 느낌을 떠올리기 위해 이전에 스윙을 계속 생각했다. 잠시 숨을 멈추고 샷을 했다. 발 위치 때문이었을까? 공이 둔탁하게 맞은 느낌이 들었다. 손이 약간 울렸다. 공은 해저드를 둘러싼 돌에 맞고 앞으로 튀어 나갔다. 죽지 않은 게 다행이었고, 앞으로 간 게 다행이었다. 내 공은 원철이 공이 있는 위치 정도쯤에서 멈췄다. 아까웠다. 아까처럼만 쳤더라면, 좋은 스코어를 기대할 수 있었는데 말이다. 광효와 성환은 앞으로 가면서 아깝다는 말을 건넸다. 해저드에 빠졌을 때 이 친구들의 심정이 이랬을까? 앞으로 이동하는데, 계속 아쉬운 마음이 올라왔다.

해저드 티에서 광효와 성환은 그린에 올렸다.

홀과의 거리는 가봐야 알겠지만, 온 그린이 됐다는 것에 둘은 만족했다. 다음은 원철이 차례였다. 이번에 올리면 쓰리 온, 버디를 노릴 수 있었다. 원철은 가볍게 연습 스윙을 하고 자리에 섰다. 공과 방향을 두어 번 번갈아 보더니, 부드럽게 샷을 했다. 가볍게 뜬 공은 그린에 가볍게 떨어졌다. 정말 잘 쳤다. 나도, 이번에는 그린에 올리고 싶은 마음이 강하게 올라왔다. 친구들은 옆에서 파이팅을 외쳐줬다. 이번에는 평지이니 실수하지만 않으면 그린에 올리는 건 어렵지 않아 보였다. 공이 풀 위에 놓여있는 게, 바닥에서 적당히 떠 있는 위치라, 이 또한 마음에 들었다. 세게 치면 공이 위로 높이 떠서 거리 손해를 본다는 기억이 났다. 최대한 부드럽게 치자는 마음에 클럽을 쥐었던 손에 힘을 뺐다. 클럽의 무게로만 치기 위해서였다. 손에 힘을 뺀 것을 다시 확인하고 스윙했다. 이번에는 부드럽게 맞았다. 잘 맞았다. 계획했던 것보다, 공이 떠올랐다. 잘 가나 싶었는데 그린 앞에 떨어졌다. 그래도 잘 맞았으니 됐다는 마음으로 위안 삼았다.

그린에 가니, 공들이 여기저기 흩어져 있었다.

내 공만 외로이 맨 아래 떨어져 있었다. 선생님은 공을 닦아서 방향을 잡아주시고 과감하게 치라고 하시면서 자리에서 물러나셨다. 오르막 경사로 보였다. 짧게 가다 마는 것보다는 조금 지나가더라도 세게 치자 마음먹었다. 쭉 밀 듯이 퍼팅을 앞으로 밀어냈다. 공은 빠르게 출발했지만, 오르막이라 그런지 점점 속도가 줄었다. 그래도 힘은 떨어지지 않았다. 공은 계속 가더니 홀을 살짝 지나서 멈췄다. 내가 생각해도 잘 쳤다. 선생님과 친구들은 나이스 퍼팅이라고 외쳤고, 나는 고개를 숙이며 감사 인사를 했다. 선생님은 내 공을 주워 들고 마킹하셨다. 다른 친구들은 각자의 자리에서 퍼팅 준비를 하거나 기다렸다. 앞선 7번 아이언 샷이나 이번 퍼팅이나 너무 좋은 샷이라는 생각이 들어 흥분된 목소리로 말했다.

"선생님 저 이번 홀 너무 잘 치지 않았어요? 아까 7번 아이언도 그렇고 지금 퍼팅도 지금까지 최고의 샷인 것 같아요? 그렇죠?"

선생님은 손가락을 입으로 가져가시더니 "쉿"이라고 짤막하게 내뱉으셨다. 의아하게 쳐다보던 나는 선생님의 턱짓을 보고야 알았다. 광효가 퍼팅하려던 참이었던 거다. 그제야, 골프 매너가 떠올랐다. 그린에 올라가서 퍼팅할 때 절대 정숙해야 한다는 것을 말이다. 그때부터 모두 퍼팅을 마칠 때까지 침묵했다.

"아! 제가 실수했네요. 다른 사람 퍼팅할 때 조용했어야 했는데, 그렇죠?"

"네, 잘 아시네요. 친구들이라 그렇지, 예민한 분들은 매우 언짢아하세요. 지인끼리 와서 이런 문제로 다투거나 심하면 그냥 가시는 분들도 있어요. 골프 매너에 매우 예민하신 분들은 그렇죠. 그러니 그런 위에서는 정숙해야 한다는 것을 명심하셔야 해요."

"네, 명심하겠습니다."

"퍼팅할 때 정숙해야 하는 것은 무엇을 의미할까요?"

퍼팅을 다 마치고 이동하면서 질문하셨다.

"퍼팅할 때 정숙해야 하는 이유는 타인의 플레이를 방해하지 않기 위함인 거잖아요? 플레이에 집중하도록 도와주는 행위요. 그러니까 상대방을 존중하는 의미가 있겠네요. 그 사람이 온전히 자기가 해야 할 일을 하도록 도와주는 거요."

"네, 해석이 아주 좋습니다. 그렇다면, 일상에서 혹은 팀장으로서 팀원이 자기가 해야 할 일을 온전히 하도록 도와주는 행위는 어떤 것이 있을까요? 퍼팅할 때 정숙한 것과 결을 같이하면서 생각해 보면요."

"음…. 온전히 집중하도록 정숙한다? 아! 잘 들어주는 것이 있겠네요. 팀원이 하는 말을 잘 듣고 그에 따른 조처를 해주는 것이 팀장이 해야 할 역할이 아닐까요?"

"허허허. 이제 고수가, 다 되셨네요. 맞습니다. 그 말을 한 단어로, 경청이라고 하죠. 경청의 중요성은 많이 들어봤을 겁니다. 하지만 경청을 잘 실천하는 사람은 많지 않아요. 자기는 경청을 잘한다고 말하는 사람조차, 경청이 잘되지 않는 사람이 많죠. 특히 아랫사람과 이야기할 때 경청하기는 매우 어려워요. 끼어들기가 십상이죠. 말을 끊는 사람들 있잖아요? 경청이 되지 않아서 그런 거예요. 듣기보다 말하는 데 익숙해서 그런 거죠. 이런 태도는 경청하기 어렵죠. 잘 듣지 않으니, 의사소통이 원활하지 않은 거고요. 말 끊는 사람과 대화하고 싶은 사람은 없으니까요. 더는 말하고 싶지 않게 되죠."

떠올랐다.

전형적으로 말을 끊는 오래전 팀장이 떠올랐다. 하고 싶은 말을 하라고 하면서, 계속 말을 끊었다. 그건 그래서 그렇고 저건 저래서 그렇다며, 하고 싶은 말을 시원하게 하도록 내버려 두지 않았다. 이후에는 일상적인 말 이외에, 속마음을 나눈 기억이 없다. 경청이라는 단어를 사용하진 않았지만, 경청의 중요성을 그때 조금 깨달았다는 것을 이제야 알아차렸다.

"타인이 말할 때는 그 사람의 말을 잘 듣기 위해 노력해야 해요. 내가 할 말만 생각하거나 반박할 것만 생각하면 온전히 들을 수 없어요. 온전히 듣지 못하면 소통이 되지 않죠. 소통이 되지 않은 이유는 말을 잘하지 못해서가 아니에요. 제대로 듣지 않아서요. 오해의 영어 의미 아시죠? 이해라는 단어 앞에 'mis'가 붙잖아요. 못 들은 게 아니라, 듣기는 들었는데 잘못 알아들은 거죠. 잘못 알아듣는 이유는 몇 가지가 있는데요. 가장 중요한 건, 상대방의 말을 들을 때는 온 신경을 집중해야 해요. 내가 아닌 상대방에게요. 육감을 다 동원해서 들어야 해요. 그래야 올바른 경청을 했다고 볼 수 있어요. 그래서 어려운 거예요. 경청이라는 것이 말이죠."

경청의 중요성은 익히 들어 알고 있었다. 알고는 있었지만, 이 정도일 줄을 몰랐다. 선생님 말씀에 의하면, 경청만 잘해도 소통에 문제가 없다는 말이다. 잘 들어보도록 노력해 봐야겠다. 경청의 힘이 어느 정도인지 실제 경험해 보고 싶다는 생각이 강하게 올라왔다. 머릿속에 경청이라는 두 글자가 계속 둥둥 떠다니는 기분이 들었다.

김 코치의, 코칭 레시피 겸손의 시작, 경청

코칭에는 5가지 기술이 있다.

경청, 공감, 인정과 칭찬, 질문, 피드백이다. 코치는 이 5가지 기술을 이용해서, 고객이 해결하고자 하는 문제를, 스스로 해결할 수 있도록 지지하고 지원한다. 이 5가지 기술은 코칭 대화 프로세스에 적절하게 녹아 있다. 코치는 대화 안에서 이 5가지를 다양하게 활용하여, 고객을 원하는 곳으로 이끌기 위해 노력한다. 코칭 대화는 질문을 중심으로 이루어지기 때문에, 질문이 가장 핵심적인 기술이라고 볼 수 있다. 그래서 각 단계에 맞는 질문을 다양하게 정리해 놓고, 수시로 살펴서 활용하려고 노력한다. 코칭을 진행하면서 상황에 따라 했던 질문이 마음에 들면, 리스트에 추가하기도 한다.

질문은 그래서 중요하다.

코칭 대화를 시작하는 것도 질문이고, 해결책을 찾는 것도 질문이다. 코칭을 마무리할 때도 질문으로 마무리한다. 질문이 빠질 틈이 없다. 하지만, 질문을 연결해 가면서 대화를 이끌어가기 위해서는 또 다른 핵심 기술이 필요하다. 바로 경청이다. 질문이 대화를 이끌어가는 시작이라면, 경청은 코칭 자체를 이끌어가는 핵심이라 할 수 있다. 경청하지 않으면 대화를 이어가기 어렵기 때문이다. 경청이 제대로 이루어지지 않으면, 공감하기 어렵다. 공감이 되지 않으니, 인정이나 칭찬이 쉽게 나오지 못한다. 추가적인 질문은 더욱 어렵다. 피드백은? 거기까지 가길 바라는 건 욕심이다.

경청하지 않으면, 코칭이 이루어지지 않는다.

그래서 많은 선배 코치나 책에서, 경청을 매우 강조한다. 실제 코칭을 진행하면서, 그 이유를 명확하게 깨달을 수 있었다. 경청이 제대로 이루어지면, 앞서 말한 질문 리스트도 필요 없게 된다. 자연스레 해야 할 질문 그리고 하고 싶은 질문이 이어지기 때문이다. 경청하면서 질문하고 답하는 사이, 어느새 고객은 자신이 해결해야 할 그 지점에 도달해 있기도 하다. 짜릿한 순간이자 보람된 순간이다. 이쯤 되면 코칭과 관련 없는 사람도, "경청은 도대체 어떻게 해야 하는 거야?"라며 물을 수도 있겠다. 그래서 경청을 명쾌하게 풀이한 내용을 소개한다.

코칭을 배우는 사람들의 필독서 중 하나인 《임파워링하라》에 나온 내용이다.

"경청(傾聽)은 경(傾)과 청(聽)으로 이루어져 있다. 경(傾)은 '몸과 마음을 기울인다.'라는 뜻이다. 청(聽)은 편의에 따라 몇 가지 해석이 가능하다. 그중 하나가, '왕(王)의 이야기를 듣는 것과 같이 귀(耳)를 열고 열 개(十)의 눈(目)으로 상대의 모든 움직임을 보고 느껴서 상대방의 마음(心)과 하나(一)가 되도록 한다.'라는 뜻이다."

어떤가?

명쾌하지 않은가? 한자를 구성하고 있는 하나하나를 뜯고 풀어서 연결한 해석이, 참으로 공감된다. 경청할 때는 몸을 상대방에게 조금 기울이는 듯한 자세를 취하라고 한다. 잘 듣기 위함이다. 하지만 여기서 그치지 말고, 마음마저 기울이라고 말한다. 그래야, 진정으로 들을 수 있는 준비가 된다는 말이다. 들을 때는 귀로만 듣는 것이 아니라, 눈을 비롯한 모든 감각기관을 동원하여 상대방이 어떤 마음인지 헤아리도록 노력하라고 한다. 나를 중심으로 상대방의 마음을 해석하는 것이 아닌, 상대방을 중심에 놓고 그 마음을 해석하라는 의미다. 그래서 둘이 아닌, 하나의 마음이 돼야 한다는 말이다.

매우 어려운 일이다.

내 속엔 이미 내가 너무 많기 때문이다. 내 생각, 내 욕심, 내 상황, 내 이익, 내 편의 등등 내 속엔 내가 너무도 많다. 그러니 상대방의 말이 내 안에 들어올 틈이 없게 된다. 가까이 있는 사람은 이미 다 알고 있다며, 지레짐작한다. 잘 모르는 사람은 사람 마음을 어떻게 아느냐며 사전에 차단한다. 경청은 새 포도주를 새 부대에 담는 것과 같다. 내 안에 있는 것은 다 비워버리고, 상대방의 말을 새롭게 듣고 담기 위해 준비해야 한다. 그래야 부대가 터지지 않고 온전히 그 사람의 마음을 담을 수 있다. 이것이 바로, 진정한 소통의 시작이다. 어렵지만 그 어려운 걸 해내기 위해 노력해야 한다.

이와 관련된, 재미있는 이야기 하나가 있다.

원래 들었던 내용이 정확하게 기억나지 않는 이유도 있고, 조금 더 메시지를 강조하기 위해 살을 덧붙여 봤다. 이 이야기가 말하고자 하는 메시지는 명확하다. 우리가 잘 알고 있지만, 무심하게 넘기는 것에 관한 이야기다. 그리고 하나 더. 원래 이 이야기가 전하고자 하는 메시지에, 하나의 메시지를 더 붙여봤다. 코칭에 관심을 가지고 집중하고 있어서 그런지, 그런 방향으로 메시지가 보인다. 같은 이야기를 듣고 다른 의견이 나오듯, 같은 이야기 안에서 찾는 메시지도 다를 수 있다는 것을 새삼 깨닫는다. 이야기는 몸에서 각 역할을 하는 친구들(?)의 대화로 구성된다.

손이 먼저 말을 꺼냈다.

"나는 많은 일을 해. 일하는 데 가장 많이 사용되고, 취미 생활도 주로 내가 도움을 주지. 밥을 먹을 수 있게 도와주기도 하고 말이야. 아무튼. 내가 없으면 아무것도 할 수가 없지." 그렇게 말하고 두 손은 반대쪽 양쪽 옆구리로 향했다. 눈이 다음 말을 이어갔다. "그래, 인정! 하지만 내가 없으면, 너도 할 수 있는 일이 별로 없지 않을까? 일하기도 어렵고 취미 생활도 그렇지. 밥을 먹고 싶어도 어디에 뭐가 있는지 알 수가 없으니, 제대로 먹을 수나 있을까?" 말을 마친 두 눈은 자기가 말에 만족했는지 지그시 눈을 감았다.

이번에는 입이 말을 꺼냈다.

"그래. 손도 그렇고 눈도 그렇고 많은 일을 하네. 그런데 말이지, 내가 없으면 어떻게 될까? 일하든 취미 생활을 하든, 내가 없으면 소통이 안 되니 답답해서 제대로 이루어질 수 있을까? 특히 밥은? 나를 통하지 않고는 절대 들어갈 수 없지 않나?" 입은 의미심장하게 입꼬리를 양쪽으로 벌렸다. 그렇게 서로 자신의 역할에 대해 한창 갑론을박이 이어졌다. 그렇게 한참을 이야기하다가 눈이 아래를 내려다봤다.

그냥 가만히 있는 별 쓸모가 없어 보이는 발이 보였다.

"넌 도대체 하는 일이 뭐니?" 눈이 발을 향해 묻자, 입과 두 손도 눈이 하는 말에 공감한다는 듯 아까와 같은 포즈를 취했다. 발은 머뭇거렸다. 자신이 보더라도, 앞서 말한 친구들(?)보다 하는 게 별로 없어 보였기 때문이다. 그렇게 가만히 있던 발이 수줍게 말을 꺼냈다. "그래. 나는 너희들과 달리, 하는 게 별로 없네. 근데 너희들이 아무리 많은 능력을 갖추고 있어도, 내가 없으면 아무 곳도 갈 수 없지 않나? 그러면 너희들의 능력이 소용없어질 것 같은데…." 발이 말을 마치자, 더는 누구도 말을 꺼내지 않았다.

이 이야기의 메시지는 발의 쓸모다.

제일 아래서 몸을 지탱하고 있지만, 역할이 별로 없어 보인다. 하지만 가장 중요한 역할을 하고 있다는 것을 알려준다. 발이 없으면 아무 곳도 갈 수 없으니, 아무리 뛰어난 기능이 있어도 소용이 없다. 공기와 물처럼, 평소에는 그리 눈에 띄지 않지만, 없다고 생각하면 암담하다. 보이지 않는다고 없는 것이 아니듯, 드러내지 않는다고 소중하지 않은 것이 아니라는 것을 알려준다. 그리고 또 하나의 메시지가 있다.

경청의 쓸모다.

좀 생뚱맞게 들릴 순 있다. 하지만 그 이유를 들어보면 고개를 끄덕일 거다. 경청하려면 어떻게 해야 할까? 상대방의 말에 귀를 기울이고, 표정과 몸짓 등 몸으로 표현하는 모든 것에 집중해야 한다. 여기서, 경청을 가능하게 하는 건 무엇일까? 경청은 그냥 되는 게 아니다. 반드시 그 밑을 받쳐야 하는 게 있다. 바로, 겸손함이다. 상대의 메시지를 온전히 듣겠다는 겸손한 마음 없이는 경청이 어렵다. 경청은 내 안에 있는 내 생각을 버리고 상대의 말과 생각을 받아들여야 한다. 하지만 겸손한 마음이 아니고서는 그게 어렵다.

코칭을 배우면서 가장 도움이 된 건, 경청하려는 마음과 노력이다.

　코칭을 할 때뿐만 아니라, 평소 대화할 때도 그렇게 하려고 노력한다. 경청이 잘 됐다는 결과는 상대방이 말을 많이 하게 되는 것으로 알 수 있다. 그냥 하는 말이 아니라, 자기 안에 있는 무언가를 끄집어 올리는 것이라면 더욱 그렇다. 경청에 집중하면, 겸손한 태도를 익힐 수 있다. 겸손한 태도로 하는 경청이 의도해서가 아니라 본능적으로 이루어진다면, 진정한 코치가 되는 거다. 겸손함으로 경청을 실천하고 그 경청이 곧 의로움을 찾는 일이라면, 참 보람된 삶이 아닐까?

코칭 기술의 시작, 경청

　'경청'

　최근 가장 많이 듣고 사용하는 단어가 되었다. 경청이 중요하다는 건 누구나 잘 알고 있고, 그 중요성은 오래선부터 알려져 왔나. 관련된 책도 많이 있고, 이 단어를 그대로 사용한 《경청》이라는 책도 있다. '마음을 얻는 지혜'라는 부제를 통해, 경청의 목적을 엿볼 수 있다. 상대방의 마음을 얻기 위한 지혜가 바로 경청이라는 말이다. 상대방이 겉으로 그냥 하는 말이 아닌, 진짜 말(마음)을 잘 파악하고 살피면, 그 사람의 마음을 얻을 수 있다고 알려준다.

　수능 시즌이 다가오면 이구동성으로 하는 말이 있다.

출제자의 의도를 잘 파악하라는 말. 출제자의 의도와 문제가 원하는 답을 먼저, 잘 파악해야 한다. 경청을 강조하는 이유도 이와 같다. 출제자(말하는 사람)의 의도를 잘 파악하지 않으면, 오른쪽 다리 간지럽다는데 왼쪽 다리 긁으면서 "시원하지?"라고 묻게 된다. 아무런 반응이 없는 사람에게, "난 최선을 다했다고!"라고 외쳐봐야 공허한 메아리로 퍼질 뿐이다. 그 누구에게도 도움이 되질 않는다. 경청의 중요성은 몇 번을 강조해도 무리가 없다.

경청 훈련이 필요하다.

경청이 중요한 건 알겠지만, 잘 안된다고 말하는 사람들이 있다. 듣다가 자꾸 다른 생각이 나거나, 자기가 할 말이 계속 맴돌기 때문이라고 한다. 주의를 기울여야 하는 동기가 없어서 발생하는 현상이다. 내가 듣거나 듣지 않거나, 고개만 끄덕이면 아무도 모르기 때문이다. 경청 훈련을 이렇게 해볼 수 있다. 누군가 한 말을, 내가 다시 말해보는 거다. 들은 말을 다시 말한다는 것은 충분한 동기가 된다. 여럿이 모였을 때 해보면 좋다. 여럿이 하니 동기 강화 효과가 충분하다. 사람은 일반적으로 창피당하는 걸 싫어한다. 창피당하기 싫어서라도 집중해서 경청하고 때로는 메모하게 된다. 학교에서도 비슷한 방식으로 수업한 선생님이 있었다. 선생님이 설명한 내용을 무작위로 정해서 말하도록 한다고 엄포를 놓고, 수업을 시작하셨다. 집중도는? 최고였다. 제대로 말하지 못하면, 그에 따른 응징(?)을 당해야 했기 때문이다.

코칭에서는 백트래킹(Backtracking)이라고 한다.

이것을 연습하기에 이만한 것이 없다. 백트래킹(Backtracking)은 상대방의 말, 행동, 의미를 집중해서 듣고, 상대방의 언어로 요약해서 되돌려주는 방법이다. 복사기 화법이라고도 한다. 군대에서 말하는 '복명복창'과 비슷하다. 복명복창은 일상에서 유용하게 사용할 수 있으니, 이 얘기를 조금 더 해보겠다. 복명복창은 지시받고 수행하는 데 매우 중요하다. 회사에서도 가끔 강조한다. 상사의 지시를 재확인하는 방법이기도 하고, 상사에게는 당신의 지시를 잘 들었다고 확인하는 역할을 한다. 그냥 "네!" 하고 대답하는 것과는 느낌이 다르다. '네'라는 대답만 하면, '제대로 들은 거 맞아?'라는 의심이 들 때가 있다.

복명복창은 잘못들은 부분이 있으면, 조정받는 역할도 해준다.

특히 숫자와 관련된 부분에서는 매우 유용하다. 개수를 잘못 들어서 난감한 상황이 생기기도 하는데, 복명복창을 통해 그 숫자를 명확하게 확인할 수 있다. 군대에서 작업하러 가는데, 삽과 곡괭이 개수를 잘못 듣고 갔다가 고생한 후임이 생각난다. 우렁차게 "네! 알겠습니다!" 하고 뛰어갔지만, 복명복창하지 않은 죄(?)로 그 먼 거리를 다시 뛰어갔다 왔다. 처음에 매우 어색한 느낌이 들기도 할 텐데, 그 효과를 직접 체험하면 마음이 달라진다. 머리가 나쁘면 몸이 고생한다고 했던가? 이 말을 이렇게 바꿀 수 있다. 복명복창 안하면, 몸이 고생한다.

백트래킹(Backtracking)에서 중요한 게 뭘까?

표면적으로는 상대의 언어로 요약해서 되돌려주는 것이지만, 그렇게 하려면 절대적으로 필요한 것이 있다. 집중해서 듣는 거다. 여기서 중요한 건, '듣는다'라는 표현이 결코 청각만 이용하는 건 아니라는 사실이다. 동원할 수 있는 모든 감각을 활용해야, 더욱 정확하게 의미를 포착할 수 있다. 정확한 의미 파악을 하지 못한 채로 되돌려주면 어떻게 될까? 안 하느니만 못한 결과가 나온다. 엄한 다리 긁으면서 시원하냐고 묻는데, 어찌 난감하지 않을 수 있겠는가?

이 또한 연습하는 방법이 있으면 참 좋겠다.

다행히, 좋은 연습 방법을 소개한 책을 발견했다.《간단 명쾌한 NLP》이다. 여기서는 캘리브레이션(calibration) 능력을 높이는 연습이라고 하는데, 캘리브레이션은 속마음을 이해하기 위해 상대의 몸짓과 태도를 자세히 관찰하는 것이라고 설명한다. 이 연습 방법은 다음과 같다.

파트너를 정한다.

파트너는 좋아하는 음식과 싫어하는 음식을 머릿속에 그린다. 어느 쪽이 좋아하는 음식인지 밝히지 않은 채 양쪽 다 좋아하는 음식인 것처럼 설명한다. 파트너는 이런 방법으로 싫어하는 음식도 좋아하는 음식처럼 설명한다. 설명이 다 끝난 다음, 좋아하는 음식과 싫어하는 음식을 맞추는 거다. 답이라고 생각한 이유를 포함해서 말해야 한다. 속마음은 아무리 감추려고 해도 드러날 수밖에 없다. 눈의 움직임이나 말투 혹은 뭔가 이상한 낌새를 흘리게 돼 있다. 그걸 찾아야 하니 오감을 집중할 수밖에 없다. 어떤가? 경청을 위한 좋은 훈련 방법 아닌가?

파 4홀에서 지형의 도움을 받으면, 원 온도 가능하다.

팀원과 오해 없는 대화를 위해서는 인정이 필요하고, 인정은 맥락적 경청으로 가능하다.

카트가 이동할 때도, 경청이라는 단어가 떠나질 않았다.

나 스스로 경청을 잘한다고 여겼는데 앞서 이야기를 들어보니, 아니었다는 생각이 들었다. 경청하는 흉내만 냈지, 진정한 경청은 아니었다는 것을 알았다. 마음 한편에 휑한 바람이 통과하는 느낌이 들었다. 벼가 왜 익을수록 고개를 숙이는지도 알게 되었다. 벼의 무게 때문에 숙어지는 것이지만, 진정한 의미는 다른 데에 있다. 배우고 익혀서 성숙하고 성장할수록, 자기의 부족한 부분이 무엇인지 명확하게 알아차리게 되기 때문이다. 알면 알수록 부족함이 채워지는 것이 아니라, 무엇을 모르는지 알게 되는 거다. 그만 공부해도 될 것 같은 사람이 계속 공부하는 것을 보면 이해되지 않았는데, 왜 그런지 조금은 알 듯하다. 모르는 것을 알아차렸으니, 그것을 알기 위해 더 배우는 거다. 배움에는 끝이 없다는 말도 어떤 의미인지 확실히 알게 되었다. 다행인 건, 배울수록 부족하다는 것은 알아차리지만, 그 과정이 재미있다는 사실이다. 하나씩 알게 되고 모르는 것을 알아차리게 되는 맛이 참 좋다.

"영현아! 넌 골프 치러 와서 뭔 생각을 그리 많이 하니?"

카트가 멈추고 원철이가 내리면서 나를 보고, 한마디를 던졌다. 다른 친구들은 이동하면 계속 이야기를 나누는데 나는 혼자 멍하니 있으니 그렇게 느낀 모양이었다. 혼자 동떨어져 있는 듯하여, 마음이 쓰인 모양이었다.

"어? 아! 홀마다 선생님이 주시는 가르침을 잘 새기느라 그런 거야. 오늘 라운딩 나오길 정말 잘했다는 생각이 든다. 수확이 많네? 하하하"

원철이는 알겠다는 듯 고개를 끄덕이며 옅은 미소를 지었다. 성환과 광효는 그러거나 말거나 자기들의 샷이 어떤지 서로에게 묻고 답하느라 바빴다. 모두 카트에서 내렸다. 핀은 보이지 않았는데, 왠지 애매한 홀 같다는 느낌이 들었다.

"자! 이번 홀은 390m 파 4홀입니다. 왼쪽은 해저드 오른쪽은 오비입니다. 보시는 것처럼, 왼쪽으로 너무 강하게 치면 나갈 가능성이 커요. 막창까지는 200m입니다. 오른쪽 언덕 보이시죠? 저 언덕 3분에 2지점 정도로 넘어가면 홀과 가장 가까운 거리에 떨어져요. 너무 우측으로 가면 죽지만요. 안전하게 치시려면 언덕과 왼쪽 막창 사이 중앙을 보고 치시면 됩니다."

역시 애매했다. 내가 200m까지 보낼 정도는 아니지만, 왼쪽은 잘못하면 아웃 될 가능성이 있고 오른쪽은 언덕이다. 이 언덕을 넘겨서 치려면 어느 정도로 쳐야 할지 감이 오지 않았다. 자칫 공이 언덕에 묻혀 영영 볼 수 없을지도 모른다.

원철이가 나섰다.

원철이는 선생님이 얘기해준 가장 짧게 공략하는 코스를 치려고 준비하는 듯 보였다. 약간 오른쪽으로 방향을 잡더니 이내 스윙을 했다. 공은 정확하게 언덕의 3분에 2지점을 구렁이 담 넘어가듯 넘어갔다. 역시 고수는 고수였다. 선생님도 이렇게 정확하게 친 샷을 간만에 본 듯, 매우 잘 쳤다며 칭찬을 아끼지 않았다. 다음은 광효였다. 광효도 원철이와 같은 전략을 세운 듯했다. 광효는 연습 스윙을 충분히 한 다음, 공과 마주했다. 공이 맞아 나가는데, 원철이보다 더 강하게 뻗어갔다. 다만, 언덕 3분에 2지점이 아니라 더 오른쪽으로 쏠려서 날아갔다. 광효는 바로 선생님을 바라봤다. 공의 생존 여부를 묻는 듯 보였다. 선생님은 고개를 살짝 오른쪽으로 하시더니, 일단 가보자고 말하셨다. 광효는 일단 가보자는 말이 죽었다는 말로 들렸는지 고개를 떨구며 아쉬워했다. 성환의 차례가 왔다. 성환은 안전하게 치려는지 중앙을 보고 섰다. 평소 비거리가 좀 나간다고 자랑했었는데, 중앙 끝 지점까지 보내려는 모양이었다. 방향은 잘 잡고 섰다. 스윙을 부드럽게 했다. 공은 원하는 대로 잘 나가는 듯 보였다. 그런데 공이 조금씩 왼쪽으로 가더니, 얘기한 대로 바깥으로 나갔다. 비거리가 200m 이상 나갔다는 말이다. 성환은 어이없다는 표정으로 잠시 그렇게 멈췄다. 잘 맞았는데 아웃됐으니 그럴 만도 했다. 나는 당연히 중앙에 안전하게 칠 생각으로 올라갔다. 거리도 많이 나가지 않으니, 왼쪽으로 가도 죽을 가능성은 작다. 가운데를 보고 정확하게 맞춘다는 생각으로 스윙했다. 공은 잘 맞아 나갔지만, 거리가 많이 부족해 보였다. 그래도 꺾이는 지점이니 다음 샷에서는 핀이 보일 것 같았다.

모두 카트를 타고 이동했다.

중간 지점쯤 카트가 멈추자, 성환이 가장 먼저 뛰어나갔다. 혹시나 하는 마음에 나간 지점을 바라봤다. 조금 내려가는가 싶더니, 이내 포기하고 올라왔다. 카트에서 공을 하나 집어 들고 해저드 티로 향했다. 원철의 공은 선생님이 말한 대로 가장 근거리에 떨어져 있었다. 투온이 무난해 보였다. 성환의 공은 보이지 않았다. 조금 더 나간 것으로 생각해 뒷사람들이 먼저 치고 살펴보기로 했다. 나는 무난하게 보냈다. 온 그린은 되지 않았지만, 근처까지는 잘 보냈다. 성환도 해저드 티에서 좋은 샷을 해, 온 그린을 시켰다. 원철이도 생각했던 대로 온 그린을 시켰다. 모두 세컨드 샷을 한 다음에는 광효의 공에 관심이 쏠렸다. 나도 그쪽으로 향했다. 선생님과 광효 그리고 원철이까지 공이 어디 있을지 살폈다. 50m 말뚝까지 와서는 아무래도 죽은 것 같다며, 그 자리에서 공을 놓고 치라고 했다. 광효는 매우 아쉬운 마음으로 샷을 했다. 마음이 흔들렸을 법한데 무난하게 온 그린을 시켰다. 나만 온 그린이 되지 않아, 서둘러 그쪽으로 향했다. 클럽을 바꾸고 샷을 했다. 온 그린이 되어 빠르게 그린으로 이동했다.

"어? 여기!"

광효는 그린에서 공 하나를 가리키더니, 여기 있다고 외쳤다. 처음 친 공이 그린에 있다는 말이었다. 이해가 되지 않았다. 모두 명한 표정으로 서로를 쳐다봤다. 선생님이 그쪽으로 갔다. 공이 떨어진 지점을 기점으로 역으로 공의 동선을 따라갔다. 그린 위 언덕에서 내려온 것으로 보였고, 언덕 위는 카트 도로가 있었다. 심한 내리막길이었는데, 카트 도로와 처음 보였던 언덕이 연결되어 있었다. 선생님이 내려오자, 원철이가 물었다.

"이렇게 오는 게 말이 되나요?"

원철은 이해할 수 없다는 표정이었다. 선생님은 신중하게 답하기 위해 잠시 생각하더니 입을 떼셨다.

"이해가 되지 않으실 수도 있는데요. 예전에도 이런 적이 있었어요. 한겨울이었는데, 공이 언덕을 타고 카트 도로까지 온 거예요. 공은 카트 도로를 타고 쭉 내려와서 지금처럼 언덕을 타고 내려와, 그린에 떨어진 거죠. 겨울이었으니 도로가 얼어서 지금보다 더 잘 타고 굴렀죠. 그때도 설왕설래했었어요. 쉽게 이해하기 어렵지만, 가능성이 전혀 없는 건 아니에요. 언덕을 통과해서 카트 도로까지만 가면, 내리막이 그린 쪽을 향하고 있어서 충분히 여기까지 올 수 있어요. 흔하진 않지만요."

참 난감한 상황이었다.

큰 내기를 하는 건 아니었는데, 원철이는 심기가 불편한 모양이었다. 제일 고수다 보니 어떤 홀에서도 뒤처지기 싫은 모양이었다. 지금 같은 경우는 더욱 이해하기도 어렵고 인정하기도 싫은 모양이었다. 파 4홀에서 원 온이면 어떻게 되겠는가? 버디는 어렵지 않게 잡고, 이글까지도 가능하다. 원철이도 이글을 해본 적은 없다고 했으니, 질투가 날 만하다. 직접 본 것도 아니니, 더욱 그랬을 거다. 공이 언덕을 타고 올라와 카트 도로를 타고 그린까지 간다? 이야기만 들었다면 나라도 믿지 않았을 거다. 하지만 광효가 거짓말한다고 생각하지도 않는다. 친구끼리 뭐가 아쉽다고, 이런 거짓말을 하겠는가. 광효는 원철이의 반응에 난감한 표정이었다. 선생님은 그 공이 처음 친 공이 맞으면 이어서 하는 게 맞는다고 하시면서, 계속 플레이하라고 하셨다. 광효는 난감해하더니, 이내 퍼터를 잡고 퍼팅을 시도했다. 신중하게 하는 퍼팅 자세는 아니었다. 그냥 툭 치는 느낌이었다. 공은 홀 근처에 왔고, 마무리로 해서 버디를 잡았다. 그리 멀지 않은 거리였으니 신중하게 했더라면, 넣을 가능성이 컸다. 하지만 광효는 일부러 넣지 않은 듯 보였다. 모두 퍼팅을 마무리라고 카트로 오는데, 분위기가 좀 서먹해졌다. 카트를 타고 이동했다. 조용하게 이동했다. 다음은 전반 마지막 홀이었는데, 좀 밀린 듯 보였다. 잠시 카트에 앉아있는데, 원철이가 뒤를 돌아보며 말했다.

"미안. 나 때문에 분위기가 좀 그렇게 됐지? 미안해. 난 좀 이해가 안 돼서 그렇게 말한 건데, 분위기가 이렇게 될 줄 몰랐네? 미안해, 광효야. 나 때문에 일부로 신중하게 퍼팅 안 한 거지? 미안하다. 내가 생각이 좀 짧았어. 성환이하고 영현이도 미안. 괜히 나 때문에 분위기 망쳐서."

원철이가 사과했다. 지금 분위기가 자기가 한 말과 태도 때문이라 여긴 듯 보였다. 우리는 모두 아니라고 했고. 광효는 원철이 어깨를 뚝뚝 치더니 고갯짓을 했다. 광효와 원철이 그리고 성환까지 카트에서 내려 한적한 곳으로 갔다.

나는 카트에 앉아서 커피 한 모금을 들이켰다.

선생님은 친구들 우애가 좋은 것 같다며 인자한 미소를 지으셨다. 그리고 입을 떼셨다.

"사람들 사이에서 일어나는 안 좋은 일 중, 가장 흔한 요인이 뭘까요?"

수업이 시작되었다는 것을 질문으로 알려주셨다.

"이전 홀에서도 말씀하셨던 것처럼, 오해 때문이 아닐까요?"

"네, 맞아요. 오해 때문인 경우가 많지요. 경영학의 아버지라 불리는 피터 드러커는 기업에서 발생하는 문제의 60%는 커뮤니케이션에서 발생한다고 했어요. 어찌 보면 그 이상 되는 것 같지만요. 아무튼. 커뮤니케이션에서 발생한다고 한 이유는 오해 때문인 경우가 많은데요. 오해는 여러 요인에 의해 벌어지죠. 그중에서 앞선 홀에서 벌어진 상황에 빗대면, 어떤 요인이라고 할 수 있을까요?"

"앞선 홀이요? 앞선 홀이라고 하면, 아. 광효의 샷에 대한 원철이의 반응을 말씀하시는 거죠? 원철이가 광효의 첫 번째 샷 그러니까 온 그린 된 공을 인정하지 않은 거잖아요? 아! 그럼, 인정인가요? 인정하지 않아서 생기는 오해? 아니면 갈등 뭐 그런 건가요?"

"이제는 찍는 것도 잘하시네요. 허허허. 맞아요. 인정이에요. 인정하지 않으면 받아들여지지 않는 거죠. 인정한다는 건 여러 의미가 있지만, 지금 말하는 인정은 다름을 받아들이는 마음을 말해요. 왜 우리가 흔히 혼동해서 사용하는 표현이, '다르다'와 '틀리다'잖아요? 다른 것을 틀린다고 말하는 것이 인정하지 않는 것이고, 오해의 불씨가 되는 거죠. 공이 카트 도로를 타고 그런까지 올라올 수 없다고 여긴 게 바로, 틀렸다고 말하는 것과 같은 거예요. 인정하지 않는 거니까요. 사람들은 내가 알고 있는 것과 다르다고 판단되면 다르다고 생각하는 게 아니라, 틀렸다고 생각해요. 틀렸다고 말하는 순간, 인정은 사라지는 거지요. 그러니까 나와 다른 생각을 하는 사람과 마주하면, 틀렸다고 단정하지 말고 다르다고 생각해야 해요. 그 마음으로 대화하면 좋아요. 새로운 시각을 발견할 수 있고 배울 기회가 되니까요."

"아. 그래요? 인정하는 게 그렇게 의미 있는 생각인 줄 몰랐어요."

"한 마디 덧붙이자면, 인정할 때도 경청의 자세가 중요해요. 잘 들어야 인정하든 말든 할 수 있으니까요. 특히 여기서 강조하는 건, 맥락적 경청이에요. 단편적인 하나의 말을 듣고 판단하는 것이 아니라, 이야기하는 흐름을 따라 어떤 의미가 있는지 살피는 거죠. 그러면 오해가 덜해지고, 인정하기도 수월해져요."

경청의 중요성이 다시 강조됐다. 이번에는 맥락적 경청이다. 처음 듣는 표현이지만, '맥락적'이라는 표현에서, 흐름을 잘 파악해야 한다는 것이 느껴졌다. 맥락적 경청을 위해서는 전반적인 상황을 염두에 두고, 말하는 사람이 하는 이야기의 중심이 어디에 있는지 살피는 게 중요하다는 생각이 들었다. 흐름을 잘 타야 한다는 말이다.

김 코치의, 코칭 레시피 마음에 중심을 두는 맥락적 경청

말은 잘 새겨들어야 한다.

잘 새겨들어야 한다는 건, 들은 말 그대로가 아니라, 말 뒤에 드러나지 않은 의도 혹은 깊은 의미를 잘 파악해야 한다는 말이다. "잘 났어. 정말!"이라는 말을 들었다고 하자. '아! 그래, 난 정말 잘 났지!'라고 생각하는 사람이 있을까? 있을 수도 있겠지만, 대부분은 이 말을, 기분 좋게 받아들이지 않는다. 어떤 의도로 하는 말인지 잘 알기 때문이다. 이런 것이 바로 의도 혹은 깊은 의미를 파악하는 거다.

자주 사용하는 반어적 혹은 은유적 표현은 어렵지 않게 파악할 수 있다.

하지만 일상에서 나누는 대화 안에 담긴 의미를 파악하는 건 쉽지 않다. 말하는 사람이 드러나지 않게 의도를 제대로 숨겼거나, 새겨듣지 않기 때문이다. 왜 이 말을 하는지, 그 의미를 살피지 않기 때문에 그렇다. 또는 이 말을 하게 된 배경 등을 생각하지 않으면 파악하기 어려울 수 있다. 어떤 음식에 대해 매우 과민 반응하는 사람이 있다고 하자. 그 사람은 그 음식으로 고생한 기억이 있어서 그럴 가능성이 크다. 이런 부분을 인지하지 못하거나 이해하려 하지 않는다면, '왜 저런데?' 하며 고운 시선으로 보지 않게 된다. 매번 예의주시하기 어렵지만, 중요한 대화는 잘 살펴야 '동상이몽'하는 상황이 발생하지 않는다.

'맥락적 경청'이라는 것이 있다.

코칭 대화에서 강조하는 경청 방법이다. 코치는 고객이 말하는 것은 물론, 말하지 않은 숨은 의도를 파악하기 위해서는 경청해야 한다고 하는데, 그것이 바로, 맥락적 경청이다. 말하는 텍스트가 아닌, 그 텍스트에 담긴 마음을 읽어야 한다는 의미다. 혹은 말하지 않은 것까지 읽어야 한다. 하지만 이런 의문이 들 수 있다. '어떻게 말하지 않는 것을 알 수 있겠는가?' 그렇다. 신(神)도 아닌데 어떻게 말하지 않는 것을 알 수 있다는 말인가!

정말 그런 의미일까?

이 또한, 맥락적 경청이 이루어지지 않아 생기는 의문이다. 말하지 않은 것을 어떻게 정확하게 맞출 수 있겠는가? 열 길 물속은 알아도 한 길 사람 속은 모른다는 속담도 있을 만큼, 사람 마음을 알아차리는 건 매우 어렵다. 평생을 같이 산 부부도 서로 속을 모르겠다고 한탄하는데, 어찌 잘 알지 못하는 사람의 마음을 알겠는가? 그 말의 의미는 이렇다. 고객이 드러내지 못했거나 본인도 인지하지 못한 부분을 자각하도록, 질문을 통해 알아차리게 하라는 의미다. 그런 질문을 하기 위해서는 반드시 선행되어야 하는 게 경청이고, 좀 더 명확하게 말하자면, '맥락적 경청'이라는 말이다.

성경에도, 맥락적 경청을 해야 할 부분이 있다.

자선을 베풀 때, 오른손이 하는 일을 왼손이 모르게 하라는 말씀이 있다. 이 말씀은 종교를 떠나 많은 사람이 인용한다. 자기가 한 일에 대해 너무 생색내는 사람에게, 일침을 가할 때 사용한다. 그렇게 생색내면 좋은 일도 그리 좋아 보이지 않는다. 의도가 순수하지 못하다는 생각이 들기 때문이다. 도움을 주려는 목적이 아니라, 자기를 드러내기 위한 목적이 다분해 보인다. 이런 사람을 '위선자'라 표현한다. 위선자는 마음의 중심이 타인에 있지 않고, 자기한테 있다. 심하게 말하면, 자신을 돋보이게 할 수단으로 타인을 이용하는 거라 볼 수도 있다. 따라서, 앞서 언급한 성경 말씀은 자기를 중심으로 생색내지 말라는 의미를 품고 있다.

정말 그래야 할까?

정말 자신이 행하는 선행을 아무도 모르게 해야 할까? 필자도, 당연히 그래야 한다고 생각했다. 하지만 정말 선한 영향력을 펼치시는 분들을 보고 그분들 얘기를 들으면서, 이 생각이 바뀌었다. 널리 알려야 한다고 말이다. 나 혼자 선한 영향력을 펼치면 한 명에게 도움을 줄 수 있다. 하지만 나와 같은 사람 열이면 어떻게 될까? 열 명에게 도움을 줄 수 있다. 그 수가 늘어날수록 도움받을 수 있는 사람은 늘어난다. 이분들이 위선자와 다른 점은 마음 중심이 자신에게 있지 않다는 사실이다. 이분들의 마음 중심은 타인에게 있다. 정말 도움이 필요한 타인에게, 마음 중심이 있다. 그러니 그렇게 자신 있게 사람들에게 알릴 수 있는 거다.

마음 중심이 어디에 있는가?

내가 하는 선행이 생색인지 아니면 선한 영향력을 펼치려는 것인지 구분하는 기준은 마음 중심에 있다. 마음 중심이 자기를 드러내려는 데 있다면 생색이다. 마음 중심이 타인의 어려움을 진심으로 공감하고 도움을 주려는 것이라면, 선한 영향력이다. 드러내느냐 드러내지 않느냐가 중요한 게 아니라, 누구를 위한 것인지가 중요하다.

가끔 누군가 어떤 제안을 한다.

모두를 위한 것이라며 제안한다. 하지만 함께 있는 사람들은 서로를 처다보며 마음으로 묻는다. "도대체 누구를 위한 것인가?" 제 안한 사람은 모두를 위한 것이라지만, 결국 자기를 위한 것이라는 생각이 든다. 그렇지 않은가? 내가 공동체에 어떤 제안을 했는데 많은 사람이 함께 공감하지 않거나 호응하지 않는다면, 그건 공동체를 위한 것이 아니라 자신을 위한 것일 수 있다. 맥락적 경청을 통해 그 느낌을 알아차려야 한다는 말이다.

Hole 9

"볼"이라고 외쳐야 할 때가 있다.

**팀원이 자기 생각에 매몰되어 있을 때는,
관점 전환을 도와주는 질문이 필요하다.**

전반 마지막 홀을 향해서 이동했다.

사람에 따라 체감하는 속도가 다르다고 하는데, 나는 매우 빠르게 지나가는 듯했다. 체감 시간에 관해 이야기 나누는데, 누군가 그랬다. 시간이 빠르게 흘러간다고 느끼는 건, 몰입하고 있다는 증거라고 말이다. 마음이 동하고 즐겁다는 거다. 함께하는 사람이 있다면 그 사람들과의 시간이 좋다는 증거라는 거다. 시간이 늦게 간다고 여기는 건, 그 안에 머물기 싫기 때문이라고 한다. 뻘쭘한 자리에 있으면 시간이 매우 더디게 가는 느낌이 드는 것과 같다. 이 말은 즉, 지금 몰입하고 있고 함께하는 시간이 즐겁다는 말이 된다. 실제 그렇다. 한 홀 한 홀이 어떻게 가는지 알아차리지 못할 만큼 빠르게 그리고 밀도 있게 지나가는 느낌이다. 어렵게 배운 것을 놓칠세라 틈틈이 핸드폰 메모장에 정리하고 있는데, 시간 되는 대로 좀 더 자세하게 기록해야겠다는 생각이 들었다.

"자! 이제 전반 마지막 홀입니다. 520m 파 5홀이고요. 좌측 오비, 우측 해저드입니다. 왼쪽은 보이는 게 다라서 위험합니다. 오른쪽이 공간 여유가 있으니, 앞에 보이는 방향 핀 보고 치시면 됩니다. 그 앞에 해저드까지는 250m니까 걱정하지 않고 치셔도 됩니다."

전반 마지막에 있는 힘을 다 쏟아내라는 듯, 아득히 멀리 핀이 보였다.

처음은 내리막이지만, 중간 지점 이후는 오르막이라 그린까지 가는 동안에 지치지 않을까 우려됐다. 잘 치는 사람이야 멀리 보내고 슬슬 걷든 카트를 타고 이동하면 되지만, 잘 못 치는 사람들은 본의 아니게 계속 끊어가야 하니 말이다. 일단 핀을 보지 않고 공만 보면서 조금씩 앞으로 나아가자고 다짐했다. 이번 홀은 광효가 먼저 티박스에 올랐다. 불편했던 마음을 털어내서인지, 올라가는 발걸음이 가벼워 보였다. 자세를 잡고 부담 없는 모습으로 드라이버를 돌렸다. 잘 맞았고 잘 날아갔다. 바람의 영향인지 공이 조금씩 중앙에서 우측으로 향했다. 공은 떨어져서 해저드 라인까지 굴러가는 것으로 보였다. 가서 생존 여부를 확인해야 했다. 광효는 살아있을 거라며, 확신하면서 내려왔다. 원철이는 방향 핀이 있는 곳을 조준했는지 그 방향으로 잘 갔다. 거리가 생각보다 많이 나지 않은 듯 보였다. 성환이 티박스에 올랐다. 성환은 이전 홀에서 멀리 갔지만 아웃

된 것의 한을 풀겠다며 의기양양하게 티박스에 올랐다. 뒤에서 봐도 우측으로 방향을 많이 튼 것이 보였다. 연습 스윙을 몇 번 하더니, 아까처럼 시원하게 드라이버를 돌렸다. 잘 맞았다. 방향도 방향핀 쪽으로 향했다. 공이 떨어질 때쯤 약간 왼쪽으로 흘렀는데, 오히려 좋아 보였다. 장타자의 면모를 여실히 보여줬다. 모두 잘 보낸 것을 봐서 부담되긴 했지만, 오랜만이라는 명분(?)에 기대서 과감하게 돌렸다. 편하게 쳐서일까? 공은 잘 맞아서 앞으로 나갔다. 거리도 생각보다 많이 나갔다.

모두 카트에 올라타서, 공이 있는 곳으로 이동했다.

카트가 멈추자 자신만만했던 광효가 먼저 내려 클럽을 집어 들고 해저드 쪽으로 뛰어갔다. 의기양양했지만, 내심 불안했던 모양이었다. 다른 친구들은 각자의 클럽을 들고 자기 공을 찾아 이동했다. 선생님은 나에게 적당한 클럽을 건네주고, 광효의 볼을 찾아주기 위해 그 방향으로 향했다. 모두 각자의 공 위치를 찾아서 어떻게 공략할지 살피고 있있고, 광효와 선생님은 공을 찾았다. 내가 맨 뒤라 언제 쳐야 할지 기다리고 있었다. 시간을 지체하기가 뭣했는지 광효는 찾지 못한 공을 아쉬워하며 그 자리에서 세컨드 샷을 치기로 했다. 선생님은 나한테 치라는 사인을 주셨다. 자세를 잡고 널찍한 공간을 바라보며 이번에는 좀 많이 나가길 바라며 스윙을 가져갔다. 공은 맞아서 앞으로 그리고 높이 날아갔다. 주변에서는 "와!"라는 탄성을 낼 정도로 잘 나갔다. 모두가 나이스 샷을 외쳐줬다.

지금까지 샷 중에서 가장 멀리 나가지 않았나 싶다. 드라이버보다 많이 나간 듯 보였다. 광효는 자기 공을 치기 전에 엄지 척을 들어 보이는 여유를 보였다. 그리고 샷을 했는데, 약간 왼쪽으로 갔지만 잘 갔다. 벙커가 있었는데 그곳까지는 가지 않은 듯 보였다. 이어서 원철이와 성환이 샷을 했다. 뒤에서 보니 샷이 참 부드러워 보였고, 공이 맞아 나가는 모습이 아름다워 보였다. 골프를 치는 여러 이유 중에, 이렇게 말한 것이 기억났다. 자기가 친 공이 푸른 잔디를 가르며 하늘 위로 날아가는 모습 때문이라고. 공감됐다. 내가 친 공은 아니지만, 이렇게 날아가는 모습을 보니 기분이 같이 날아가는 느낌이었다. 모두 샷을 하고 앞으로 갔다. 서로 띄엄띄엄 있어서인지 카트로 이동하지 않고 걸었다.

나는 내 공이 어디 있을지 궁금해서 앞으로 뛰어갔다.

오른쪽이었는데 나가진 않았던 것으로 보였다. 잘 맞아서 갔기에 멀리 갔을 것으로 생각했다. 그런데 가도 가도 보이지 않았다. '이렇게까지 갔나?' 생각하면서 계속 앞으로 갔다. 내 공은 보이지 않았다. 화단 같은 곳이 보여 그 안에 들어갔는지 살폈지만 보이지 않았다. 잘 맞았는데 보이지 않으니, 마음이 갑갑했다. 좀 전에 광효도 그러지 않았나 싶었다. 공이 보이지 않아 왼쪽으로 조금 돌려 찾기 시작했다. 바닥을 보면서 살피는데 큰 소리가 들렸다.

"볼!" 고개를 돌려보니 원철이었다. 다시 외쳤다. "볼!"

나는 소리를 듣고 오른쪽 화단으로 이동했다. '볼'이라고 외치는 이유가 생각났기 때문이다. 뒤에서 공을 칠 테니 잘 보라는 신호였다. 위험할 수 있기 때문이다. 그제야 생각났다. 공을 쳐야 하는 사람 앞으로 가지 말라는 조언이 생각났다. 안 보이게 구석에 잘 있다가 모두 치고 나서 밖으로 나왔다. 아무리 찾아도 공이 보이지 않았다. 선생님은 다가와서 공을 찾지 못했으면, 하나 놓고 치라고 하셨다. 아쉽지만 공을 놓고 샷을 했다. 언덕으로 그린이 보이지 않았는데, 올라갔거나 오버했거나 했을 듯했다.

그린에 올라가니 예상대로 공은 그린을 조금 벗어나 뒤에 있었다.

다른 친구들은 퍼팅 준비를 위해 기울기를 살피고 거리를 재고 있었다. 선생님은 퍼터로 하는 게 좋다고 하시며 퍼터를 건네주셨다. 알려주신 방향과 힘으로 스트로크했다. 공은 잘 굴러서 홀 근처까지 갔다. 선생님은 엄지 척을 하시면서 미소를 보이시고, 다른 친구들한테로 가셨다. 앞서 나간 공이 계속 떠올랐다. 살아만 있었다면 좋은 스코어가 나왔을 거다. 스코어보다 잘 친 공이 안 보이니 갑갑했다. 지인 중에 공을 자주 잃어버리는 분이 있었는데, 공에 GPS를 부착했으면 좋겠다는 말을 꺼내신 적이 있었다. 그 말에 깊이 공감하며, 다음 퍼팅을 위해 앞으로 갔다. 친구들은 무난하게 마무리했고, 나도 홀에 넣진 못했지만, 오케이를 받고 마무리했다. 아쉬운 마음에 고개를 뒤로 젖히면서 카트로 향했다. 카트는 이동했고 그늘집 앞에 섰다. 15분 정도 소요된다고 했다. 카트에서 내리려는데, 선생님이 나를 쳐다봤다. 뭐 잊은 거 없냐는 듯한 표정이었다. 그제야 이번 홀에서 아직, 수업하지 않은 게 떠올랐다. 친구들보고 먼저 들어가라고 하고, 선생님을 바라봤다.

"자! 이번 홀에서는 어떤 이야기를 나눌 수 있을까요?"

"글쎄요. 사실 저는 잘 맞은 공이 안 보여서 거기에 신경 쓰느라 아무 생각이 없었네요."

"네, 맞아요. 바로 그거예요."

"네? 무슨 말씀인지….."

"본인의 공을 찾는다고 헤맬 때, 무슨 일이 있었죠?"

"일이요? 무슨 일이 있었나요?"

무슨 말씀을 하시는지, 도무지 알아차릴 수 없었다.

"기억 안 나요? 뒤에서 볼이라고 외쳤잖아요."

"아. 네. 근데 그게 일인가요?"

"일이죠. 아주 중요한 일이죠. 혹시 뒤에 샷 하는 사람이 있으면 앞으로 가서는 안 된다는 말 들어보지 않았나요?"

"네, 안 그래도, 볼이라고 외치셨을 때 그 생각이 났어요. 제 볼 찾는다고 깜빡했네요."

"그래서 외쳐주는 거예요. 구력이 있는 사람들도 가끔 그래요. 자기 공 찾는다고 뒤에서 플레이하는 걸 잊죠. 알고 있지만, 다른 데 정신 팔리면 잊게 되는 거죠. 공보다 앞서갔는데 모르고 쳤다가 맞는 경우도 종종 있어요. 머리에 맞으면 매우 위험한 지경까지 이를 수 있어요. 그러니 자기 공만 신경 쓰지 말고 함께 플레이하는 사람들의 위치 등도 계속 살펴야 해요. 다른 사람이 인지하지 못하는 것 같으면, 먼저 볼을 외쳐주기도 하고요."

"아. 네. 알겠습니다. 명심할게요."

"좋아요. 자! 그럼, 업무에는 어떻게 적용해 볼 수 있을까요? '볼'이라고 외쳐주는 것과 같은 효과를 낼 수 있는 거요."

"볼이라고 외치는 이유는 신경 쓰지 못한 것을, 신경 쓰게 해주는 거잖아요? 잊고 있던 것을 알아차리게 하기도 하고요. 혹시 알람을 주는 건가요?"

"알람이라……. 좀 비슷하긴 하네요. 시간이 없으니 바로 얘기해 줄게요. 환기해 주는 거예요. 주위를 환기해 주는 거죠. 어떤 생각에 꽂혀서 다른 생각을 하지 못할 때, 다른 생각도 하게끔 알려주는 것이라고 볼 수 있어요. 관점을 전환하게 도와주는 거지요. 자기 생각에만 빠져있거나 다른 생각을 하지 못할 때, 시야를 넓혀주고 다양한 각도로 생각하도록 도움을 줄 필요가 있어요. 팀원 중에 가끔, 자기 생각에 빠져서 어렵지 않은 답도 찾지 못하는 사람 있지 않아요? 그 사람들의 특징이 바로, 자기 앞만 본다는 거예요. 좀 더 넓게 살피고 다른 방향으로 살펴볼 필요도 있는데, 한 곳만 바라보는 거지요. 옆에서 보고 있으면 갑갑하기도 하고 안타깝기도 하죠. 이런 친구들한테 필요해요."

"맞아요. 말씀하시니까 떠오르는 팀원이 있어요. 알려주는데도 잘 받아들이지 않더라고요."

"그렇죠. 자기 앞만 바라보니 다른 말은 귀에 들어오지 않는 거예요. 그래서 질문이 필요한 거예요. 이래라저래라하는 게 아니라, 질문으로 스스로 생각하도록 돕는 거죠. 스스로 시야를 넓히고 방향을 둘러볼 수 있도록 말이죠."

"아! 질문이요? 질문의 중요성은 들어서 알고는 있었어요. 어떤 질문이 유용할까요?"

"상황에 따라 다르지만, 관점을 전화할 수 있는 질문이면 좋아요. 한 가지 방법에만 꽂혀있는 팀원이 있으면 이렇게 묻는 거예요. '그 방법을 사용할 수 없다면, 어떤 방법을 사용하면 좋을까?' 꼭 해야 하는 거라면, 그것을 하지 않으면 어떤 일이 벌어지는지 묻는 거죠. 지금 꽂힌 그 방향 말고 다른 방향으로 고개를 돌리도록 하는 질문이 필요해요. 둘 중 하나를 선택해야 하는 상황이라면, 그 둘을 놓고, 했을 때와 하지 않았을 때의 좋은 점과 나쁜 점을 나열하게 하는 거예요. 생각만 하는 것과, 직접 적고 비교하는 것과는 완전히 다른 결과가 나와요. 이외에도 생각해 보면 다양하게 있을 수 있으니 한 번 생각해 보세요. 떠오르는 게 있으면 얘기해주세요. 어떤지 피드백해 드릴게요. 그럼 가서 좀 쉬세요. 이따 뵈어요."

"네, 선생님. 고맙습니다."

주위 환기와 관점의 전환에 관한 이야기였다.

맞다. 자기 생각에 매몰되어 있으면 다른 건 보려고 하지 않는다. 얘기해도 들질 않는다. 고려할 생각조차 하지 않는다. 이럴 때, 질문을 통해 스스로 생각하게 한다면? 이야기는 달라진다. 스스로 생각하고 스스로 판단한다면, 충분히 환기하고 방향을 바꿀 수 있을 것으로 생각됐다. 질문이 중요하다는 건 알았지만, 이런 용도로 사용될지는 몰랐다. 어떤 질문이 좋은 질문일지 고민 좀 해봐야겠다.

김 코치의, 코칭 레시피 초점을 맞추게 하는 강력한 도구, 질문

질문의 핵심은 무엇일까?

일반적으로 질문이라고 하면, 궁금한 것을 알기 위한 수단으로 여긴다. 머릿속에 둥둥 떠다니는 물음표(?)를 느낌표(!)로 만들기 위한 노력이라 할 수 있다. 몰랐던 부분을 안다는 건 매우 흥미로운 일이다. 새로운 세계에 들어간 느낌이 들기도 하고, 새로 알게 된 것을 통해 더 나은 내가 될 수 있다는 기대감도 기분 좋은 일이다. 머리가 환하게 열리는 느낌을 받아본 적이 있는가? 정말 개운하고 소름 돋는다.

질문에는 또 다른 의미도 있다.

멘토 인터뷰를 하면서 알게 되었다. 내가 묻고 싶은 것보다, 상대방이 얘기하고 싶은 것을 질문하라고 했다. 처음에는 무슨 의미인지 잘 몰랐는데, 하면서 알게 되었다. 사람은 자기가 말하고 싶은 질문을 받았을 때, 열정적으로 이야기한다는 사실을 말이다. 열정에 불이 붙어야 영업기밀(?)이라고 하는 정보도 서슴없이 쏟아낸다.

질문의 매력은 이외에도 많이 있다.

그래서 관심이 있었고, 관련된 책을 10권 이상 읽었다. 질문 관련된 내용을 정리하려고 집에 관련된 책이 얼마나 되나 세어봤는데, 10권이 좀 넘었다. 책뿐만 아니라 질문에 관련된 칼럼이나 자료 그리고 강연 등도 관심 있게 살폈다. 여기저기서 중복되는 내용도 있었지만, 새롭게 알게 되는 내용이 있을 때는 짜릿한 기분이 느껴지기도 했다. 새로운 느낌표(!)를 얻었을 때의 기분은 정말 짜릿하다. 당장 풀어야 할 문제에 바로 적용할 수 있는 것이라면, 정말이지 "유레카!"를 외치고 싶은 마음마저 든다. 질문의 세계에 좀 더 깊이 빠져든 계기가 있다.

코칭을 배우면서부터다.

코칭은 질문의 예술이라 불릴 만큼, 질문이 매우 중요하다. 코칭의 5가지 기술(경청, 공감, 인정과 칭찬, 질문, 피드백)에도 질문이 포함되어 있고, 코치가 하는 역할 대부분이, 질문일 정도로 그 비중이 크다. 코칭에서 질문을 중요하게 생각하는 이유는 여러 가지가 있다. 생각하지 않았던 부분을 보게 해주고, 기존과 달리 보게 해준다. 질문을 통해 관점에 전환을 일으키는 거다. 고객 스스로 답을 찾게 하는 것이 코칭의 핵심 가치이다. 질문을 통해 관점의 전환을 일으키고, 함께 답을 찾도록 도움을 준다. 지금까지 풀리지 않던 문제를 풀기 위해서는 관점의 전환이 필요한 거다. 질문은 관점을 전환하는 최고의 도구다.

관점의 전환은 곧, 초점을 말한다.

어디에 초점을 맞추는지가 중요하다는 말이다. '초점'에 관해 잘 설명한 책이 있어 소개할까 한다.《네 안의 잠든 거인을 깨워라》이다. '제8장 질문이 답을 만든다.'에서 잘 설명한다. 질문과 초점에 대해 이렇게 설명한다.『우리가 밤낮으로 하는 일 대부분은 질문하고 대답하는 것이다. 따라서 삶의 질을 높이고 싶다면 습관적 질문을 바꾸어야 한다. 이런 질문들이 생각의 초점을 조절하고, 그 결과 생각하는 방법과 느끼는 감정을 변화시키는 것이다.』질문에 따라 초점이 달라진다는 말이다.

질문은 하지만, 해결책이 나오지 않은 이유를 여기서 찾을 수 있다.

예를 들어 경제적으로 안정적인 삶을 살고 있다면 이렇게 질문해야 한다. "어떻게 하면 수입을 더 늘릴 수 있을까?" 수입에 초점이 맞춰야 하는 거다. 지금보다 더 나은 수입을 얻는 방법 혹은 추가 수입을 얻는 방법에 초점이 맞춰지면, 그 방법을 찾기 위해 뇌가 움직인다. 하지만 대부분은 이렇게 질문한다. "나는 왜 돈을 못 벌고 있지? 난 왜 이렇게 매달 쪼들리는 거지?" 돈을 못 벌고 쪼들리는 것에 초점이 맞춰져 있다. 그 이유만 찾으니 조금도 나아지지 않는 거다. 따라서 질문은 내가 원하는 것에 초점을 맞춰서 해야 답을 얻을 수 있다.

질문의 세 가지 기능을 통해 초점의 중요성을 강조하는데, 내용을 정리하면 이렇다.

첫 번째, 질문은 순간적으로 생각의 초점을 변화시켜 우리의 생각을 바꾼다. 생각의 초점을 바꿈으로 우리 자신의 감정을 즉각적으로 바꿀 수 있다. 두 번째, 질문은 우리가 집중하는 것과 삭제하는 것을 바꾸는 힘이 있다. 질문은 인간 의식의 레이저와 같다. 그것은 우리가 집중해야 할 초점과 느낌, 그리고 행동을 결정한다. 세 번째, 질문은 우리의 잠재 능력을 고양한다. 의식적으로 질문을 조절하는 방법을 배운다면, 인생의 궁극적인 목표를 성취하는 데 큰 도움이 된다. 우리가 가진 기량은 오직 우리의 질문에 의해서만 통제받는다는 말이다.

코칭에서 질문을 다양하게 사용할 수 있다.

고객을 자각시키기 위해 관점의 전환을 할 수도 있고, 초점을 맞춰서 집중적으로 생각하도록 도와줄 수도 있다. 질문 방식에 따라 다양한 효과를 얻을 수 있다. 관점의 전환으로 자각을 불러왔다면, 고객이 말한 핵심 키워드에 초점을 맞춰 깊이 들어가면 어떨까? 무의식에 덮여 있던 진짜 욕구를 불러올 수 있다. 잊고 있다고 생각했던, 본인 삶의 핵심 가치를 찾을 수도 있다. 어쩌면 그 누구도 생각하지 못한 새로운 발견을 통해, 삶을 획기적으로 변화시킬지도 모른다. 그래서 이렇게 질문해야 한다.

"초점을 어디에 맞출 것인가?"

질문의 영역에서만 필요한 질문이 아니다. 삶 전체에 필요한 질문이다. 어디에 초점을 맞추는지에 따라 내 생각의 방향이 달라지고 그 생각의 방향에 따라, 인생의 방향도 달라진다. 같은 상황에서 다른 결과를 내는 사람들을 봐도 그렇다. 상황 자체가 관건은 아니다. 상황을 바라보고 해석하는 초점이 관건이고, 곧 결과를 만들어 낸다. 책에서도 그 부분에 대해 이렇게 설명한다. 『내가 어떤 감정을 가지고 어떤 행동을 하게 되는지를 결정짓는 것은 어떤 사건 그 자체가 아니라 그 사건에 대해 내가 어떻게 해석하고 평가하는가 하는 것이다.』

그늘집: 쉬어가는 시간

코치는 어떤 사람인가?
: 코치는 도움이 필요한 사람에게, 도움을 주는 사람이다.

'복을 짓는 사람.'

필자가 인터뷰를 진행한 작가님께 전한 표현이다. 여러 분야에서 활동하시는 분인데, 각각에 일을 하게 된 계기를 물었다. 작가님은 그 이유를 설명하기 전에, 이 말을 먼저 하셨다. "운이 좋았어요!" 시작한 계기가 운이 좋았고, 그 계기를 통해 지금까지 오게 됐다는 이야기였다. 한 분야에서 자리 잡기도 어려운데, 여러 분야에서 견고하게 자리 잡은 작가님이 대단하게 느껴졌다. 당연히 부러운 마음도 함께. 하지만 작가님 말씀처럼, 단순히 운이 좋았던 것만은 아니었다. 시작은 그럴 수 있다. 하지만 모든 결과는 작가님의 노력과 정성으로 만든 것으로 보였다. 그래서 복을 받은 사람이 아닌, 복을 지은 사람이라는 표현으로 화답을 한 것이다.

"굳이, 왜?"

이런 말을 들으면서 활동하시는 분들이 있다. 자기 앞가림하기도 바쁜 세상에, 남들의 어려움을 챙겨주겠다고 동분서주하는 분들에게 하는 말이다. 남들을 위한 일이 수익이 되기도 하겠지만, 사람을 돕겠다는 마음으로 활동하시는 분들의 수입은 그리 많지는 않을 거다. 목적 자체가 돈을 벌 거나 이익을 얻고자 함이 아니라, 한 사람을 안아주고 싶은 마음이 크기 때문이다. 처음 만나는 사람도 남 같지 않고, 그가 느끼는 아픔과 괴로움이 당신과 상관없지 않다. 그래서 어떻게든, 조금이나마 도움을 주고 싶은 마음에 뭐라도 하려고 하는 거다.

코칭을 배우면서 이런 마음이 들었다.

누군가에게 도움이 될 수 있다는 것 자체가 큰 보람이고, 내가 이 세상에 온 이유를 발견하기 때문이다. 누군가는 필자에게 이런 말을 한다. "남들 고민 들어주면 힘들지 않아? 내 고민도 많은데 남 고민까지 들어주려면 힘들 것 같은데?" 당연히 그렇게 생각할 수 있다. 안 좋은 에너지를 퍼트리는 사람과 함께 있으면, 그 에너지에 휩싸이게 된다. 분위기에 휘말린다고 해야 할까? 내 기분과 별개의 분위기였는데, 나도 모르게 그렇게 된다. 인간은 사회적 동물이라는 말을 이럴 때 실감한다.

다른 사람 험담하고 뭐가 그리 불만인지 투덜대는 사람과 있으면 어떤가?

마음에 연탄재를 뿌리는 것처럼 지저분해진다. 환경도 그렇다. 어두침침하고 습한 곳에 있으면 어떤가? 스산하니 기분이 별로다. 반대로, 좋은 에너지를 풍기는 사람과 함께 있으면, 덩달아 좋은 에너지를 얻는다. 기분이 가라앉은 상태라도, 기분 좋게 인사하는 사람을 만나면 어떤가? 미소 짓게 되고 어두웠던 마음에 작은 빛이 스며든다. 오전 내내 사무실에 있다가 점심 먹으러 밖으로 나갔을 때, 따뜻한 햇볕을 받으면 기분까지 따뜻해진다. 환경의 에너지에 따라 내 에너지가 달라진다.

코칭은 그렇지 않다.

코칭을 하는 이유가 뭔가? 코칭은 해결해야 할 문제에 관한 이야기다. 이 주제는 대체로 어두울 수밖에 없다. 가벼운 문제는 아닐 수도 있겠지만, 중요한 문제라면 그렇다. 하지만 코칭 대화를 할 때는 고객의 어두운 에너지로 함께 어두워지지 않는다. 정말 신기한데, 과학적으로 증명 좀 해줬으면 하는 바람도 있다. 한두 번의 경험이라면 "참, 오늘은 별일이네?"라며 그런가 보다 하고 넘어갔을 거다. 하지만 매번 그렇다면 뭔가 있지 않을까? 이것을 느꼈던 결정적인 순간의 기억을 공유할까 한다.

온종일 업무와 사람에 시달려, 진이 빠진 날이었다.

좀 심하게 표현하면, 배고파서 밥을 먹으려 해도, 숟가락 들 힘조차 나지 않은 그런 날이었다. 그런데 업무를 마치고 저녁에 코칭이 예정돼 있었다. '아! 오늘 일정을 괜히 잡았나? 일이 생겼다고 하고 미룰까?' 한참을 고민했다. 고민하는데, 고객으로부터 코칭 일정 알람 메시지가 왔다. 그 메시지가, 고민을 떨쳐주었다. 코칭 받을 생각에, 기대되는 마음이 느껴졌다. 이런 분에게 더는 나쁜 마음(?)을 가지면 안 된다고, 고개를 흔들었다.

시간에 맞춰 전화를 드렸다.

메시지에서 느껴진 것처럼, 목소리에도 반가움과 기대감이 한껏 묻어났다. 그렇게 안부를 묻고 코칭을 시작했다. 이야기를 듣고 질문을 하면서 시간을 보냈다. 가끔 샛길로 새서 다른 이야기를 한참 동안 하기도 했지만, 그래도 길을 잃지 않고 끝까지 완주했다. 마치고 나니 2시간 정도의 시간이 흘렀다. 내 상태가 어떻게 됐겠는가? 일반적으로 생각하면, 초주검이 돼야 했다. 숟가락을 들기조차 힘들게 느껴질 만큼 진이 빠진 상태에서, 타인의 고민까지 들어야 했으니 말이다. 그랬을까?

아니다.

전혀 아니다. 필자조차도 신기하다는 생각이 떠나질 않았다. 그렇게 맥을 못 추던 기운이 되살아났다. 어떤 일을 하든 시작 전보다, 마치고 났을 때 기운이 빠지는 게 정상이다. 하지만 그렇지 않았다. 오히려 반대였다. 빠졌던 기운이 다시 채워졌다. 충전이 됐다고 할까? 코칭을 하면서 떨어졌던 기운이 충전된 거다. 어떻게 이럴 수 있을지 아리송했다. 중요한 건 이때뿐이 아니라는 거다. 코칭을 할 때마다 느꼈다는 것을, 이번에 다시금 알아차리게 되었다. 누군가의 고민을 듣고 함께 고민하는 시간이, 기운 빠지는 시간이 아니라, 오히려 기운이 생기는 시간이라는 것을 깨닫게 되었다. 함께 고민하는 것이 아니라, 함께 해결 방안을 찾아서 그런 게 아닐까 하는 생각도 든다.

내가 하는 일은 어떤 일인가?

누군가에게 기운을 주는 일인가? 기운을 빼앗는 일인가? 이는 어떤 일이냐는 분야의 문제가 아니다. 어떤 분야에서 일하든, 누군가에게 기운을 주는 사람의 역할을 할 수도 있다. 반대로 기운을 빼는 역할을 할 수도 있다. 기운을 주는 사람의 역할은 자신의 기운도 생기게 할 수 있다. 누군가에게 도움이 된다는 사실만으로도 기운이 채워지기에, 충분하다. 기운은 한정된 자원이 아니다. 나누고 쓸수록 채워지는 무한정한 자원이다. 하지만 안 쓰면 사라진다. 아낄 이유가 없다. 나눌 수 있는 기운이 있다면 마음껏 나눠도 되겠다. 코칭이 아니라도 말이다.

캐디는 라운딩의 동반자이지, 종이 아니다.

**팀장과 팀원의 올바른 커뮤니케이션은
신뢰 관계에서 시작된다.**

후반 라운딩을 위해 클럽 하우스에서 나왔다.

앉아있으면 선생님이 데리러 온다고는 했는데, 바람을 쐬면서 몸도 풀 겸 나왔다. 날이 참 좋았다. 조금 전에도 친구들이, 골프 칠 때 이런 날씨 만나기 쉽지 않다고 했다. 적당히 따뜻하고 햇살도 적당했다. 바람도 시원함을 느낄 정도지 체감할 정도로 바람이 불진 않았다. 골프장을 많이 다닌 원철이도, 이렇게 날씨가 좋았을 때는 손가락으로 꼽을 정도라고 했다. 이렇게 좋은 날씨에 라운딩하는 건, 복 받은 거라고 말이다. 맞다. 복 받은 게 맞다. 날이 좋은 것도 좋은 것이지만, 좋은 선생님을 만나 골프도 배우고 팀장이 갖춰야 할 역량까지 배우고 있으니, 이보다 더 좋을 수 있을지 싶다. 좋은 날씨를 느끼며 잠시 주위를 천천히 걸었다. 좀 앉아있었더니 몸이 좀 굳은 것 같기도 하고, 먹은 것을 소화도 할 겸 해서였다.

첫 홀 나갈 때 모였던 그곳이었다.

중앙에는 퍼팅장이 있고, 그곳을 중심으로 좌우로 나뉘는 길이
있었다. 화살표 팻말로 봐서는 다른 코스인 듯 보였다. 이곳에 모
여 전반과 후반의 코스가 바뀌는 듯했다. 카트들이 각각의 방향을
보고 줄지어 서 있었다. 전반에는 오른쪽으로 갔으니, 후반은 왼쪽
으로 갈 것으로 보였다. 어디로 가는지 길을 살피는데, 카트 한 대
가 들어왔다. 카트가 서자 맨 앞에 있던 중년의 한 남자가 튀어나
오듯 내리면서, 캐디를 향해 손가락질하며 뭐라고 큰소리를 쳤다.
무슨 내용인지는 들리지 않았는데, 매우 격양된 목소리였다. 캐디
는 자리에 앉아서 고개만 연신 끄덕였다. 죄송하다고 말하는 듯 보
였다. 뒤에 있던 동반자들은 눈치를 보며 슬그머니 자리를 떴다. 잠
시 후, 관리자로 보이는 직원 한 명이 건물에서 달려 나왔다. 손가
락질하는 사람 앞에서 허리를 숙여 깊이 인사하고 자세를 낮춰서
손으로 어딘가를 가리켰다. 아마도 다른 곳으로 가서 이야기를 나
누자고 하는 듯 보였다. 캐디는 앉은 자리에서 고개를 파묻었다.
다른 캐디가 달려 나와 그 캐디를 달래며 들어갔다. 또 다른 캐디
가 나와 다른 손님들의 장비를 점검하면서 마무리하는 듯했다. 무
슨 일이 있었는지 궁금했다. 아무리 일이 있다고 해도 사람들이 많
은 이런 공간에서 그렇게까지 할 필요가 있었는지 이해가 되지 않
았다. 사람들의 시선을 끌던 사건(?)이 일단락되었다. 주변에 있던

사람들은 아무 일 없었다는 듯 각자 해야 할 일에 다시 집중하기 시작했다.

친구들이 함께 걸어오는 것이 보였다.

손을 들어 위치를 알려줬다. 성환이가 손을 들어 알았다고 응답했다. 친구들이 온 방향이 아까 일이 벌어졌던 곳이라, 무슨 일인지 물었다. 원철이는 고개를 절레절레 흔들기만 했다. 눈빛으로 계속 재촉하자, 광효가 입을 뗐다.

"아. 우리도 잘은 모르겠는데, 마지막 홀에서 퍼팅할 때, 캐디가 공 방향을 제대로 안 봐줬나 봐. 그래서 버디를 놓친 것 같은데, 뭐 그것 때문에 놓쳤겠어? 자기가 잘 못 쳐서 그런 거지."

성환이가 부연 설명을 해줬다.

"대충 들어보니까, 마지막 홀이 결정적이었고 그 전부터 뭔가 불만이 있었나 보더라고, 쌓였던 게 한 번에 터진 거지. 근데 사실 우리는 같이 있지 않았으니, 누가 옳은지 그른지 말하긴 좀 뭣하지?"

"아무리 그래도 사람들 많은 데서 저러는 건 아니지."

가만히 있던 원철이가 한마디 했다. 듣기로 원철이는 골프를 잘 치기도 하지만, 골프 매너를 매우 중요하게 생각한다고 들었다. 아무리 친한 사이라도 골프 매너를 지키지 않으면, 다음부터는 라운딩을 나가지 않는다고 들었다. 잘 아는 사람들은 원철이랑 라운딩할 때 매너를 매우 신경 쓴다고 했다. 그런 원철이 앞에서 퍼팅할 때 떠들었으니……. 나도 이번이 처음이자 마지막이 아닐까, 하는 걱정이 들었다. 우리는 카트에 앉아 각자 하고 싶은 일을 하며 기다렸다.

"제가 좀 늦었죠. 죄송합니다. 자! 가실까요?"

우리가 이야기하는 동안 선생님이 오셨다. 선생님은 출발하겠다고 말하고 카트를 이동시켰다. 마음이 좀 쓰였다. 어쩔 줄 몰라 했던 캐디가 계속 눈앞에 아른거렸다. 항상 '을'로 살아가는 우리를 보는 듯해서 남 일 같지 않았다. 대놓고 저렇게 하는 사람도 있지만, 은근히 갑질하는 사람도 종종 있다. 말은 존대하지만, 그 안에 존중은 없는 그런 사람들 말이다. 나이도 어린 사람이 그러면 울화가 치밀어 오른다. 그래서인지 '을'로 살아가는 사람을 보면, 특히 아까처럼 일방적으로 당하는 사람을 보면, 마음이 매우 좋지 않다. 카트가 서고 모두 자리에서 내렸다. 멍하니 앉아있는 나를 보더니, 선생님이 고개를 들이미셨다.

"무슨 생각을 그렇게 하세요? 안 내리세요?"

"아! 네, 내려요."

카트에서 내려 앞을 봤다. 아직 티박스를 빠져나가지 않은 앞 팀이 있었다. 친구들은 각자의 클럽을 들고 몸을 풀거나 스윙하면서 대기 시간을 보냈다. 난 아직 앞선 장면이 지워지지 않았다.

"선생님. 그런데요."

"선생님이라니요. 그냥 캐디라고 편안하게 부르세요."

"에이. 그래도요. 연세도 있으시고 여러모로 가르침을 주시는데 선생님이 맞지요. 아. 그건 그렇고요. 아까 보니까. 어떤 손님이 캐디님한테 뭐라고 엄청나게 하시던데요. 왜 그런 거예요? 혹시 아세요?"

"아. 보셨어요? 안 그래도 그 건으로 보고가 들어와서 제가 잠시 살피고 왔는데요. 모든 게 그렇지만, 일방적인 건 없어요. 손님이 좀 다혈질이신 것도 있고, 저희 캐디가 그걸 잘 살피고 맞춰야 했는데 그러지 못한 것도 있지요."

"아무리 그래도 그렇지……."

"네, 그렇죠. 아무리 그래도 그렇게 표현하는 게 옳은 건 아니지요. 본인 자식이 어디서 그런 취급을 받는다고 하면, 그분도 가만있지 않을걸요? 본인은 그렇게 하면서 말이죠. 그런 모습을 보면, 참 안타까워요."

"화가 나는 게 아니라, 안타깝다고요?"

"네, 안타까워요. 저도 예전에는 화가 났는데요. 시간이 지나면서 마음이 변하더라고요. 안타깝다고. 저렇게 성질부리는 사람 보면 매우 강할 것 같지요? 아니에요. 약해요. 자기가 강하지 못하니 저렇게 표현하는 거예요. 특히 약한 사람한테요. 강한 사람한테는 꼼짝 못 하니, 약한 사람한테 쏟아내는 거예요. 정말 강한 사람은 약자한테 저렇게 하지 않아요. 아무리 잘못해도 저렇게 표현하지 않지요. 단호하지만 무게 있게 말하지요. 저렇게 화내는 사람은 자기가 약하다고 말하는 것과 같아요. 발버둥 치는 느낌이랄까요. 그러니 얼마나 안타까워요."

이야기를 들으니 그런 것도 같아 보였다.

영화나 드라마에도 보면 강자한테 약하고, 약자한테 강한 사람이 있다. 그 모습을 보면서 얼마나 가증스러웠는지. 한편으로는 불쌍하다는 생각도 들었다. 그렇게 사는 게 좋아 보이진 않았기 때문이다. 선생님은 그런 마음을, 안타깝다고 표현한 거다. 내적으로 강하지 않은 사람이 외적으로 강한 척 보이려 몸부림치는 것을 말이다.

"고객님은 어떤 생각이 드세요?"

생각지도 못한 질문에 잠시 당황했다.

"생각이요?"

"네, 보셨던 그 사람의 모습과 그 모습을 보고, 제가 말씀드린 것들에 관한 생각이요. 수업하셔야죠. 허허허."

이제야 정신이 들었다.

"아! 맞네요. 수업. 음⋯. 저는 마음이 좀 안 좋았어요. 사람이 아무리 잘못을 해도, 상황에 따라 적절하게 전달할 필요가 있다고 생각하거든요. 특히 여러 사람이 있는 공간에서 저렇게 모욕을 주는 건, 아무리 잘못했다고 해도 방법은 옳지 않다고 생각합니다."

"네, 좋은 생각이에요. 팀장님이시니까, 앞으로도 그 마음 변치 않으시면 좋겠네요. 그 사람이 그렇게 한 이유는 자기보다 약하다고 생각해서이기도 하지만, 또 다른 문제도 있어요."

"또 다른 문제요? 어떤 문제요?"

"사람을 바라보는 시선이죠."

"시선이라…. 어떻게 보느냐는 말인가요?"

"네, 맞아요. 캐디를 라운딩의 동반자로 봤다면 저렇게 하진 않았을 거예요. 종으로 본 거죠. 클럽을 가져다주고 공을 닦아주고 기타 이런저런 잡다한 일을 하는 종으로 본 거예요. 그러니 저렇게 행동하는 거고요."

"아! 상대방을 어떻게 바라보느냐에 따라 대하는 태도가 달라진다는 말씀인 거죠?"

"네, 맞아요. 팀원도 마찬가지예요. 팀원은 팀의 목표를 달성하기 위해 한 방향으로 힘을 모으는 사람들이에요. 하지만 팀원을 마치 종 부리듯 대하는 사람이 있어요. 함부로 대하는 거죠. 말도 막 하고 행동도 막 해요. 팀원이 아니라, 종으로 보는 거죠. 팀원에게 존중받고 싶다면 존중해야 해요. 예의를 지키고 함께하는 동반자라는 생각을 잊지 않아야 해요. 그것이 바로 팀장이 가져야 할 덕목이에요. 신뢰 관계를 잘 형성해야 한다는 거죠."

"무슨 말씀인지 잘 알겠어요. 저도 여러 팀장을 거쳤는데요. 그 사람들의 태도를 생각하니, 팀원을 어떻게 바라봤는지 이해가 되네요. 동반자로서 그리고 팀원으로 바라본 팀장님과 종으로 대한 팀장님이 명확하게 구분되네요. 저는 어느 방향으로 가야 할지 명확하게 알았으니, 잘 살피도록 하겠습니다. 알려주셔서 고맙습니다."

"좋게 받아들여 주니, 고맙네요. 한 가지 덧붙이자면, 이런 거예요. 삶은 내 태도에 따라 많이 달라져요. 지금까지 말한 것은 사람을 바라보는 태도잖아요? 동반자로 바라보는 태도와 종으로 바라보는 태도. 캐디도 그렇고 팀원도 그렇고요. 어떻게 바라보느냐에 따라 대하는 태도가 달라져요. 대하는 태도가 달라지면, 받아들이는 사람의 태도 또한, 달라져요. 자기를 동반자로 대하는데 막 할 수 있을까요? 반대로, 함부로 대하는데 동반자로 응대할 수 있을까요? 사람은 똑같아요. 자기가 받은 대로 되돌려주고 싶어 하죠. 내가 받기를 원하는 대로 상대방에게 하라는 말도 있잖아요? 결국, 사람들이 나를 대하는 태도는 내가 하는 것에서부터 시작되는 거예요. 신뢰로 대하면 신뢰로 화답하는 거죠. 무슨 말씀인지 아시겠죠? 팀장님! 허허허."

"네, 무슨 말씀인지 알겠어요. 명심하겠습니다."

김 코치의, 코칭 레시피 신뢰로 완성되는 소통에 필요한, 인정

사람 사이에서 가장 힘들 때가 언제일까?

소통이 안 될 때이다. 영어로 미스 커뮤니케이션이라고 표현하기도 하는데, 이런 사람과 마주하고 있으면 이런 말이 절로 나온다. "도대체 말이 통하지 않네!" 그 어떤 말도 들으려 하지 않는다. 의도와 다르게 본인의 생각으로 해석한다. 그리고 단정 짓는다. 말한 의도와 상관없이 단정 지으면, 더는 말하고 싶지 않다. "당신 알아서 생각하세요!" 하고 돌아서거나 귀를 닫게 된다. 어떤 말을 하든 알아서 생각할 테니 말이다.

미스 커뮤니케이션이 발생하는 이유가 뭘까?

다양한 이유가 있겠지만, 명쾌하게 설명한 책이 있어 소개할까 한다. 《간단 명쾌한 NLP》이다. 커뮤니케이션에 관한 내용을 살펴보려고 집은 책은 아니다. 제목에도 나와 있듯이, 신경 언어 프로그래밍이라고 부르는 NLP(Neuro Linguistic programming)에 대해 알고 싶어서 선택한 책이다. 이 책에서는 커뮤니케이션에 관련된 내용이 언급된다. 재미있게도, 코칭에서 배운 내용도 언급된다. '역시! 코칭은 어디나 통하네!'라는 생각이 들면서, 코칭의 길에 들어선 필자 자신을 칭찬했다.

미스 커뮤니케이션이 발생하는 이유를, 세 가지로 봤다.

첫째, 말하면서 정보가 '생략(삭제)'된다. 둘째, 각자가 가진 필터를 통해 모든 것을 파악하니 사실이 '왜곡'된다. 셋째, 하나의 상황이 마치 전부인 것처럼 전달하는 '일반화'가 일어난다. 한마디로 정리하면, 경험을 언어로 번역하는 시점에서 많은 정보가 없어지고 변형되고 추상화된다는 거다. 매우 일리 있다. 각각의 내용을 좀 더 자세하게 설명하면 이렇다.

언어로 표현하면, 많은 정보가 생략된다.

사람은 자기가 경험한 내용을 말로 표현한다. 미주알고주알 세세하게 말하는 사람이 있는가 하면, 한 문장 정도로 간략하게 설명하는 사람이 있다. 전자의 경우는 조금 독특하다고 볼 수 있고, 대체로 후자의 성향을 보인다. 세세하게 설명하는 내용을 듣고 있으면 마치 그곳에 있거나 그 음식을 먹고 있는 것처럼 실감 난다. 하지만 후자처럼 "너무 재미있었어!" 혹은 "응, 맛있었어!"라고만 하면 더는 얻을 수 있는 정보가 없어진다. 이렇듯 경험을 말로 표현하면서, 생략되는 정보로 미스 커뮤니케이션이 발생한다고 한다.

서로 다른 필터 때문에 정보는 왜곡된다.

사람은 각자의 필터가 있다. 자기의 경험과 생각이 켜켜이 쌓이면서 필터가 형성되고, 그 필터를 통해 세상을 보게 된다. 같은 현상을 보고 다르게 해석하는 것이 그렇다. 식당 테이블에 앉아있는데, 종업원이 반찬을 내려놓고 갔다고 하자. 누군가는 그릇을 세게 놨다며 불친절하다고 말한다. 누군가는 무슨 안 좋은 일이 있어서 그런 거 아니냐며 거든다. 다른 한 명은 별다른 거 모르겠다며, 덤덤하게 있다. 이렇듯 같은 현상을 보고 해석하는 건 각자의 필터에 따라 다르다. 누구의 판단이 맞을지는 종업원에게 직접 물어보는 수밖에 없다.

하나의 일을 전부인 것처럼 일반화하여 표현한다.

하나를 보면 열을 안다는 말이 있는데, 이는 일반화에 대표적인 표현이다. 하나를 보면 그 하나를 알진 모르겠지만, 열을 다 알 순 없다. 다만 추측할 뿐이다. 사과 상자를 열었는데, 처음에 집어 든 사과가 썩었다고 하자. 그럼, 그 안에 담긴 사과가 다 썩었을까? 그

건 살펴봐야 안다. 하지만 대체로 그 상자에 든 사과가 다 썩었을 것으로 생각한다. 이외에도 하나의 사례를 가지고 전부로 보는 경우는 참 많다. 앞선 식당 상황으로 돌아가 보자. 한 사람의 불친절한 종업원을 보고, "이 가게 불친절하네!"라며, 가게 전체를 불친절하다고 판단하기도 한다.

미스 커뮤니케이션을 줄이는 방법은 뭘까?

앞서 언급한 세 가지의 상황을 최소화하면, 줄일 수 있다. 너무 당연한 말인가? 그럼, 어떻게 줄일 수 있을까? 이 책에서 제시한 방법의 하나는 질문과 확인이다. 질문과 확인을 통해 생략된 정보는 무엇인지 왜곡된 정보는 없는지 그리고 일반화한 건 아닌지 확인하는 거다. 이렇게 미스 커뮤니케이션을 줄일 수 있다고 한다. 동의한다. 코칭에서도 다양한 질문과 확인을 통해, 고객의 진짜 문제를 찾기 위해 내면으로 깊숙이 들어간다. 질문과 확인이 오가면, 고객은 이렇게 반응한다. "아! 맞네요!", "아! 아니었네요!" 자기 자신과 미스 커뮤니케이션을 하고 있다고 인정하는 거다.

자! 여기서 한 걸음만 더 깊이 들어가 보자.

질문과 확인 이전에 무엇이 선행되어야 할까? 그렇다. 신뢰다. 가장 근본적으로 미스 커뮤니케이션을 줄이는 방법은 신뢰를 쌓는 거다. 신뢰하는 사람의 말을 들을 때는 어떤가? 그 사람의 처지에서 듣게 된다. 경청하고 공감한다. 노력하지 않아도 자연스레 그렇게 된다. 이게 바로 신뢰의 힘이다. 적도 친구로 받아들이고 자기를 해한 사람도 품을 수 있는 그런 힘이 바로 신뢰에 있다.

"인생은 내 편을 만드는 게임이다!"

필자가 오래전부터 주장해 온 철학이다. 오랜만에 연락해 온 지인이, 이 문장이 생각난다며 문자를 보내오기도 했다. 내 편을 만들기 위해서는 기본적으로 소통이 돼야 한다. 원활한 소통은 신뢰에서 온다. 따라서 내 편을 만들기 위해서는 신뢰가 가장 중요하다. 소통도 내 편도, 신뢰가 없으면 불가능하다. 여기서 한 가지 더! 신뢰의 시작은 어디서 올까? 인정이다. 내가 상대방을 인정하면 상대방도 나를 인정한다. 서로가 인정할 때 비로소 신뢰의 싹이 돋기 시작한다. 다시 정리하면 이렇다. 원활한 소통을 위해서는 신뢰가 바탕이 되어야 하고, 그 신뢰의 싹을 돋게 하는 건, 인정이다.

라운딩을 마치고 연습장에 가는 사람이 진짜 실력자다.

**팀장은 팀과 팀원이 성장하도록,
좋은 피드백을 주어야 한다.**

후반 시작 첫 홀은 조용하게 지나갔다.

이동하기 전에 일어났던 일에 대해 모두가 불편한 마음이 있었던 모양이었다. 별 이야기 없이 각자의 플레이에 집중하면서 서둘러서 홀을 마무리했다. 다음 홀로 이동하는 길이 내리막이라 그런지 맞바람이 불었다. 모자를 잡고 바람을 맞으며 내려갔다. 카트가 멈추고 모두 내리자, 광효가 한마디 했다.

"분위기 왜 이래? 자! 후반 시작했으니 다시 파이팅하자!"

친구들은 광효의 파이팅에 미소로 답했다. 원철이가 드라이버를 받아서 티박스에 올랐다.

"네, 그래요! 후반 시작했으니 파이팅하시죠. 이번 홀은 420m 파 4홀인데요. 앞에 커다란 바위 보이시죠? 저기로 보내면 다음 샷이 어려우니, 오른쪽 보이는 넓은 공간으로 보내시면 됩니다. 보이는 것보다 넓으니, 바위와 끝에 나무 중간을 보고 치시면 됩니다. 왼쪽은 오비, 오른쪽은 해저드입니다."

원철이는 넓은 공간을 보고 약간 우측으로 틀어서 자세를 잡았다. 해왔던 대로, 드라이버를 시원하게 돌렸다. 공은 잘 맞아서 나갔고 중앙보다 약간 우측에 떨어졌다. 원철이는 고개를 한번 갸우뚱하더니 티를 뽑아 내려왔다.

"왜 그래? 잘 맞은 것 같은데. 아니야?"

잘 치고 나서 고개를 갸우뚱한 모습이 무엇을 의미하는지 궁금해서 물어봤다.

"공이 내가 보내려는 방향보다 약간 우측으로 흘러서. 슬라이스도 아닌데 계속 이상하네. 열려 맞는 건지 아니면 몸이 우측으로 틀어진 건지 도무지 모르겠어."

잘하는 사람은 다르다는 생각이 들었다. 잘 맞고 잘 나간다고, 만족하는 게 아니었다. 내가 원하는 방향과 거리, 이런 부분까지 확인하는 거다. 프로선수들은 100m 안으로 들어가면 m 단위로 거리를 쪼개서 연습한다는 이야기를 들었다. 우리처럼 대략 50~60m가 아니라, 50이면 50이고 55면 55, 이렇게 세부적으로 거리를 연습한다는 거다. 하기야 퍼팅 하나로 승패가 갈리고 상금 차이가 엄청나니 그럴 만도 하다. 원철이를 보니 프로가 아니더라도, 싱글 정도 치는 아마추어도, 세심하게 치려고 하는 모습이 있다는 걸 알았다. 원철이가 이전 홀부터 더 조용했던 건, 아마 이런 부분 때문이 아닐지 싶었다. 전반을 마치고 쉬면서 몸이 굳어졌는지 아니면 감이 좀 떨어졌는지, 두 홀이지만, 전반 플레이보다는 만족한 모습이 적어졌다. 광효와 성환은 넓은 곳에 보내기만 하면 된다는 마음으로 쳤는지, 원철이와 비슷하게 갔는데 좋아했다.

이제 내 차례다.

민폐를 끼치지 않아야 한다는 마음으로 차분하게 공을 바라보고, 스윙했다. 순간, 오른손에 힘이 들어갔다는 느낌이 들었다. 공은 야구에서 커브를 던진 것처럼 왼쪽으로 급속하게 꺾이면서 아래로 떨어졌다. 보내지 말라는 바위 쪽으로 향한 거다. 고개가 절로 떨궈졌다. 계속 우려한 곳으로 가고 있으니, 정말 나는 아마추어 맞나 보다. 광효와 성환은 괜찮다며 어깨를 토닥여줬다. '난, 안 괜찮은데….' 자기들은 잘 갔다고 그러나 싶었다. 위로의 방식에 대해 생각하게 된다. 우리는 보통, 누군가가 좋지 않은 결과를 내거나 상황이 안 좋을 때, 위로한다. 위로하는 마음이 나쁜 건 아니다. 마음으로 신경 써 주는 것이니 좋은 거다. 하지만 방법에 관해서는 신중할 필요가 있다. 당사자는 괜찮지 않은데, 본인들이 괜찮다고 말하는 건, 아무런 도움이 되지 않는다. 본인들의 상황이 좋은 상태에서는 더욱 그렇다. 자칫 비아냥거리는 것으로 비칠지도 모른다는 생각이 들었다. 상대가 마음을 나누던 사이라면 모르겠다. 그렇지 않거나 그리 좋지 않은 사이라면, 문제가 될 수 있겠다는 생각이 강하게 들었다. 감정이 들썩거리는 상태에서는 어떤 말이든 좋게 들리지 않으니 말이다. 때로는 가만히 있어 주는 게 오히려 더, 위로되기도 한다. 위로하는 것도, 하는 사람이 아닌, 받는 사람을 중심에 두고 해야 한다는 것을, 친구들을 통해 배운다.

나만 혼자, 왼쪽으로 갔다.

선생님은 위험할 수 있으니, 바위가 걸리지 않는 위치까지 공을 가지고 오라고 했다. 아웃은 아니지만, 안전사고의 위험 때문이니 그렇게 했다. 어느새 내 공의 위치는 중앙 근처까지 오게 됐다. 내가 먼저 샷을 했다. 거리 손해가 나서 세게 쳤는데, 너무 밑을 쳐서 공이 높이 떠올랐다. 방향은 괜찮았는데 거리가 많이 나가지 않았다. 그래도 어디냐는 마음으로 친구들의 샷을 기다렸다. 성환과 광효는 각각 왼쪽과 오른쪽으로 보냈다. 온그린이 되진 않았지만, 근처까지는 잘 보냈다. 원철의 차례가 됐다. 뒷모습에서부터 결의가 느껴졌다. 조금 전에 들은 이야기 때문인지, 더 그렇게 느껴졌다. 이번만큼은 자기가 원하는 샷을 하겠다는 의지가 느껴졌다. 마음으로 그렇게 되기를 바라면서 지켜봤다. 스윙은 부드러웠다. 공은 잘 떠서 그린을 향해 날아갔다. 온그린이 됐다. 친구들은 일제히 손뼉을 치며 나이스 샷을 외쳤다. 하지만 원철이만큼은 아니었다. 샷을 하고 잠시 멈춰있더니, 고개를 가로저었다. '이번에는 뭐가 문제지?' 나로서는 도저히 이해되지 않았다. 온그린하고도 고개를 떨구다니 말이다. 그것도 투온인데. 일단 떨어져 있는 상태라 바로 물어보진 못했다. 나만 뒤처져 있으니, 보조를 맞추기 위해서 서둘러야 했다. 클럽을 들고 뛰어 올라갔다. 친구들은 뒤에서 천천히 걸어 올라왔다. 신중하게 아주 신중하게, 클럽을 짧게 잡고 클럽의 무게로 친다는 생각으로 툭 쳤다. 공은 적당하게 떠서 핀 중앙으로 날아갔다. 느낌이 좋았다. 뒤에서 친구들도 나이스샷을 외쳐줬다. 공의 위치를 확인하고 싶었다. 다시 달렸다. 그린에 올라갔는데, 홀 근처에 있을 줄 알았던 공은 홀을 지나 반대편 그린을 살짝 벗어나 있었다. 길었던 거다. 한숨이 절로 났다. 잘 치는 사람들은 거리를 정확하게 확인하고 거리에 맞게 친다고 하는데, 그 이유를 알 것 같았다. 조금의 차이지만, 이 차이가 작게는 한 타, 많게는 두 타 이상 벌어지는 원인이기 때문이다. 골프는 세심한 스포츠라는 것을 새삼 느꼈다.

성환과 광효는 각자의 위치에서 온그린을 시켰다.

세 친구는 마커를 놓고 공을 집었다. 나는 퍼터를 들고 공이 있는 곳으로 향했다. 퍼팅이 가능한 위치였기 때문이었다. 내리막이긴 하지만 프린지에 있어서 어느 정도 세기로 쳐야 할지 난감했다. 살짝 쳤다가는 짧을 것 같고 좀 세게 치면 굴러서 반대편 프린지까지 갈 것 같았다. 일단 한 3m 정도 거리로 친다는 생각으로 밀었다. 그린에 올라간 공은 처음보다 점점 속도를 내면서 내려갔다. 홀을 지나긴 했지만, 생각보다 멀리 가지 않아 다행이라 여겼다. 친구들은 준비가 되어있었는지, 순서대로 바로 퍼팅을 시작했다. 성환과 광효는 근처까지 잘 보내서 오케이를 받고 홀아웃을 했다. 원철이는 신중하게 퍼팅 준비를 하고 있었다. 신중함에 방해되지 않도록, 걸어가다 잠시 멈췄다. 라이를 보니 쉽지 않은 퍼팅이었다. 아마 이래서 온그린하고도 고개를 떨군 게 아닌지 싶었다. 모두가 숨을 죽이고 원철이의 퍼팅을 봤다. 잘 친 것으로 보였다. 공은 홀로 빨려 들어가듯 흘렀다. 들어갔다 싶었는데 홀컵을 한 바퀴 뱅글뱅글 돌더니 그 옆에 섰다. 우리는 모두, 자기 공처럼 너무 아쉬워했다. 오히려 원철이의 표정은 덤덤했다. 원철이는 마무리 퍼팅까지 해서 댕그랑 소리를 내고 공을 집어 들었다. 나는 서둘러 이동한 다음, 퍼팅을 마무리했다.

카트로 이동하면서 원철이한테 물었다.

"왜, 이번 홀 플레이가 마음에 안 들어?"

"어? 어. 아니 그냥 뭐 좀 그냥. 요즘에 연습을 좀 안 했더니, 샷이 원하는 대로 잘 안 가네?"

"야! 원하는 대로 다 보내면 프로 아니니?"

"그런가? 아무튼. 오늘 라운딩 마치고 연습장에나 가야겠어. 복기해야지."

"잉? 라운딩을 마치고 연습장을 간다고? 연습은 라운딩 전에 하는 거 아니야?"

"뭐, 보통은 그렇게 하는데, 라운딩에서 샷이 마음에 들지 않으면, 마치고 바로 연습장으로 가는 사람들도 있어. 오늘 잘 안된 샷을 연습하면서 뭐가 문제인지를 파악하는 거지. 그래야 다음 라운딩에서 같은 잘못을 하지 않게 되니까."

'이건 뭐지?' 라운딩을 마치고 연습장을 간다는 게 언뜻 이해되지 않았다. 복습하는 개념이라고 해도, 당일에 가는 건 좀 무리가 되지 않을지 싶은 거다. 다음 날이나, 아니면 시간을 좀 두고 가는 게 맞는 게 아닐지 싶었다. 말을 마치고 앞으로 걸어가는 원철이의 뒷모습을 보니, 예사롭지 않게 느껴졌다. 진정한 프로라 느껴졌다. 프로 타이틀을 달아야 프로라고 불리는 게 아니라, 자기 분야에 최선을 다하는 태도. 잘하고 있어도 더 잘하기 위해 노력하는 태도. 이런 모습이 진정 프로라 불릴 만하지 않나 싶다. 오늘 진정한 프로의 모습을 보니, 내가 프로가 된 느낌이 든다.

김 코치의, 코칭 레시피 성장을 위한 밑거름, 피드백

피드백은 목표와 실제 결과를 비교하는 과정이다.

목표했던 기대치가 있다면, 실제 결과가 그 기대치에 얼마나 도달했는지를 살피는 거다. 실제 결과가 목표를 초과한다면 좋겠지만, 대체로 그러지 못한 경우가 많다. 목표를 설정할 때, 실제 가능할 것 같은 수준보다 조금 높게 잡는 게 일반적이기 때문이다. 회사를 비롯한 공동체는 물론 개인도 그렇다. 도달하지 못한 차이의 원인이 무엇인지 살피고, 다음에는 어떻게 메울 것인가에 대해 논의하는 게 피드백이다. 피드백이라고 하면 그리 좋은 의미로 받아들이지 않는 이유다. 피드백이라고 해서 잘못된 부분만 언급하는 걸까? 그건 아니다.

피드백은 크게 두 가지 종류가 있다.

발전적 피드백과 긍정적 피드백이다. 발전적 피드백은 잘못된 부분 그리고 하지 않아야 할 행동에 대해 언급한다. 그래서 더는 하지 않도록 한다. 긍정적 피드백은 잘된 부분 그리고 잘하고 있는 행동에 대해 언급한다. 계속 행동하도록 지지하고 응원한다. 두 가지 피드백의 느낌은 다르지만, 목적은 같다. 다음 목표를 달성하기 위함이다. 피드백은 잘하지 못한 것을 언급하는 것도 필요하지만, 잘한 것을 언급하는 것도 중요하다. 잘하는 행동을 계속하도록 해서, 목표 달성에 가까워지도록 해야 하기 때문이다. 그렇다면 피드백은 목표 달성에만 초점이 맞춰지면 될까?

아니다.

피드백해야 하는 목적은 목표 달성에 있지만, 더 중요한 이유는 따로 있다. 성장이다. 성장을 위한 과정으로 피드백이 진행되어야 한다. 대체로 피드백이라고 하면 잘잘못을 따지는 것으로 여긴다. 피드백하는 자리의 분위기가 무겁게 가라앉아 있는 이유다. 피드백의 개념을 측정과 평가가 아닌, 성장에 맞추면 어떨까? 활기차게 의견을 나누는 자리가 되지 않을까 싶다. 본인 자신도 무엇이 부족했고 무엇은 좋았는지, 사실 그대로 이야기할 수 있다. 내가 성장하고 공동체가 성장하기 위함이라는 이유가 명확하기 때문이다.

타인에 관해 이야기할 때도 그렇다.

평가가 목적이라면, 정치적인 부담을 갖게 된다. 피드백이 원활하게 이루어지기 어려운 이유 중 하나라고 한다. 타인을 앞에 두고 듣기 싫은 이야기를 하는 게 마음 편한 사람이 있을까? 부담을 느낄 수밖에 없다. 그래서 최근에는 피드백보다 피드 포워드를 추천한다. 피드백이 지난 일에 관한 이야기라면, 피드 포워드는 앞으로 어떻게 하면 좋을지에 관한 이야기다. 지금 상황이 이런데, 다음에는 어떤 부분을 보완하면 좋을지를 이야기하는 거다. 말하는 데 부담이 줄어든다. 부담이 줄어드니, 편안한 분위기 속에서 이야기를 나눌 수 있다.

피드백은 성장을 위해 필요한 과정이다.

개인의 성장은 물론 공동체의 성장을 위해 꼭 필요하다. 한번은 실수지만 반복되면 기만이다. 기만하지 않는 분위기를 만들고 실제 그런 결과를 만들기 위해서는 피드백이 필요하다. 좋은 게 좋은 거라며 넘어가는 건, 당장은 좋을 수 있지만, 다음에 더 큰 무게를 감당해야 할 수도 있다. 피드백을 받는 처지에 있는 사람이라면, 자신을 평가하는 자리라 생각하지 말고 성장하는 자리라 여겨야 한다. 공동체가 성장 중심으로 피드백이 진행되면 좋겠지만, 그렇지 않다면 자신이라도 그렇게 해야 성장할 수 있다. 성장은 삶에서 매우 중요한 밑거름이기 때문이다.

잘 배우도록 돕는 피드백

무언가를 배울 때, 가장 중요한 게 뭘까?

직접 해보는 거다. 책이나 영상 등을 보거나 교육을 받더라도, 직접 해보지 않고는 명확하게 익힐 수 없다. 아는 것과 하는 것은 다르다는 말처럼, 머리로 알기는 해도 몸이 움직이지 않는다. 단적인 예가 이런 말이다. "생각보다 잘 안되네?" 직접 해보면 예상했던 것보다 어렵다는 생각이 들기도 하지만, 쉽다는 생각이 들 때도 있다. "뭐야! 별거 아니잖아!"라는 말이 그것을 증명한다. 지레 겁먹고 두려워서 하지 않았지만, 막상 하고 나니 생각보다 쉽다는 말이다. 그래서 반드시 해봐야, 명확하게 이해할 수 있고 올바로 실행할 수 있다. 여기서 이런 질문을 할 수 있다.

생각은 소용없는 걸까?

상상만으로 원하는 것을 이룰 수 있다고 여기저기서 이야기하는데 말이다. 영화 〈양자물리학〉에서도 이런 대사가 많이 나온다. "상상이 현실을 만든다!" 꾸준히 상상하면 상상했던 것이 현실로 나타난다는 말이다. 이 말도 동의한다. 실제 이런 이야기를 봤다. 상상만 했을 뿐인데, 실제로 연습한 것과 같은 결과를 냈다는 이야기기다. 아니, 더 좋은 결과를 냈다고 한다.

어떤 사람이 외부로 나갈 수 없는 상황에 놓였다.

골프 클럽을 잡을 수도 없는 상황이었다. 별로 할 일도 없어서, 상상으로 골프 연습을 꾸준히 했다. 실제 가봤던 골프장을 상상하면서 코스를 보고 스윙하는 자신을 상상했다. 잘 맞아서 공이 날아가는 것까지 모두 상상했다. 시간이 지나고 실제로 골프장에 갔는데, 오랫동안 클럽을 잡지 않았음에도, 전보다 더 좋은 결과를 냈다. 좋은 결과가 운이라고 할 수도 있겠지만, 상상 연습으로 인한 결과라는 것을 누구도 부인하진 못할 거다.

상상만으로도 좋은 결과를 낸다면, 연습할 필요가 있을까?

이런 의문이 들 수 있다. 귀찮게 장비를 챙겨서 나갈 필요 없이, 상상만 하면 되는데 군이 연습해야 하느냐는 질문이다. 과연 그럴까? 여기서 간과하는 게 있다. 이 사람은 초보가 아니라는 사실이다. 처음부터 상상만 한 게 아니다. 기본적으로 골프를 칠 수 있는 사람이다. 따라서 어느 정도는 실력을 갖춰야, 상상도 효과가 난다. 클럽을 어떻게 잡는지도 모르고 정확하게 맞춘 경험도 없는 사람에게 상상은 그저 상상일 뿐이다. 따라서 처음에는 무조건, 직접 해야 한다. 상상으로 연습이 가능할 정도는 돼야 한다는 말이다.

가장 좋은 건 연습과 상상을 함께 하는 거다.

상상을, 생각으로 바꿔서 설명하면 이렇다. 골프 이야기를 했으니, 골프 이야기로 이어서 해보겠다. 필자는 골프를 독학했다. 체육교육이 전공인 관계로 운동 원리는 대략 알았다고 해야 할까? 실내 골프장을 운영하는 친구가 있어서, 가끔 놀러 가서 공을 쳐보긴 했다. 그때는 골프를 배우겠다고 했던 시절도 아니었다. 연습용 클럽을 들고 앞에 놓인 공을 치면서 "이렇게 하는 거야?"라고 물으며 몇 가지 조언(?)을 들었을 뿐이었다. 필드에 나가면서는 선배들의 조언을 들으며 하나씩 배워갔다.

연습장에서 혼자 연습했다.

많이 치면 좋은 줄 알고 정해진 시간에 최대한 많이 치려고만 했다. 손이 까지고 팔이 욱신거릴 정도로 쳤다. 나중에야, 그건 골프 연습이 아니라 그냥 운동이었다는 것을 알았다. 아무 생각 없이 공만 치는 건 연습이 아니다. 여기에 반드시 포함되어야 할 것이 바로 피드백이다. 피드백 없는 반복은 뭐가 잘되고 있는지 뭐가 잘못됐는지 알 수가 없다. 자칫 잘못된 것을 반복해서 몸에 익히는 불상사가 벌어지기도 한다. 안 하느니만 못한 결과가 나온다는 말이다. 운동은 처음에 잘 배워야 한다는 말이 있다. 그 말에 따라, 연습 방법을 바꿨다.

셀프 피드백이라고 해야 할까?

스스로 동작과 위치 등을 기억하고 기록했다. 좋지 않은 결과가 나오면 좋은 결과가 나올 수 있도록, 좋은 결과가 나오면 다시 그렇게 할 수 있도록 다양한 방법을 시도하고 기록했다. 차례대로 설명하면 이렇다. 이론으로 알고 있는 것을 스윙에 적용했다. 클럽이 공에 맞는 위치가 잘못됐다는 생각이 들면 발을 조금 옮겼다. 발을 옮기면서 정확하게 맞았다는 생각이 들면, 그 위치를 기록했다. 몇 번을 스윙하면서, 발의 위치를 기억에 담았다.

반복 연습을 하면, 제대로 맞았다는 느낌이 들 때가 있다.

손에 울림도 없고 공이 클럽에 스며드는 듯한 느낌이다. 좋은 느낌이 들면 바로 메모를 시작했다. 발의 위치는 어땠는지, 그립의 강도는 어땠는지, 시선은 어디를 향했는지 그리고 백스윙은 어느 정도로 이루어졌는지, 등등을 적었다. 좋은 느낌이 일어났을 때의 모든 상황을 다 기록했다. 스윙할 때 그 내용을 떠올렸다. 좋았던 느낌을 다시 찾아가는 거다. 맛집을 다시 찾아가는 것처럼, 좋은 느낌의 상태를 찾기 위해 갔던 길을 다시 찾아갔다. 계속 그런 느낌이 드는 건 아니지만, 간간이 좋은 느낌이 들면, 그렇게 기분 좋을 수가 없다.

생각하면서 실행해야 한다.

여기서 말하는 생각은 피드백이다. 피드백은 타인에게서 받거나 주는 것만을 의미하진 않는다. 타인이 더 정확한 피드백을 줄 수도 있지만, 스스로 하는 피드백도 효과가 좋다. 피드백의 원리는 앞서 예를 든 연습에서 찾을 수 있다. 크게 두 가지로 나뉜다. 긍정적 피드백과 발전적 피드백이다. 긍정적 피드백은 좋은 느낌을 찾는 것처럼, 좋은 행동을 계속하도록 이끈다. 발전적 피드백은 잘못된 동작을 바른 동작으로 이끌도록 돕는 역할을 한다. 발의 위치를 옮기는 것처럼, 방법을 달리하게 한다. 좋은 느낌을 찾도록 안내하는 거다. 좋은 느낌이 들면, 그 지점부터는 긍정적 피드백으로 변환된다.

피드백은 두 가지 역할을 한다.

잘못된 행동을 교정하는 역할과 잘한 행동을 계속하게 하는 역할이다. 이 둘은 전혀 다른 게 아니다. 두 가지 역할은 올바른 행동을 계속하게 함으로, 성과와 성장을 이루는 데 그 목적이 있다. 피드백은 현재의 위치와 목표 상태의 차이를 어떤 방법으로 보완하거나 지속할지를 판단하고 실행하는 모든 활동이다. 피드백을 받을 때 감정적으로 반응하지 않아야 한다. 피드백은 절대로 공격하는 게 아니다. 오히려 도움을 주려는 행동이다. 피드백을 공격으로 생각하고 받아들이지 않으면, 좋지 않은 행동을 계속하게 된다. 성과와 성장과는 거리 두기를 하게 되는 꼴이 된다.

Hole 12

'라이'는 보는 방향에 따라, 다르게 보일 수 있다.

**팀장은 팀원의 행동 하나로 단정하지 말고,
여러모로 묻고 종합적으로 판단해야 한다.**

라운딩을 마치고 연습장을 간다는 말이 귓가에 맴돌았다.

어느 정도 열정이면, 라운딩을 마치고, 피곤한 몸을 이끌고 연습장을 갈 수 있을까? 나는 죽었다 깨어나도 그럴 일은 없을 거로 생각했다. 라운딩에 온 에너지를 쏟아야 하지 않겠는가? 카트는 삭은 터널 같은 곳을 지났다. 잠시지만 그 안에서의 시원함이 잠깐의 더위를 식혀줬다. 작은 언덕을 넘어, 밑으로 내려다봐야 하는 파 3홀에 도착했다. 그린이 가깝다고 느껴지면 파 3홀이라는 것을 이제는 안다. 카트에서 내려 보니, 상당히 밑이었다. 거리를 가늠하기 어려울 정도였다.

"네, 이곳은 130m 파 3홀입니다. 보시는 것처럼 높이 차이가 있어서 너무 띄워 치시면 바람의 영향을 받을 수 있습니다. 짧으면 폴

이 깊어 나오기 어려우니 약간 길게 친다는 느낌으로 치시면 됩니다. 바람의 방향은 수시로 바뀌니 샷 하시기 전에 말씀드리겠습니다. 지금은 앞바람입니다."

원철이는 9번 아이언을 들고 티박스에 올라갔다. 잔디를 조금 뜯더니 머리 높이에서 났다. 잔디는 바람을 타고 약간 우측, 뒤로 갔다. 맞바람이 맞았다. 골프 중계를 보면 가끔 저렇게 하는 선수들을 봤다. 바람의 방향을 보는 것이겠거니 했다. 원철이는 잔디가 바람을 타고 가는 것을 보더니, 클럽을 8번 아이언으로 바꿨다. 바람이 생각보다 강하게 느껴진 모양이었다. 잔디를 바람에 태우는 게 방향만 보는 게 아니라, 강약을 확인하는 역할도 한다는 것을 알게 되었다. 사실인지 아닌지는 모르겠지만 말이다. 원철이는 이번에도 티를 꽂지 않았다. 티를 꽂으면 높이 뜰 가능성이 크니, 이번에는 티를 꽂지 않고 치는 것도 나쁘지 않을 거라는 생각이 들었다. 불안하기는 하지만 말이다. 원철이는 시원하게 스윙했다. 공은 앞으로 잘 나가나 싶더니 약간 정지한 듯하다가, 천천히 이동했다. 바람의 영향으로 보였다. 좀 긴가 싶었는데 생각보다 멀리 가지 않았다. 선생님이 말씀하신 대로 좀 길게 쳤다. 이번 샷은 마음에 들었던지 고개를 끄덕이며 좋은 표정으로 티박스를 빠져나왔다.

성환이 다음을 준비했다.

성환은 티를 꽂았다. 꽂긴 했는데 왜 꽂았나 싶을 정도로 깊이 꽂았다. 맨바닥보다는 나아서 그런지는 모르겠지만, 아무튼. 자기만의 계획이 있는 것으로 보였다. 성환은 고구마로 불리는 클럽을 잡았다. 너무 길게 가지 않을까 걱정됐지만, 이유가 있겠거니 생각했다. 성환은 클럽을 짧게 잡았다. 그리고 샷을 하는데 방향을 아래로 향하듯 했다. 공을 띄워서 내려가게 하는 것이 아니라, 티박스와 홀을 직선으로 보고 치는 듯한 느낌이었다. 공은 빠르게 내려갔다. 생각보다 멀리 가진 않았다. 짧게 떨어졌는데 속도 때문이었는지 약간 긴 풀을 뚫고 그린 위로 올라갔다. 띄워서 쳤으면 떨어지고 멈춰야 가능한 정도의 위치였다. 의도했던 걸까? 그랬다면 고수의 샷이 아닐지 싶었다. 성환은 자기 샷을 봤냐는 듯한 의미로, 두 손가락을 펴서 눈과 그린을 번갈아 가며 가리켰다. 멋진 샷이었다. 광효는 티를 꽂고 아이언을 들었다. 마치 기다렸다는 듯 바람이 멈췄다. 광효는 이때를 놓치지 않으려는 듯, 서둘러 티샷을 준비하고 스윙했다. 바람의 영향을 거의 받지 않은 모양으로 잘 날아갔다. 하지만 거리가 짧았는지 맨 앞쪽 프린지에 떨어졌다. 굴러가는 건, 거의 없었다. 바람이 없다는 것을 알고, 광효가 치자마자 달려갔다. 티를 뽑으려는데 그냥 두라고 했다. 시간을 줄이기 위해서였다. 그 위에 공을 올리고, 바람이 불기 전에 샷 해야 한다는 일념으로 연습 스윙은 한 번만 하고 바로 스윙했다. 턱 하는 소리가 나긴 했지만, 소리 대비, 거리는 잘 나갔다. 하지만 이내 맞바람이 불면서, 바로 밑으로 떨어지기 시작했다. 공이 낙하하는 모양이었다. 풀이 깊은 그곳에 떨어졌다. 조금만 더 일찍 쳤더라면 최소 프린지까지는 갔을 텐데 아쉬웠다. 그래도 죽지 않은 게 어디냐며, 카트에 올랐다.

카트가 멈추자, 바로 내렸다.

친구들은 퍼터를 들고 그린으로 올랐고, 나는 56도 웨지를 들고 풀로 뛰어갔다. 풀 길이는 좀 됐지만, 공이 마치 풀 위에 올려져 있는 듯한 모양이라 치는데, 지장은 없어 보였다. 나는 "볼"을 외치고 샷을 준비했다. 길어도 안 되고 짧아도 안 된다. 적당히 적당히 톡, 적당히 톡. 짧게 잡고 공을 맞춘다는 마음으로 톡 하고 쳤다. 공 머리에 맞았는지 뜨지 않고 직선으로 나갔다. 생각보다 길게 갔다. 홀을 지나 반대편 프린지에 멈췄다. 그나마 다행이었다. 밖으로 나가지 않았으니 다행이다. 공이 있는 곳으로 이동하면서 퍼터를 받았다. 선생님은 내 공 위치에 마커를 하고 공을 닦아주셨다. 시작은 왼쪽이고 중간 이후는 오른쪽이니 그냥 직선 방향으로 치라고 하시면서, 성환에게 가셨다. 성환은 자신이 공을 닦은 후 퍼팅하도록 공을 놓고 있었다. "오른쪽이지요?" 성환은 방향을 물었다. "아니요. 약간 왼쪽이에요." 성환은 급히 고개를 들었다. "왼쪽이라고요? 분명 오른쪽인데…." 반대편으로 가서, 봐 보세요. 성환은 다시 마커를 놓고 반대편으로 갔다. 자세를 최대한 낮춰서 보더니, "헐"이라는 추임새를 내뱉었다. "진짜 왼쪽 끝이네요? 어떻게 그럴 수 있죠?"

"그래서 선수들 퍼팅하는 모습을 보면, 한쪽에서만 보지 않고 반대편 방향에서도 보는 거예요. 바라보는 방향에 따라 달리 보이는 곳이 종종 있거든요."

"제주도 가면 그래. 내가 볼 때는 분명 오르막이거든? 근데 내리막이야. 그래서 한라산이 있는 위치에 작은 푯말이 있어. 그쪽이 산이니 오르막이라는 거지. 참 신기해."

원철이가 자기 경험을 이야기했다. 들은 기억은 있다. 그래서 도깨비 도로인가? 뭐 그런 길이 있다고 들었다. 보기에는 내리막인데, 캔을 놓으면 올라간다고 해서 도깨비 도로란다. 선생님은 우려가 됐던지 광효와 원철이 방향도 살펴주셨다. 모두 퍼팅을 깔끔하게 마무리하고 다음 홀로 이동했다.

"신기하네요."

선생님 옆에 붙어서 말을 꺼냈다. 이번에도 분명 뭔가 인사이트가 있을 듯해서였다. 선생님은 눈치를 채셨는지, 인자한 미소를 지으시더니 입을 떼셨다.

"자! 이번에는 어떤 배움이 있을 것 같아요? 팀장님이 먼저 말씀해 보시죠."

"음…. 저는요. 바라보는 방향에 따라 기울기가 달랐다는 게 이번 홀의 핵심이잖아요? 그래서 무엇이든 바라보는 방향에 따라 다르게 보일 수 있다. 이렇게 정리가 되네요."

"허허허. 그래서요?"

"네? 그래서라니요?"

"바라보는 것에 따라 다르게 보일 수 있다. 네, 좋습니다. 그래서 이 말을 어떻게 적용해 볼 수 있을 것인지를 묻는 거예요."

"적용이라고요? 적용이라. 아. 그러니까. 바라보는 것에 따라 다르다. 뭐든 그렇다. 어떤 현상이든 아니면 사람이든 그렇다. 뭐 이런 거 아닐까요? 제가 답하고도 뭐라는 건지 참⋯."

"다 왔는데요? 그럼, 제가 한 가지 질문을 드려볼게요. 말씀하신 것처럼 어떤 현상이든 사람이든 바라보는 것에 따라 달라진다는 건 맞아요. 그중에서 하나만 집중해서 보죠. 후자의 것으로 보겠습니다. 사람을 바라보는 방향에 따라 다르다고 한다면, 일상에서 어떻게 적용할 수 있을까요? 업무에서요."

"업무에서, 사람을 보는 방향에 따라 다르게 본다면⋯. 단순히 사람을 보는 게 아닐 듯한데요. 사람의 어디를 보는 걸까요? 조금만 더 힌트를 주시죠."

"사람과 주로 무엇을 나누나요?"

"사람하고 나눈다고요? 아, 대화요?"

"네, 맞습니다. 대화요. 대화를 나누죠. 의견을 나누는 겁니다."

"아! 알겠어요. 의견을 나눌 때 그 사람이 말하는 것을, 여러모로 살펴야 한다는 뭐 그런 말씀인가요?"

"허허허. 네, 맞아요. 그냥 말을 듣고 팀장님 임의대로 이렇다저렇다 판단하기보다 여러모로 살피는 거죠."

"아. 무슨 말씀인지는 알겠는데요. 여러모로 살피는 방법이 있나요? 그냥 생각으로 이렇게 저렇게 보는 건 한계가 있을 듯한데요. 거기서 거기일 것 같기도 하고요."

"그렇죠. 혼자서 생각하는 건 한계가 있죠. 내 의견도 아니고 상대방 의견이니까요. 어떻게 하면 여러 방향으로 살필 수 있을까요?"

"네? 제가 드린 질문인데, 저한테 다시 질문하시면….'

"아! 질문이요? 질문을 다양하게 하면 여러 방향으로 살펴볼 수 있겠군요?"

"야! 이제 도사가 다 되셨네요. 하산하셔도 되겠습니다. 허허허. 맞아요. 다양한 질문으로 의견을 다양하게 살펴볼 수 있죠. 답을 듣다 보면 모순된 부분이 발견되기도 하는데요. 그건 논리적으로 맞지 않는다는 것을 의미해요. 답변하다가 본인이 의견을 철회하기도 하죠. 생각이 짧았다는 것을 인정하기도 하고요. 그러니 질문하세요. 다양한 질문으로 팀원이 자기 의견을 얼마나 진중하게 고민했는지 알 수 있어요. 정말 신중하게 고민한 직원들은 어떤 질문이든 잘 답변해요. 거기에 더해 새로운 의견을 추가하기도 하지요. 의견이 풍성해지게 되죠. 여러 방향으로 살펴보는 질문으로 얻는 수확이랄까요?"

맞다.

다양하게 검토하는 건 필요한 부분이다. 한쪽에서 봤을 때는 좋은 의견이지만 반대 방향에서는 잘못된 의견일 수 있다. 우리가 회의하고 토론하는 이유도 여기에 있지 않은가? 누군가의 생각이 옳은지 그른지를 따지는 게 아니라, 지금 시점에서 유용한 의견인지를 다양한 시선으로 살피는 거다. 그렇다. 팀장은 회의에서 의견을 말하는 역할보다, 질문하는 역할이 필요하다. 질문으로 자기가 말한 의견이 마땅한지 스스로 점검할 수 있다. 다른 사람에게는 자기가 보지 못한 시선으로 바라보게 하는 기회를 제공하기도 한다. 질문의 힘. 역시 몇 번을 강조해도 모자람이 없다.

김 코치의, 코칭 레시피 **연결할 때 더 강력한 힘을 발휘하는 질문**

코칭을 배우면서부터, 질문에 관심을 두게 되었다.

코칭의 기술 중 질문의 중요성이 얼마나 큰지 알면서부터 시작되었다. 일반적으로 질문은 자신이 모르는 것을 알기 위해서 한다. 하지만 코칭 질문은 조금 다르다. 궁금한 것을 질문하는 건 맞는데, 그 이유가 고객에게 있다는 것이 다르다. 내 앞에 있는 고객에게 관심을 기울이고 호기심을 가져야 좋은 질문이 가능하다. 좋은 질문은 무엇을 물어야 할지 고민해서 만드는 게 아니다. 진정성을 가지고 고객을 바라보면서 호기심을 갖게 되면, 자연스레 떠오른다.

적절한 질문은 매우 유용하다.

언제 어느 때 어떤 질문을 하느냐에 따라, 고객이 문제의 본질을 발견하기도 하고 그에 대한 해답을 찾기도 한다. 고객이 현재 마주하고 있는 문제의 벽 앞에서 미처 바라보지 못하는 것을 볼 수 있도록 질문해야 한다. 그래서 고객에 관한 관심과 호기심이 매우 중요하다고 언급한 거다. 스무고개를 하듯 질문을 하나씩 하면서 문제해결을 위한 탐험을 함께하면 참 좋다. 코칭할 때 가장 기쁠 때가 언제인지 아는가? 고객의 입에서 "아…!"라는 탄식이 나올 때다.

무의식적으로 이런 반응이 나온다.

자신이 말한 문제가 아닌, 본질적인 문제를 발견할 때 그렇다. 꽉 막혔던 혈이 뚫리듯, 자신이 무엇을 해야 하는지 깨달았을 때도 이런 반응이 나온다. 그러면서 "맞아요! 맞아요!"라며 흥분한 목소리로, 뭐가 문제였는지 그리고 앞으로 자신이 무엇을 하면 될지, 말을 이어간다. 조곤조곤 말하던 사람도, 이때만큼은 본능(?)을 숨기지 못한다. 그래서 이때가 제일 기쁘다. 뭔가 도움이 됐다는 마음이 든다.

질문에 관련된 책이라고 하면 귀가 솔깃하다.

코칭 공부를 하면서도 몇 권의 책을 선정해서 읽었다. 더 좋은 질문을 하기 위해 질문에 몰입해서 관련된 책을 읽고, 질문 리스트도 만들면서 정리했다. 다양한 질문의 형태와 사례를 보면서, 이런 생각이 들었다. '질문에는 정답은 없다. 해답만 있다.' 같은 질문이라도 상황이나 대상 그리고 맥락에 따라 그 결과가 달라진다. 그래서 질문은 코칭 기술에 포함되기는 하지만, 기술이 아니라 관심이고 마음이다.

《리더의 질문법》

질문에 관련된 책 중 하나다. 조직 심리학의 대가가 쓴 책이라 그런지, 조직에서 나누게 되는 대화의 사례가 많이 나온다. 어떤 형태로든 조직에 속해 있는 사람들, 특히 리더의 역할을 하는 사람이라면 참조할 만한 부분이 많이 나온다. 한 줄로 이렇게 요약된다. "리더는 판단하는 사람이 아니라, 겸손한 질문을 하는 사람이다." 일반적으로 리더의 위치에 있는 사람은 판단한다. 그래야 한다고 생각한다. 결론을 내주고 지시해야 하는 자리라 생각한다. 구성원들이 그렇게 몰아가기도 한다. 먹이를 얻어먹기 위해, 새끼 새가 어미 새를 바라보며 눈을 껌뻑이듯 말이다.

《리더의 질문법》에서는 겸손한 질문을 하라고 한다.

단정 짓고 판단하면 더는 좋은 해법을 찾기 어렵다고 한다. 무엇보다 좋은 관계로 연결될 가능성이 작아진다고 한다. 그래서 겸손한 질문이 필요하고, 그 질문은 이렇게 해야 한다고 말한다.

> "겸손한 질문을 가장 효과적으로 촉발하는 방법은 호기심과 관심을 보이되 상대방이 말하는 내용이나 형식에 간섭하지 않으려고 의식적으로 노력하는 것이다." -《리더의 질문법》중에서

참 어려운 말이다.

말마따나, 의식적으로 노력하기가 쉽지 않다. 우리는 관성의 법칙에 젖어있기 때문이다. 달려가고 있는데 갑자기 방향을 바꾸기가 쉽지 않다. 관성대로 사는 게 편하니 방향을 바꾸고 싶은 마음도 별

로 없다. 바꾸기 싫거나 귀찮은 마음이 크다. 그래서 질문은 기술로 접근하지 말라는 거다. 호기심과 관심으로 접근해야 한다. 호기심과 관심을 가지고 질문하면, 달리고 있던 속도가 점차 줄면서 방향을 바꾸는 기회가 온다. 리더에게 꼭 필요한 겸손한 질문의 시작은 호기심과 관심이라는 것을 기억해야 한다.

호기심을 갖고 질문해야 하는 이유를 하나 더 설명하면 이렇다.

질문 관련 책 중 인상 깊게 읽은 책《그렇게 물어보면 원하는 답을 들을 수 없습니다》에서 소개한 내용이다. 미국의 시어도어 루스벨트 대통령이 이런 말을 했다고 한다.

"사람들은 당신이 얼마나 그들에게 신경 쓰는지 확인할 때까지는 당신이 얼마나 많이 아는지를 신경 쓰지 않는다." 내 앞에 있는 사람에게 신경 쓰고 있다는 것을 알려주어야, 소통이 가능하다는 말이다. 그것이 바로 호기심이다. 호기심을 가지고 하는 질문이, 관심도를 표현해 준다.

여기서 이런 질문을 할 수 있다.

"한두 개의 질문은 할 수 있겠는데, 더는 할 질문이 없으면 어떻게 하죠?" 필자도 처음에 그랬다. 코칭 상황이 아니더라도 그렇다. 일상에서 대화할 때 이런저런 얘기가 오가다가, 소강상태에 접어들 때가 있다. 일명, 뻘쭘한 상황이다. 더는 할 말도 질문할 것도 없다. 어떻게 해야 할까? 이때 필요한 것이 바로, 한 걸음 더 들어가는 질문이다. 말 그대로, 답변을 듣고 그 자리에 멈추는 게 아니라, 한 걸음 더 들어가는 2차 3차 질문을 이어가는 거다.

격투기 스포츠 중계를 볼 때도 이와 같은 표현을 한다.
"한 번 공격에 그치지 말고 2차 3차 공격을 들어가야 합니다!"
질문도 마찬가지다. 공격하고는 성향이 다르지만, 2차 3차 질문이 들어가야, "당신에게 관심이 있어요!"라는 것을 전달할 수 있다. 《그렇게 물어보면 원하는 답을 들을 수 없습니다》에서, 2차 3차로 들어가는 데 도움이 되는 질문 몇 가지를 소개한다.

"구체적 예를 들어주실 수 있나요?"
"그 사건으로 인해 어떤 영향이 있었나요?"
"왜 그랬다고 보시나요?"
"그런 경험이 주는 의미는 무엇이었습니까?"

이 질문들은 공통점이 있다.
필자는 이 질문을 보고, 한동안 유행했던 "꼬리에 꼬리를 무는" 시리즈가 생각났다. 꼬리를 물고 늘어지는 대화법은 좋지 않지만, 꼬리를 무는 (좋은 의미로 하는) 질문은 의미가 있다. 예를 들어 답변을 듣고 이렇게 질문을 이어갈 수 있다. 고객이 어떤 경험을 이야기했다고 하자. 그럼 "아! 그렇군요!" 하고 끝내는 게 아니라, 이렇게 연결한다. "매우 흥미로운 경험인데요. 그런 경험이 고객님에게 어떤 도움이 되었나요?" 고객이 받은 도움을 이야기하면, "그런 도움을 받으셨군요? 그 도움은 고객님 삶에 어떤 의미가 있나요?" 이렇게 연결되는 질문은 많은 경험을 통해 익숙해질 수 있다. 단, 호기심을 가질 때만 유효하다는 것을 알려둔다.

위기관리 능력이 평균을 유지해 준다.

팀장의 격려와 인정은 가장 좋은 위기관리 능력이다.

처음에는 매우 느리게 진행되는 듯하더니, 벌써 후반도 딱 중간 지점에 왔다. 생각보다 시간이 빠르게 흐른다는 건, 지금 집중하고 있다는 방증이다. 흥미롭다는 이야기도 된다. 골프가 조금씩 맞아 가면서 마음에 여유가 좀 생겼다. 잘 치고 못 치고를 떠나서 처음보다 마음을 졸이지는 않는다. 그냥 한 타 한 타 집중하고 최선을 다하는 것에 만족하고 있다. 잘 맞으면 잘 맞아서 좋고, 그렇지 않으면 그것을 통해 배울 수 있으니 좋다. 이래도 좋고 저래도 좋다. 뜻하지 않게, 팀장 역할에 대한 부담도 좀 더는 느낌이다. 막막했었는데, 조금씩 실마리가 풀리는 느낌이다. 한 치 앞도 보기 어려운 안개가 조금씩 걷히는 느낌이랄까? 안개가 자욱한, 영종대교를 건널 때가 떠오른다. 핸들을 양손으로 꼭 잡고 비상등을 켠 채로, 천천히 아주 천천히 건넜던 기억이 있다. 아무것도 보이지 않았다. 이른 아침이라 더 그랬다. 해가 어서 뜨기를 고대했는데, 중간 이상이 지나고 나서 햇살이 점점 강해졌다. 안개도 함께 조금씩 걷혔다. 그때의 기분이다. 마음이 놓이고 꽉 쥐었던 손에 힘이 풀렸다. 편안해졌다는 말이다. 남은 시간도 잘 보내고 싶은 마음이 커졌다.

"자! 이번에는 480m 파 5홀입니다. 보시는 것처럼 폭이 좁습니다. 그래서 이 홀에서는 드라이버를 잡지 않는 분들도 있습니다. 안전하게 가기 위한 전략이죠. 초입을 좀 지나면 페어웨이가 넓어지니, 우드 거리가 좀 나가면 그 전략도 나쁘지 않습니다."

원철이는 고민 없이 드라이버를 꺼내 들었다.
원철이다운 선택이라 생각됐다. '내가 이 정도로 졸겠어?'라는 표정이다. 원철이는 공 뒤에서 가볍게 연습 스윙을 몇 번 하고 방향을 살폈다. 좀 생각하더니 바로 공 앞에 섰다. 다시 앞을 보고 공을 봤다. 호흡은 차분하게 가다듬었지만, 샷은 날카로웠다. 부드럽고 강했다. 드라이버 헤드가 공에 정확하게 맞았다. 앞으로 잘 나갔다. "어?" 곧게 잘 나가던 공이 서서히 왼쪽으로 휘더니 보이지 않는 곳에 떨어졌다. 원철이 샷에서는 처음 보는 장면이라, 잠시 멍해졌다.
"죽었나요?"
원철이는 조심스레 선생님께 물었다.
"아마 그럴 것 같긴 한데요. 일단 한번 가서 보시죠. 혹시 모르니까요. 가끔은 나간 것 같은데 들어와 있기도 하고, 들어온 것 같은데 나갔을 때도 있으니까요."

원철이는 고개를 살짝 갸우뚱하더니 티박스에서 내려왔다. 본인도 잘 맞았다는 느낌인데, 뭐가 문제인지 모르겠다는 표정이었다. 이 모습을 지켜보던 광효는 드라이버를 들고 있다가, 카트로 갔다. 드라이버를 넣고 우드를 꺼내 들었다. 원철이가 나갈 정도니, 자신 없다는 생각인 듯했다. 우드를 잡고 연습 스윙을 몇 번 했다. 원철이와 비슷하게 방향을 살피고 공 앞에 섰다. 약간 오른쪽으로 튼 느낌이 들었다. 원철이가 왼쪽으로 나갔으니 보는 것보다 약간 오른쪽으로 선 모양이었다. 크게 숨을 내뱉고, 샷을 했다. 공은 선 방향대로 중앙보다 약간 오른쪽으로 갔다. 출발할 때부터 방향이 오른쪽이었다. 거리는 많이 나가지 않아 보였는데, 오른쪽 부근에 잘 떨어졌다. 광효는 한 손을 가슴에 대고 "휴" 하며 숨을 내뱉었다. 잘 맞았는데, 왜 그런지 이해가 되질 않았다.

"왜? 잘 맞았는데."

"그래 보였어. 사실 맞는 순간 그립이 약간 틀어지는 느낌이었거든. 아차. 했는데 다행히 죽지 않았네?"

보는 사람은 모르는, 당사자만 아는 그런 상황이었던 거였다. 원철이는 잘 맞았다고 생각했는데 죽었고 광효는 삐걱했는데 살았다. 골프는 알다가도 모르겠다. 하긴. 야구도 잘 맞은 타구가 수비 정면으로 가서 아웃 되기도 하니까. 빗맞았는데, 수비수 사이에 떨어져 살아 나가는 것도 그렇고. 아무튼. 운도 실력이라는 말이 있으니, 다

자기 실력으로 봐야 하지 않을지 싶다. 성환은 드라이버를 잡았다. 좀 짧게 잡았다. 드라이버를 짧게 잡아, 우드 효과를 보겠다는 생각으로 보였다. 예상은 잘 맞아떨어졌다. 드라이버답지 않게(?) 광효보다 가까운 거리에 떨어졌다. 나는 어떻게 해야 할지 몰라, 선생님께 물었다.

"드라이버 잡으세요. 지금 타수 줄이려고 치는 게 아니니까. 드라이버를 많이 쳐보는 게 좋아요. 연습이라 생각하고 편안하게 치세요."

그렇다.

난 친구들처럼 타수에 연연할 처지가 아니다. 오랜만에 왔으니, 연습한다고 생각하고 많이 치는 게 오히려 이득이다. 드라이버를 잡았다. 어차피 아웃이라 생각해도 졸리긴 했다. 공만 보기로 했다. 앞을 보면 마음만 쪼그라드니, 공만 보고 치자 생각했다. 대신 힘을 좀 빼자는 생각으로 클럽을 잡은 손에 힘을 솜 뺐다. 천천히 백스윙하고 공만 뚫어지게 보면서, 스윙했다. 공에 맞는 순간, 잘 맞았다는 느낌이 들었다. 고개는 자연스레 앞을 향했고, 앞으로 날아가는 공이 보였다. 가운데로 잘 나갔다. 친구들은 오래간만에 잘 맞은 샷에 박수를 보내줬다. 이번 홀은 압도적으로 잘 치는 원철이만 죽고, 나머지는 다 살았다. 아! 죽었을 것으로 보이고, 나머지는 다 살았다. 원철이는 서둘러 카트에 올랐다. 자기 공의 생존 여부를 빨리 확인하고 싶은 모양이었다. 카트는 도로를 타고 부드럽게 내려갔다. 드라이버가 잘 맞아서일까? 카트의 느낌이 다르게 느껴졌다. 카트 도로가 원철이 공이 떨어진 방향이라 점점 그곳을 향해갔다. 원철이는 몸을 앞으로 숙이고 자기 공을 찾았다. 카트가 멈추고 가장 빠르게 내려서 공이 떨어졌을 곳으로 이동했다. 선생님도 함께 따라갔다. 우리만 여유 있게 클럽을 챙겼다. 그냥 가기가 뭣해서, 같이 공을 찾으러 갔다. 잠시 살폈는데 보이지 않았다. 죽은 것으로 보였다. 원철이는 크게 미련 없이, 인정했다.

"오비티에서 칠게요."

이 말도 있어 보였다. 잘하면 뭐든 있어 보이나 보다. 선생님은 잠시 기다리라고 하고, 공이 살아 있는 친구들한테 와서 어디로 쳐야 할지 설명해 주셨다. 나는 치던 대로, 7번 아이언을 들고 쳤다. 클럽 헤드가 공 뒤쪽 바닥을 치고, 공 머리를 가격했다. 앞으로 굴러갔다. 아쉬웠다. 드라이버 잘 치고 나서 다음 샷을 이렇게 망쳤으니 너무 아쉬웠다. 광효와 성환은 무난하게 공을 앞으로 보냈다. 내 공이 원철이 공보다 뒤에 있어서, 빠르게 앞으로 가서 다음 샷을 준비했다. 선생님은 괜찮으니 천천히 하라고 하셨다. 서두르면 더 실수한다고 말이다. 공 앞으로 가서 호흡을 가다듬었다. 호흡이 좀 안정됐을 때쯤, 공을 보낼 위치를 보고 자세를 잡았다. 이번에는 절대 실수하지 않겠다는 마음으로, 클럽을 좀 짧게 잡고 준비했다. 샷을 했는데, 만족할 정도는 아니지만, 잘 나갔다. 오비티보다는 좀 더 나 갔다. 이제 좀 천천히 가도 됐다. 천천히 걸어가서 원철이가 오비티에서 하는 샷을 지켜보기 위해 멈췄다. 원철이는 우드를 잡았는데, 드라이버랑 비슷하게 보였다. 드라이버를 칠 때와 마찬가지로, 보내고자 하는 위치를 잘 살피고 공 앞에 섰다. 준비가 된 듯했지만, 다시 앞을 한 번 더 쳐다봤다. 그러고는 백스윙을 부드럽게 했다가 헤드를 내리꽂듯이 아래로 가져갔다. 뒤에서 보는데, 공은 맞자마자 앞으로, 정확하게 앞으로 뻗어갔다. 마치 드라이버를 친 모습을 보는 것 같았다.

"와!"

나도 모르게 탄성이 나왔다. 선생님은 옆에서 아주 잘 쳤다고, 굿 샷이라고 연신 칭찬했다. 원철이는 멀쑥했는지 고맙다고 인사하고 선생님께 클럽을 넘기고 앞으로 걸었다. 나도 따라서 걸었다. 이번 샷을 잘 친 것도 잘 친 거지만, 실수한 후에도 저렇게 잘 칠 수 있다는 게 놀라웠다. 더군다나 앞서 실수한 걸 만회하기 위해 드라이버 못지않은 우드로 공략했다. 이번에 실수했다면 더 큰 위기가 왔을 텐데 말이다. 존경스러운 마음이 절로 올라왔다. 내 공은 그리 멀리 가지 않아, 다시 샷 준비를 했다. 원철이는 다음 샷을 위해 카트 쪽으로 이동했다. 나는 또박또박 천천히 앞으로 치면서 갔다. 원철이 공은 그린 근처에 있었다. 실제로 드라이버만큼 나간 거다. 원철이는 신중하게 어프로치를 했다. 공은 부드럽게 떠서 그린에 잘 안착했다. 다른 친구들도 이어서 온그린을 했다. 공교롭게도, 나는 빼고, 모두 파이브 온이었다. 퍼팅 전까지 동타라는 거다. 광효와 성환은 그동안 좀 헤맸던 모양이었다. 원철이는 퍼터도 한 번에 끝냈다. 오비하고 보기를 했으니, 오비 버디라고 해야 할까? 잘 치면서 올 때보다 더 대단해 보였다. 원철과 성환은 각각 퍼팅을 놓쳐서, 더블보기로 마무리했다. 오비가 난 원철이가 제일 잘 친 결과가 된 거다. 다시 생각해도 좋은 플레이였다.

"친구분이 리스크 매니지먼트를 잘하셨네요?"

어느새 선생님은 내 옆에 와서, 이야기를 꺼내셨다.

"리스크 매니지먼트요? 일할 때 말하는 위기관리 뭐 그런 건가요?"

"맞아요. 업무에서도 사용하지만, 골프에서도 종종 표현해요. 드라이버가 죽었지만, 다음 플레이를 잘해서, 지금처럼 타수 관리가 잘 된 것을 보고 그렇게 말하죠. 사실, 쉽지 않은데요. 그만큼 역량이 뛰어나고 멘탈도 강하다고 볼 수 있죠."

"아. 그렇군요?"

"자! 팀장님? 위기관리는 관리자도 하지만, 팀원들도 할 수 있어야 하겠죠? 팀장님이 일일이 다 챙겨줄 순 없으니까요. 여기서 질문 들어갑니다. 어떻게 하면 직원들이 리스크 매니지먼트를 잘할 수 있을까요?"

"일단, 문제가 생긴 상황인 거죠?"

"네, 문제가 생겨서 팀장님께 보고하러 왔다고 하죠."

"음… 제가 하던 대로 말씀드리면 안 될 것 같고요. 하하하. 음…

일단 왜 문제가 생겼는지 들어야 할 것 같아요. 실수인지 어쩔 수 없는 것인지도 좀 파악해야 할 것 같고요."

"좋은데요? 그리고요?"

"그리고 나서는⋯. 알려줘야 할까요? 어떻게 수습해야 할지요."

"바로 알려주는 게 좋을 것 같으세요?"

"아니, 뭐 알았으면, 실수하거나 잘못하지도 않았을 테니까요."

"알면, 실수나 잘못을 하지 않을까요?"

"뭐, 꼭 그런 건 아니지만⋯. 아! 그럼, 또 질문? 질문인가요?"

"허허허. 떠보지 마시고, 말씀을 해보세요."

"맞네요. 질문이네요. 어떤 질문을 해야 할까요? 무엇이 문제였는지? 혹은 어떻게 하면 좋을지? 이런 질문일까요?"

"네, 맞아요. 의견을 묻는 게 필요해요. 무엇 때문에 그런 결과가 나왔는지, 어떻게 해결하면 좋을지 등을 묻는 거죠. 이미 이유와 답을 알고 있을 수도 있고, 몰랐다면 알아차리게 되는 거죠. 스스로 알아차려야, 다음에 같은 잘못을 반복하지 않을 가능성이 커요. 그리고 또 하나요."

"또요?"

"혹시 경력이나 역량에 따른 잘못이라면 격려가 필요해요. 자칫 주눅 들 수도 있거든요. 역량 밖인데 잘못했다는 좌절감 같은 거요. 아이러니하게도 이런 감정은 일 잘하는 친구들이 가져요. 오히려, 그렇지 않은 친구들은 대수롭지 않게 여겨요. 그러니 격려하고 응원해 주어야 해요. 그래야, 인재를 놓치는 우를 범하지 않을 수 있어요. 아시겠죠? 어떻게 생각하세요?"

들고 보니 그랬다.

잘하는 사람은 더 잘하기 위해 노력한다. 자기 역량 밖인데도, 어떻게든 해보려고 한다. 어떻게 하려고 하다가 잘못된 결과가 나오는 거다. 아무것도 하지 않으면 아무런 일도 일어나지 않는다. 도전도 그렇다. 도전한 건데 나무라면, 다시는 도전하지 않는다. 이것이 바로, 진정한 리스크 매니지먼트가 아닐지 싶다. 또 하나 큰 배움을 얻었다.

김 코치의, 코칭 레시피 마음의 문을 여는 열쇠, 공감

대화할 때, 상대방에게 받는 느낌은 크게 두 가지다.

스펀지 같은 느낌과 벽 같은 느낌이다. 뭐든 잘 흡수하는 것을 비유할 때, 스펀지를 자주 인용한다. 물에 스펀지를 담그면, 금세 물을 흡수하기 때문이다. 원리는 잘 모르겠지만, 신기하리만큼 잘 흡수한다. 바닥에 물을 흘렸을 때도, 걸레나 휴지보다 스펀지를 이용할 때 더 빨리 정리할 수 있다. 내가 하는 말을 쫙쫙 잘 흡수한다는 느낌이 들면, 말할 맛이 난다.

벽 같은 느낌은 벽에 공을 던지는 느낌이다.

공의 탄력에 따라 달라지겠지만, 벽에 공을 던지면 다시 튕겨 나온다. 내가 던진 공이 나에게 다시 되돌아온다. 공놀이할 때는 좋다. 공을 주우러 갈 필요가 없기 때문이다. 하지만 대화할 때는 어떤가? 최악이다. 물 없이 고구마를 크게 한 입 베어 물고 삼킨 것처럼, 꽉 막힌 느낌이 든다. 어떤 때는 얄밉다는 생각이 들기도 한다. 일부러 그러는 것처럼 보이기 때문이다. 무슨 말인지 알아들었으면서, 못 알아들은 척할 때가 그렇다. 벽을 세우는 거다. 자기 영역을 지키려는 방법일 수도 있겠지만, 그럴 때는 못 알아들은 척하지 말고, 받아들일 수 없다고 말하는 게 도리가 아닐까 싶다.

느낌을 잘 파악하는 것은 매우 중요하다.

느낌에 따라 대화를 어떻게 끌고 갈지 판단할 수 있기 때문이다. 스펀지처럼 말을 잘 이해하고 받아들이는 사람이라면, 진도(?)를 착착 나가면 된다. 이런 사람에게 자세하게 설명하거나 반복해서 이야기하는 건, 시간 낭비이기도 하고, 오히려 역효과가 날 가능성이 크다. 이해했는데 더 이야기하거나, 했던 얘기를 반복하는 사람과 함께 있다면 어떤 느낌이 드는가? 더는 마주하고 싶은 생각이 없어진다. 마주하고 있는 것 자체로 답답함을 느끼기도 한다. 따라서 스펀지 같은 느낌을 주는 사람은 속도감 있게 대화를 이끌어 갈 필요가 있다. 이는 좋은 느낌을 잘 살려가는 데도 도움이 된다.

벽처럼 자꾸 튕기는 사람이라면, 어떻게 해야 할까?

공이 벽을 뚫거나 넘어가야 한다면, 한 곳으로만 던져서는 안 된다. 여기저기 던져서 공이 통과할 만한 곳을 찾아야 한다. 다양한 시도라고 볼 수 있다. 같은 내용이지만 다양한 예를 들어 설명해야 한다. 대화할 때는 상대가 이해하기 쉬운 언어를 사용해야 한다. 이해하기 어려운 내용이라면, 그 사람이 잘 아는 정보를 바탕으로 설명하는 것이 좋다. 직업을 안다면 그 직업의 관점에서 설명하는 거다. 이해하기 쉬운 내용이라면, 일상적인 내용을 바탕으로 설명하면 이해가 빠르게 된다.

자! 이번에는 듣는 사람의 처지에서 생각해 보자.

"나는 스펀지 같은 사람인가? 벽 같은 사람인가?" 아니, 다시 질문한다. "스펀지 같은 사람이고자 하는가? 벽 같은 사람이고자 하는가?" 전자와 후자의 질문 차이는 의지의 차이라고 볼 수 있다. 상대방의 이야기를 들을 때는 듣고자 하는 의지가 있어야 한다. 말할 때는 말하고자 하는 주제가 있으니, 자연스레 의지가 담기게 된다. 하지만 듣는 것은 그렇게 생각하지 않는다. 들리는 대로 듣겠다고 생각한다.

듣고자 하는 의지를, 편견으로 해석해서는 곤란하다.

이렇게 질문하면 좋겠다. "스펀지로 들을 것인가? 벽으로 들을 것인가?" 스펀지로 듣는다는 건, 경청하는 마음과 태도로 상대의 말을 잘 듣겠다는 의지의 표현이다. 여기에 더해야 할 것은 공감이다. 공감하지 않는 경청은 의미가 없다. 벽으로 듣는다는 건, 애초에 들을 생각이 없다는 의지(?)의 표현이다. 후자라면 그 어떤 얘기도 나눌 수 없다. 왜 속담에도 있지 않은가? 말을 물가로 끌고 갈 수는 있어도 물을 먹일 순 없다. 본인의 의지와 노력 없이는 스펀지처럼 들을 수 없다.

대화가 잘 이뤄지지 않는 이유가 있다.

말을 잘하지 못해서가 아니다. 제대로 듣지 않고 공감하지 않아서다. 그렇다. 대화의 연결고리가 제대로 이어지기 위해서는 제대로 듣고 공감하는 게 먼저다. 코칭에서 경청을 강조하는 이유도 여기에 있다. 제대로 듣지 않으면 배가 산으로 간다는 말처럼, 예상하지 못한 방향으로 흘러간다. 많은 이야기를 나눴지만, 서로의 머릿속에 있는 내용이 달라진다. 이 얼마나 허무한 상황인가! 마음의 문은 밖에서 열지 못한다. 안에서만 열 수 있다. 공감만이 마음의 문을 열게 한다. 듣고자 하는 의지를 안에서 열지 않으면, 그 어떤 말도 들어오지 못한다. 코칭하는 데 벽과 마수하고 있다는 생각이 든다면, 고객이 아닌, 코치 자신이 벽으로 서 있는 건 아닌지 살펴볼 일이다.

자비로운 마음의 시작, 공감

"이슈에 집중하지 말고, 사람에게 집중하라!"

어려운 말은 아닌데, 막상 코칭에 들어가면, 잘 안 되는 부분 중

하나다. 그 이유는 내 앞에 있는 고객의 문제를 해결해 주어야 한다는 생각 때문이다. 좋게 말하면 사명감 때문이라고 할 수 있지만, 코칭의 본질과는 맞지 않다. 코칭에서 고객과 코치는 이렇게 정의한다. "고객은 문제가 있는 사람이 아니라, 해결해야 할 문제를 가지고 있는 온전한 사람이다. 따라서 고객은 자신의 문제를 스스로 해결할 수 있다. 코치는 대화를 통해 고객의 문제를 스스로 해결하도록 도와주는 사람이다." 코치는 고객의 문제를 해결해 주는 사람이 아니다. 고객 스스로 해결할 수 있도록 도와주는 사람이다.

문제에 집중하게 되는 이유가 뭘까?

앞서도 말했듯이 문제를 해결해 주어야 한다는 사명감 때문일 수 있다. 친구나 동료의 고민을 듣고 함께 고민하는 모습을 떠올려도 그렇다. 나와 상관없는 일이지만, 어떻게든 해결하는 데 도움을 주고 싶은 게 사람 마음이다. 여기서 간과하는 부분이 있다. 대부분 자기중심으로 이야기한다는 사실이다. 고민하는 사람의 상황이나 상태보다 자신이 경험한 내용을 중심으로 이야기하는 경우가 많다. 그 경험이 적절하게 도움이 되면 좋지만, 오히려 더 큰 고민을 안겨 주기도 하고, 심지어 다툼으로 이어지기까지 한다.

코치가 문제를 해결하려는 것도 이와 같다.

대화의 중심에 고객을 두는 것이 아니라, 코치 자신을 중심으로 두기 때문에 벌어지는 현상이다. 그래야 코치가 자신의 역할을 했다고 생각하기 때문이다. 도움을 주겠다는 선한 마음이지만, 누굴 위한 코칭인지 잠시 잊는 거다. 따라서 문제를 중심에 둔다는 건, 코치가 중심이 되려고 한다는 말로 해석할 수 있다. 문제에 집중하는 사이, 문제를 해결하고 싶은 사람은 보지 못하게 된다. 벌어진 간격을 시간이 지나면서 좁히면 다행이지만, 그렇지 못하면 서로 다른 방향을 향한 채 마무리될 수도 있다.

코칭의 중심은 누가 되어야 하는가?

코칭을 받는 사람이다. 사람에게 집중하라는 의미가 그렇다. 고객을 중심에 놓으라는 말이다. 해결해야 할 문제를 가지고 있는 고객을 중심에 두고 그 사람에게 관심을 둔다. 그리고 듣는다. 관심을 가지고 들은 내용 중 궁금한 부분을 묻는다. 그리고 다시 듣고 그말에 공감하면서 다시 묻는다. 이렇게 반복하면 고객은 점점 본인이 처한 문제의 본질에 다다른다. 문제의 본질을 어떻게 바라보고 해석해야 할지, 그리고 어떻게 행동해야 할지를 하나씩 깨닫게 되는 거다.

"마음이 말하도록 하는 것이, 사람에게 집중한 결과다."

사람에게 집중하라는 말을 이렇게 정리해 본다. 자기 안에 있는 그 무언가를 가감 없이 꺼내도록 도와주는 것, 이것이야말로 그 사람에게 집중한 결과가 아닐까 싶다. 이슈에 집중하면 그 사람이 행한 말이나 행동에 마음이 묶인다. 그럼 어떻게 될까? 그렇게 한 이유를 묻지 않게 되는 거다. 이유를 묻는 것과 묻지 않은 건 매우 큰 차이다. 한 사람의 사고방식을 송두리째 바꿔버릴 수도 있다. 과장이라고 생각하는가? 아니다. 그렇지 않다.

누군가 너무 배가 고파서 빵을 훔쳐 먹었다고 하자.

"왜 빵을 훔쳐먹었니?"라고 물어보면 어떨까? 잘못했다고 따지기 전에 이유를 먼저 물어보면 어떻겠냐는 말이다. 자신이 그렇게밖에 할 수 없는 이유와 사정을, 하나부터 열까지 줄줄이 말하지 않을까? 그 이야기를 들으면 마음이 어떻겠는가? 정말 딱한 사정이라면, 조금은 이해하고 싶지 않을까? 아! 그렇다고, 배고프면 빵을 훔쳐먹어도 된다고 말하는 건 아니다. 어떠한 이유에서도, 이 행동은 정당화될 수 없다. 하지만 그럴 수밖에 없던 이유가 있다면, 한 번쯤은 함께 고민해 봐야 하지 않을까? 잘못했다고 무조건 법대로 처벌하라고 밀어 넣으면, 악순환이 반복될 수도 있으니 말이다.

필자의 경험을 하나 공유할까 한다.

유아 체육 강사를 했던 적이 있었다. 유치원은 대체로, 여자 선생님으로 구성되어 있다. 이 말은 남자 체육 선생님을 보면 아이들이 매우 좋아했다는 말이다. 체육이라 활동적이라는 특성도 있겠지만, 남자 선생님이라는 특성도 한몫했다. 남자아이들이 그렇게 좋아했다. 아이들은 체육 선생님께 주목을 받기 위해 최선을 다했다. 죽으라면 죽는시늉까지 했다. 정말로 그랬다. "두두~ 두두두~"하며 총

소리를 내면서 손으로 총 쏘는 흉내를 내면, 드라마틱(?)하게 넘어지면서 죽는시늉을 했다. 그만큼 잘 따랐다. 하지만 어디나 예외는 있는 법.

반대로 행동하는 아이도 있었다.

옆에 있는 아이를, 이유 없이 때렸다. 심하면 손톱으로 할퀴기까지 했다. 담당 선생님도 그 아이 때문에 힘들어했다. 처음에는 그 아이를 따로 떼어내서 한쪽에 서 있게 했다. 그 아이 때문에, 짧은 수업 시간을 허비할 순 없었기 때문이다. 수업 중, 그 아이를 쳐다보면 눈이 빠질 정도로 치켜뜨고 씩씩거리고 있었다. 마음은 쓰였지만, 다른 아이들 때문에 어쩔 수 없다는 심정으로 수업을 마쳤다. 매주 그렇게 행동했다.

하루는 방법을 달리했다.

그 아이에게 시범을 보이게 했다. 수업할 때 동작을 설명하고, 한 아이를 불러내서 시범을 보이게 하는 게, 수업 방식이었다. 아이들에게 시범을 보이는 것이란, 체육 선생님께 인정받았다는 것을 의미한다. "누가 시범 보일까?"라는 한마디면 어떤 일이 벌어지는지 아는가? 군대 점호 장면도 저리 가라 할 정도가 된다. 두 팔은 쭉 펴서 무릎 위에 올리고, 눈은 똘똘하게 45도 각도로 바라봤다. 이리저리 살피다가 한 명을 선정하면, 그 아이는 로또에 당첨된 사람처럼 기쁨에 넘쳐 앞으로 뛰어나왔다. 그만큼 시범을 보인다는 것을, 가문의 영광(?)으로 생각했다.

그 역할을, 반대로 행동하는 아이에게 시켰다.

모든 아이가 의아하다는 표정으로 필자를 쳐다봤다. "선생님, 이건 아니잖아요?"라고 묻는 듯했다. 지목당한 아이도 얼떨떨한지 평소와 다르게 주섬주섬하며 나왔다. 시범을 보이게 하고, 잘했다고 머리를 쓰다듬어 줬다. 그다음부터 어떻게 됐을까? 담당 선생님도 놀랄 만큼 모범적인 아이가 되었다. 정말 완전히 다른 아이가 된 거다. 왜 이런 일이 일어났을까? 아이는 친구를 괴롭히겠다는 마음으로, 그런 행동을 한 게 아니었다. 관심받고 사랑받고 싶다는 것을 그렇게 표현했던 거다.

어떻게 알았을까?

아이가 그런 생각을 하고 있다는 것을 어떻게 알았을까? 아이가 등원하는 걸 봤다. 할머니 손에, 끌려오듯 들어왔다. 그때 느낌이 왔다. 왜 그런 생각이 들었는지까지는 모르겠지만, '아! 사랑받고 싶은 거구나!'라는 느낌이 왔다. 그래서 그렇게 했더니, 생각이 맞아들었던 거다. 이후에는 좋지 않은 행동을 하는 아이를 볼 때, '쟤 왜 저러지?'가 아니라, '관심과 사랑을 받고 싶다는 건가?'라며 살피게 됐다. 아이들의 마음에 공감하기 위해 노력한 거다.

사람은 누구나 긍정적인 의도가 있다고 한다.

겉으로 봤을 땐 잘못된 행동이지만, 그렇게 한 자기만의 정당한 (?) 이유가 있다는 말이다. 어디서 봤는지 기억나진 않지만, 한 범죄자가 이런 말을 한 기억이 난다. "내가 잘못했을 때, 아무도 왜 그랬는지 물어봐 주는 사람이 없었다." 계속 범죄를 저지르게 된 이유라는 거다. 이런 이야기를 들으면 참 안타깝다. 누구라도 물어봐 줬으면 혹은 누구라도 이야기를 들어줬으면, 더는 피해자가 나오지 않았을 텐데 말이다.

자비의 마음을 가지고 사람을 대해야 하는 이유다.

공감하기 위해서는 자비의 마음이 있어야 한다. 사람의 마음을 살피는 자비의 마음이 없으면, 들으려조차 하지 않는다. 듣지 않으면 진실을 알 수 없다. 알 수 없으니 자기가 생각한 대로 단정 짓는다. 공감의 문이 열리지 않는다. 더는 그 사람의 이야기를 듣지 못한다. 남이 내 이야기를 잘 들어주기를 바라는 마음처럼, 타인의 말을 잘 듣도록 노력할 필요가 있다. 내가 듣고 싶은 것만 듣는 것이 아니라, 타인이 하고 싶은 말을 듣도록 기회를 주어야 한다. 이것이 바로 자비의 마음이고, 공감을 위한 시작이다.

성장을 위해서는 원 포인트 레슨으로, 하나씩 만들어가야 한다.

팀장은 팀원에게 우선 실행해야 할 한 가지를 선택하도록 도와주어야 한다.

"영현아, 아까 보니까 드라이버 칠 때, 스윙을 하다 마는 것 같은데 끝까지 돌려야 해. 헤드와 샤프트가 목표 방향과 일치되도록 말이야!"

광효가 카트로 이동하는 중에 갑자기 생각났다는 듯, 두서없이 바로 들어왔다.

"어? 어. 그래? 난 돌린다고 돌렸는데…."

"그리고, 보니까 공을 끝까지 봐야 하는데 고개가 먼저 돌아가는 것 같더라. 고개는 공을 치고도 안 돌린다고 생각하면서 계속 숙이고 있어야 해."

이번에는 성환이가 거들었다. 지금까지 지켜본 소감(?)을 한마디씩 꺼내는 분위기가 됐다. 지금까지 아무 이야기하지 않던 친구들이, 갑자기 이야기를 꺼내기 시작했다. 어디를 가나 이런 친구들은 꼭 있다. 자기가 알고 있는 것을, 어떻게든 알려주려고 한다. 지난번에 술 한잔하고 뽑기를 하러 갔을 때도 그랬다. 광효가 좀 해봤다고, 친구들을 옆에 두고 교육을 했다. 방향을 조절하는 스틱은 어떻게 움직여야 하는지, 어떤 위치에서 버튼을 눌러야 하는지 상세하게 설명했다. 잘 알아들은 성환이는 두 개를 뽑았고, 무슨 소린지 못 알아들은 나와 원철이는 빈손으로 나와야 했다. 아무튼. 알려주는 건 좋은데, 참견으로 번질까 봐 살짝 불안한 마음이 올라왔다. 나만의 방식을 좋아하는 나로서는 조언이나 참견이 그리 반갑지 않다.

"자! 이번 홀은 410m 파 4홀인데요. 대체로 무난한 홀입니다. 보시는 것처럼 페어웨이가 넓고 보이는 게 다입니다. 좌우 해저드입니다."

지금까지 라운딩한 홀 중에 설명이 가장 짧은 홀이다. 설명이 짧다는 건, 그리 어렵지 않다는 의미다. 이번 홀은 좋은 스코어를 기대할 만하겠다는 생각이 들었다. 조금씩 맞고 있는 이 상황에서는 선물 같은 홀이다. 잘 살려보자, 다짐하며 카트에서 내렸다. 친구들도 무난하다는 설명에 표정이 밝았다. 원철이는 어려운 코스나 무난한 코스나 표정이 달라지지 않는다. 함께 있지만, 혼자 있는 듯한 느낌마저 든다. 우리가 상대가 안 돼서일 수도 있지만, 그보다 원철이는 자기 자신과의 싸움이랄까? 자기 플레이에만 집중하는 느낌이었다. 누구와 비교해서 더 잘했는지 혹은 못 했는지가 아니라, 스스로 만족한 플레이였는지 아니었는지를 판가름하는 듯 보였다. 스코어도 중요하겠지만, 플레이 자체의 느낌을 더 중요하게 생각하는 듯했다. 라운딩 마치고 연습장에 간다는 말로 예상해 볼 수 있다.

원철이는 무난한 홀답게 무난하게 잘 보냈다.

티박스에서 빠져나오는 표정이 좋았다. 스스로 만족한 모양이었다. 다음은 성환이 차례였다. 공을 끝까지 봐야 한다고 강조한 성환의 시선 처리는 어떨지 궁금했다. 지금까지는 주의 깊게 보지 않았는데, 이번에는 자세히 보기 위해 잘 보이는 곳에 섰다. 성환은 티박스에 올라갈 때는 여유 있어 보였는데, 막상 공과 마주하니 긴장이 된 모양이었다. 하긴 무난한 홀이 어디 있겠는가? 나는 성환이의 머리만 쳐다봤다. 드라이버 헤드에 공이 맞는 순간 고개가 돌아갔다. 거의 동시라고 할까? 꼬투리 잡기 좀, 애매한 타이밍이었다. 공은 잘 갔다. 나이스샷을 외치며 엄지 척을 보여줬다. 성환은 별거 아니라는 듯, 손을 살짝 들더니 만족한 표정으로 티박스에서 나왔다. 이번에는 광효다. 광효는 풀스윙을 강조했다. 지금까지 광효의 샷을 봤을 때는 대체로 풀스윙한 것으로 기억됐다. 광효는 티를 꽂고 연습 스윙을 몇 번 했다. 풀스윙이었다. 자기가 한 말을 의식해서 그런지, 좀 과장돼 보였다. 공 앞에 선 광효는 심호흡을 한 번 하더니, 바로 스윙했다. 풀스윙이었다. 연습 스윙처럼 좀 과하다는 생각이 들었다. 공에 맞는 소리가 깔끔하지 않았다. 공은 높이 솟아올랐다. 앞으로 반듯하게 날아가긴 했지만, 높이 솟아서 멀리 나가진 못했다. 너무 힘을 줬는지 공 밑부분을 타격한 모양이었다. 광효는 아쉬움 반 멀쑥한 반의 표정을 지으며 내려왔다. 내 눈치를 살짝 보는 게, 민망했던 모양이었다. 풀스윙 어쩌고 했는데, 결과가 시원찮았으니 그럴 만도 했다.

이번에 내 차례가 됐다.

성환은 자신의 플레이에 만족해서인지, 나와 가장 가까운 곳에 섰다. 자기는 잘 치는 모습을 보여줬으니, 발언권이 있다는 모습이었다. 아니나 다를까, "풀스윙! 풀스윙!" 연습 스윙하는데 풀스윙을 외쳤다. 자세를 잡는데, "공 끝까지 보고, 팔에 힘 빼고 클럽 힘으로만 친다는 느낌으로." 도움이 되라고 한 말이지만, 거슬렸다. 집중하기가 어려웠다. 친구니 뭐라고 할 수도 없고, 해도 분위기만 싸할 것 같아 심호흡으로 마음을 다스렸다. 잠시 정적이 흘렀을 때, 공을 끝까지 보고 스윙했다. 풀스윙을 했는지 힘을 뺐는지는 모르겠고, 공만 끝까지 봤다. 그랬다. 지금까지 이거 하나만 생각하고 플레이를 했다. 갑자기 풀스윙이니 힘을 빼라니 하는 소리를 들으니, 더 헷갈렸다. 다행히 공은 나쁘지 않게 갔다. 성환은 잘했다며 티박스에서 내려오는 나를 맞이했다.

"봐봐. 내가 말한 대로 하니까 잘 맞지?"

"어? 어. 어. 그러네?"

굳이 아니라고 할 필요는 없을 듯해서 대충 얼버무렸다.

모두 카트에 오르고 다음 샷을 위해 이동했다.

카트에서 내려서 각자 공의 위치를 확인하고 다음 이동했다. 선생님은 클럽을 주시면서 의미심장한 미소를 지으셨다.

"왜요? 제 얼굴에 뭐 묻었나요?"

"불만이 묻었네요. 허허허."

"불만이요? 아. 하하하. 티가 났나요?"

"그냥 보면 알지요. 참 신기한 게, 사람 표정은 말이죠. 숨긴다고 숨겨도 순간 드러나는 게 있거든요. 말로는 거짓되게 할 수 있지만, 표정은 거짓되게 할 수 없는 이유입니다. 옆에서 계속 이렇게 해라. 저렇게 해라 하면 참 헷갈리죠. 상대방은 주려고 했다지만, 당사자는 오히려 방해되는 거죠."

"맞아요. 이것저것 주문을 하면 참 곤란하죠. 하나도 제대로 집중하기 어려운데 말이에요. 그래서 아까 계속 이것저것 얘기했어도, 저는 공만 본다는 생각 하나만 가지고 스윙했어요. 레슨 프로님이 그러셨거든요. 다른 거 다 필요 없고, 공만 끝까지 보라고요."

"맞아요. 어쨌든 골프는 클럽으로 공을 맞혀야 하는 스포츠니까요. 맞아야 앞으로 가든 옆으로 가든, 하죠. 그래서 제일은 공을 끝까지 봐서 제대로 맞추는 거예요. 근데 사람들은 이걸 잊어요. 기본 중 기본인데 말이죠."

"네, 명심하겠습니다."

"여기서도 하나 얻어갈 게 있네요. 뭘까요?"

"이번에는 어렵지 않은 것 같네요."

"오~ 그래요? 그럼, 정답을 말씀해 보시죠? 팀장님."

"한 놈만 패라. 아닌가요? 하하하. 이것저것 하려고 하면 헷갈리니 하나만 제대로 해야 한다는 거죠."

"네, 맞아요. 하나에 집중해야 해요. 자! 그럼 어떤 하나일까요? 한 놈만 패라는 건 맞는데요. 어떤 놈을 패야 할까요?"

"네? 아! 그러니까. 뭐. 이것저것 하지 말고 하나에 집중하라는 거죠. 한마디로…. 아. 막상 그렇게 질문하시니 잘 모르겠네요. 뭐예요? 어떤 놈을 패야 하는 거죠?"

"패는 건 팀장님이 말씀해 놓으시고, 누굴 패냐고 하시면. 허허허. 자! 여기서 한 놈은 한 가지 행동입니다. 보통은 어떤 문제를 해결할 때 여러 가지 방법을 떠올려요. 옵션이라고 할까요? 다양한 옵션을 떠올리고 제시하죠. 문제는 옵션만 많으면 문제는 해결되지 않는다는 거예요. 이 중 하나. 가장 적합하다고 생각하는 하나의 옵션을 패야 해요. 행동해야 하는 거죠. 그래야 좋든 나쁘든 결론이 나요. 옵션만 많다고 문제가 해결되는 건 아니라는 거죠."

"말씀을 들어보니, 팀장으로서도 그래야겠네요. 팀원이 여러 개의 옵션을 가져오면, 가장 적합한 옵션을 선택하도록 도와주고, 그 옵션을 실행할 수 있도록 지원해 주는 게 필요할 것 같아요."

"야~ 정말 하산하셔도 되겠는데요? 맞아요. 팀장의 역할 중에 중요한 부분이죠. 옵션을 선택하도록 도와주고 행동하도록 도와주는 건 매우 중요해요. 옵션을 스스로 선택해야 행동력도 나오는 것이지요. 보통은 옵션을 팀장이 선택해 주고 하라고 하는데요. 행동력이 떨어져요. 옵션이 적합한지 알 수도 없고요. 원숭이한테 수영을 시키면 어떻게 될까요? 거북이한테 달리기는요? 한 분야에서는 최고인 팀원이 어떤 분야에서는 맥을 못 출 수도 있어요. 그러니 팀원에게 맡기는 게 좋죠. 자신이 잘하는 방법으로 하도록 말이죠. 팀장이 팀원들의 강점을 잘 파악한다면, 그 또한 나쁘지 않겠지만, 강점이라는 게 딱 정해져 있는 게 아니거든요. 상황에 따라 조금씩 달라질 수 있어요. 따라서 문제를 해결하려는 팀원에게 옵션을 선택하도록 하는 게 가장 좋아요. 선택하기 어려워한다면, 몇 가지 질문을 통해서 선택하도록 도와줘야 해요."

"아! 그렇군요. 맞아요. 잘 안다고는 하지만 상황에 따라 달라질 수도 있으니, 행동해야 할 당사자에게 선택하도록 하는 게 좋은 방법인 듯합니다. 이번에도 좋은 가르침 고맙습니다."

선생님은 인자한 미소로, 내 감사의 마음에 화답하셨다.

리더는 정확한 지시를 하는 사람이라 여겼다. 아! 그렇다고 지시가 나쁘다고 말하는 건 아니다. 정말 필요할 때도 있다. 하지만 팀원이 어느 정도 역량이 된다면, 자기 스스로 옵션을 선택하게 하고 행동하게 할 필요가 있다는 것을 느꼈다. 선생님과 대화하는데 내 머릿속에 떠오르는 한 팀원이 있었다. 지시할 때마다 표정이 좋지 않았는데, 그 팀원에게 이렇게 하면 어떨지 기대가 됐다. 지금보다 더 열성적으로 하지 않을까 싶다. 자기가 선택하고 자기가 행동하니 말이다.

"프레임(frame)"

이 단어는 본래, '뼈대' 혹은 '틀'이라는 의미가 있다. 하지만 평소에 사용하는 것을 보면, 그와 다른 의미로 사용될 때가 더 많다. 본래의 의미를 일상에 적용해서, 생각의 틀이나 필터로 보는 거다. 그래서 프레임에 갇혀 있다고 하면, 자기 생각의 틀에서 벗어나지 않음을 지적한다. 자기가 보고 싶은 것만 보려고 하는 것도 포함해서 말이다. 좋게 말하면 신념이라고 할 수도 있겠지만, 어딘가에 너무 갇혀 있는 사람과 대화하면 갑갑한 마음이 든다. 따라서 프레임이라고 하면, 그 자체로는 부정적인 표현이 아닌데, 부정적인 부분에 무게가 더 실린다.

'꼰대'라고 표현하는 이유도, 프레임에 연관되어 있지 않을까?

갇혀 있는 생각으로 나름을 인정하지 않고, 자기가 보고 듣고 느낀 게 전부라며 강요한다. 대화한다고는 하지만, 말할 때마다, "그게 아니라…", "잘 몰라서 그러는데…"로 시작해서 이런저런 말이 이어진다면 어떨까? 더는 대화하고 싶지 않을 거다. 모르는 것을 알려주고 싶은 마음과 이런저런 조언을 해주고 싶은 마음은 있지만, 대화방식에 따라 진심이 왜곡되기도 한다. 따라서 알려주거나 조언해 줄 때 잊지 말아야 할 것은 자기 프레임에 갇히지 않도록 신경 쓰는 일이다. 자! 여기서 질문!

"프레임은 '꼰대'라고 불리는 사람들만의 문제일까?"

아마 그렇게 여기고 있었으리라 생각된다. 어쩌면 이 또한 프레임에 갇힌 생각일지 모른다. '꼰대'라 불리는 사람들에게 프레임을 논했다면, 그렇게 부르는 사람들에게도 프레임을 논해야 하지 않을까? 그래서 이렇게 질문할 필요가 있다. "타인에게 '꼰대'라고 말하면서, 본인도 자신의 프레임에 갇혀 있는 건 아닐까?"

사람은 자기 경험을 바탕으로 프레임이 형성된다.

신념이 될 수도 있고 고집이 될 수도 있는 그 사람만의 고정된 생각 말이다. 여기서 벗어나지 못하기 때문에, 프레임이 다른 사람의 말을 이해하기 어려워한다. 말이 통한다고 말하는 사람을 다른 말로 표현하면, 같은 프레임을 가지고 있는 사람이라고 할 수 있겠다.

프레임을 바꾸게 하려면, 어떻게 해야 할까?

다른 말로 표현하면, 관점의 전환을 일으키려면 어떻게 해야 하냐는 말이다. '가위바위보'의 원리를 생각하면 된다. 각각으로 봤을 때 가장 강한 건, 바위다. 강한 것으로 따졌을 때, 가위나 보자기는 바위에 비할 게 못 된다. 하지만 어떤가? 바위는 보자기에 진다. 이유는 보자기가 바위를 감싸기 때문이다. 감싸는 사람이 이긴다는 것으로 해석할 수 있다. 프레임을 바꾸는 것도 그렇다. 바위로 아무리 두들겨도 프레임은 쉽게 바뀌지 않는다. 바뀐다고 해도 본질적인 부분이 아니라, 겉으로 보이는 일시적인 부분이 바뀔 가능성이 크다.

보자기로 바꿔야 한다.

감싸주는 방식으로 바꿔야 프레임이 바뀔 수 있다. 코칭 대화 기법이 매우 유용한 이유다. 코칭 대화에서는 단언하거나 지시하지 않는다. 질문을 통해 관점을 전환하고 프레임이 바뀌도록 도와준다. 고객이 문제라고 말한 것이 진짜 문제가 아님을 알아차리는 것이 프레임이 바뀌는 시작이다. "아! 맞네요. 그게 문제가 아니었네요!"라며 자신이 지금까지 문제라고 인식했던 프레임을 스스로 깨는 거다.

진짜 문제를 인식하면, 다음 프로세스로 넘어갈 수 있다.

문제를 안고 있는 현재 상태를 확인한다. 그 현재 상태가 어떻게 되기를 바라는지 확인한다. 이것이 바로 목표 설정이다. 현재의 상태에서 어떤 상태로 변화되기를 원하는지, 확인하는 게 목표 설정이다. 이를 점수 등으로 객관화해서 확인하면 효과적이다. 원하는 상태를 10점 만점이라고 할 때, 현재의 상태는 몇 점인지 그리고 그 상태는 어떤 모습인지 인지하게 한다. "고객님이 원하는 상태를 10점 만점이라고 할 때, 현재 상태를 점수로 하면 몇 점을 줄 수 있을까요?", "그 점수는 어떤 상태를 의미하나요?" 자기 문제의 위치를 객관화하도록 질문한다.

현재 상태를 확인했으니, 도달하고 싶은 상태를 확인한다.

원하는 상태가 있기는 하지만 그건 이상적인 상태이고, 현실적으로 어느 정도의 상태가 되면 만족할지를 확인하는 거다. "그럼, 그 점수를 몇 점까지 올리고 싶으신가요?", "그 점수는 어떤 상태를 의미하나요?" 이렇게 현재 상태와 도달하고 싶은 상태를 확인하고 그 차이를 메울 방법을 찾기 위해 질문한다.

"점수 차이를 메우기 위해 무엇을 해야 할까요?"

문제해결을 위한 옵션을 설정하는 단계다. 보통은 3가지 정도를 설정하는데, 상황에 따라 더 할 수도 있다. 1~2가지는 본인이 생각한 옵션을 이야기한다. 평소에도 생각은 했던 부분일 가능성이 크다. 생각만 했지, 실천하지 않은 옵션이다. 여기서부터가 중요하다. 지금까지의 프레임에서 나온 옵션 말고, 프레임을 벗어나서 찾는 옵션이 가장 효과적인 방법일 가능성이 크다. 지금까지 생각하지 못했고, 시도하지 않은 방법이기 때문이다. 어떻게 프레임을 벗어난 옵션을 설정할 수 있게 할까?

이렇게 질문하는 거다.

"지금까지 사용한 방법 이외에 다른 방법을 사용한다면 어떤 게 있을까요?", "본인의 강점을 이용해서 시도한다면 어떤 방법이 있을까요?", "제일 존경하는 분이 조언해 준다면 무엇을 하라고 하실 것 같은가요?" 등등이다. 고객이 이 질문을 받으면, 자신의 프레임에서 벗어난 방법을 생각하게 된다. 지금까지 생각하지 않았던 방법을 생각하게 된다. 생각하다가, 이렇게 반응할 때가 많다. "아! 그걸 생각 못 했네요!", "아! 이 방법을 사용하면 해결할 수 있을 거 같아요!" 등의 반응 말이다.

구슬이 서 말이어도 꿰어야 보배라고 했던가?

아무리 좋은 옵션을 설정했다고 해도, 실천하지 않으면 아무 소용이 없다. 따라서 여러 옵션 중 가장 먼저 해볼 수 있는 것을 선택하게 한다. 그리고 그 옵션을 언제부터 할지, 어떤 방법으로 할지, 방해되는 요소는 없는지, 방해되는 요소를 해결할 방법은 무엇인지, 본인이 확인할 방법은 무엇인지 등을 질문해서 바로 실천하도록 도와준다. 여기까지 오면 고객은 이미 절반은 문제가 해결된 듯한 느낌을 받는다. 무엇을 어떻게 해야 할지가 명확하기 때문이다. 중요한 건, 이걸 본인이 선택하고 결정했다는 사실이다.

프레임은 약이기도 하지만 독이기도 하다.

적절한 약은 병든 몸에 도움이 되지만, 과도한 복용은 오히려 병을 더 악화한다. 과도한 복용을 하지 않도록 도와주는 게, 프레임을 벗어나게 하는 방법이다. 잘못된 생각과 방법만 고집하던 것에서 벗어나, 실제 도움이 되는 생각과 방법을 바꿔주기 때문이다. 프레임을 벗어나는 방법은 누군가에게 도움을 받을 수도 있지만, 스스로 바꿀 수도 있다. 프레임에 갇혀 있지 않겠다는 생각이 그 시작이다. 독서하거나 명상하는 것도, 궁극적으로 자신의 프레임에 갇히지 않으려는 노력이다. 이런 노력이 있어야 자신의 틀에 갇히지 않고, 더 넓고 높은 세상으로 나아갈 수 있다.

모든 클럽이 다 잘 맞을 순 없다.

**팀장은 팀원의 강점과 약점을 잘 파악해서,
강점에 집중하도록 도와주어야 한다.**

'스스로 선택하고 행동하게 한다.'

지난 홀에서 배운 것을 한 문장으로 정리하면, 이렇다. 맞는 말이다. 어떤 결정이든 자신이 직접 관여하면 실행률이 올라간다는 말이 있다. 말뿐이 아니다. 실제 그렇다. 본인이 직접 선택하거나 관여한 일에는 책임감을 더 느낀다. 프로젝트를 위한 미팅도 그렇다. 함께 미팅에 참여한 팀원과 내용만 전달받은 팀원의 행동은 다르다. 전자는 주도적으로 움직이고 후자는 수동적으로 움직인다. 직접 관여하고 안 하고의 차이가 그렇다. 그래서 프로젝트를 위한 첫 미팅에는 실무 담당 팀원을, 될 수 있는 대로 동석하게 하고 있다. 몇 번의 경험으로 깨달은 사실이다.

"네, 이번 홀은 430m 긴 파 4입니다. 페어웨이가 넓어서 좌우로 나갈 일은 별로 없는데요. 거리가 좀 있으니, 장타자가 아니고서는 쓰리 온을 하기에는 좀 무리가 있습니다. 중간쯤 가면 폭이 좁아져서 욕심내다가 아웃 되는 경우가 종종 있습니다. 그러니 안전하게 가실 것을 추천합니다."

몇 번을 쳐야 온 그린을 할 수 있을지 시작하기도 전부터 막막했다. 이런 마음을 아는지 모르는지, 원철이는 덤덤하게 드라이버를 들고 티박스에 올랐다. 하긴. 원철이한테는 오히려 이런 홀이 더 수월할 수도 있다. 드라이버치고 우드치고 하면 충분히 쓰리 온이 가능할 듯했다. 역시나 원철이의 드라이버는 경쾌하다. 스윙 동작도 경쾌하고 맞는 소리도 그랬다. 공이 뻗어 나가는 모습까지 이상적이었다. 나는 언제쯤 저런 플레이를 할 수 있을는지 모르겠다. 성환과 광효도 무난하게 드라이버로 공을 보냈다. 페어웨이가 넓어서인지 거침없었다. 티박스에 올랐다. 그냥 보기에는 죽는 게 더 어려워 보였다. 지금처럼 하던 대로, 공만 끝까지 보고 치자고 마음먹었다. 힘을 빼고 천천히 그리고 공을 끝까지. 공이 맞는 순간, 느낌이 좋았다. 보통, 느낌과 소리는 비례한다. 느낌이 좋으면 소리도 좋다. 공이 나가는 방향도 좋다. 각자의 샷에 다들 나름대로 만족한 표정들이었다. 하긴 내가 잘 맞았으니 다른 친구들이야 오죽하겠냐마는.

내 공이 제일 뒤에 있었다.

그 앞으로 성환과 광효의 공이 비슷한 위치에 있었고, 압도적으로 원철이 공이 앞에 있었다. 서둘러 내려서 7번 우드를 잡았다. 공이 있는 위치도 무난해서 편안하게 스윙할 수 있었다. 이번에도 잘 맞았다. 연속해서 잘 맞은 적은 없었기에 느낌이 좋았다. 살짝 부는 바람을 온전히 느낄 수 있었다. 성환은 선생님 말씀대로 안전하게 갈 모양이었다. 우드를 잡지 않고 아이언을 들고나왔다. 신중하게 앞을 몇 번 바라보고, 부드럽게 스윙했다. 그렇게 잘 맞은 것 같진 않은데, 안전하게 잘 나갔다. 성환도 이 정도면 됐다는 표정이었다. 광효는 우드와 아이언 두 개를 들고 서 있었다. 고민하는 모양이었다. 과감하게 도전해 볼 것이냐 아니면, 성환처럼 안전하게 갈 것이냐를 두고 말이다. 광효는 아이언을 바닥에 내려놓았다. 우드로 치겠다는 모양이었다. 광효는 공 뒤에서 방향을 살피고 공 앞에 섰다. 백스윙했다가 공 앞에서 멈추는 동작을 몇 번 했다. 우드 헤드와 공의 위치를 가늠하는 듯 보였다. 심호흡을 한 번 하고 잠시 멈춘 다음 백스윙했다. 그리고 바로 내렸다. "퍽" 헤드는 공이 아닌 그 바로 뒤의 땅을 쳤다. 헤드가 땅을 친 다음 공을 쳤다. 공은 낮게 통통 뛰면서 앞으로 빠르게 나갔다. 공의 머리 부분을 맞은 모양이었다. 그래도 좀 전진했다. 광효는 매우 아쉬워했다. 망연자실한 모습이었다. 기운 없이 땅에 내려놓았던 아이언을 들었다. 원철이가 샷을 하고 난 다음 앞으로 걸어갔다. 공이 나보다 뒤에 있었다. 항상 먼저 뛰어가서 샷을 하다가 지켜보려는데, 왠지 어색한 마음이 들었다.

선생님이 광효한테 다가갔다.

무언가 물어보는 듯했다. 그리고 광효의 아이언을 받았다. 광효는 만회하려는지 다시 우드로 칠 모양이었다. 거리 손해가 났으니 지금 아이언을 잡으면, 만회하지 못할 것 같은 마음이 들었던 모양이다. 뒤에서 보니 자신감이 넘치는 모습은 아니었다. 본인도 이전 미스 샷을 의식하는 듯 보였다. 불안하지만 만회하기 위해서는 이 방법이 최선이라 여기는 듯했다. 광효는 이전보다 클럽을 짧게 잡았다. 천천히 백스윙하고 다운스윙을 빠르게 했다. "팅" 클럽을 짧게 잡아서였을까? 이번에는 공의 머리 부분을 바로 맞혔다. 공은 아까와 비슷하게, 뜨지 못하고 잔디를 스치며 앞으로 나아갔다. 앞서보다는 조금 더 나갔다. 광효는 그 자리에서 고개를 푹 숙였다. 뒤에서 보는데, 짠한 마음이 들었다. 남 걱정할 처지는 아니지만, 이번 홀이 참 힘들어 보였다. 광효는 천천히 걸어갔다. 자포자기한 모습이었다. 들고 있던 우드로 계속 칠 모양이었다.

선생님이 들고 있던 아이언을 가지고 광효에게 다가갔다.

거리가 좀 떨어져 있어 대화 내용을 듣진 못했는데, 광효가 들고 있던 우드와 선생님이 들고 있던 아이언을 바꾸는 모습이 보였다. 선생님은 광효의 우드가 잘 맞지 않으니, 계속 우드로 치지 말고 아이언으로 바꾸라고 권유한 것으로 보였다. 광효는 아이언을 받아들고, 연습 스윙을 몇 번 한 다음, 자세를 잡았다. 시간을 오래 끌지 않고 바로 스윙했다. 이번에는 잘 맞아 나갔다. 우드로 두 번 친 거리보다, 몇 배는 더 많이 나갔다. 광효는 클럽을 선생님께 건네면서 고개를 숙였다. 고마움의 표시로 보였다. 아주 포기할 수 있었던 홀이었는데, 우드로 손해 본 것을 아이언으로 어느 정도 만회했다. 이후로 광효는 아이언으로 플레이를 잘 이어갔다. 모두 그린에서 만났다. 거리가 멀어서인지 그린은 무난했다. 모두 퍼팅을 잘 마무리하고, 그린을 빠져나왔다.

"선생님, 아까 광효한테 뭐라고 하신 거예요? 우드 말고 아이언으로 치라고 하신 거 맞죠?"

"네, 맞아요. 우드로 두 번 연속, 미스 샷을 해서 바꾸라고 말씀드렸죠. 처음 미스샷을 했을 때도 말씀드렸는데요. 그때는 만회해야 하니 그냥 치겠다고 하시더라고요. 보통은 그래요. 실수로 거리 손해를 봤으니, 만회하겠다고 다시 우드를 잡죠. 첫 번째는 실수했지만, 다음에 만회하는 일도 많아요. 하지만 구력이 적은 분들은 대부분 두 번째에도 실수할 가능성이 크죠."

"실력 때문인가요?"

"실력 때문이라고 하는 게 맞겠지만, 다른 이유도 무시할 순 없어요."

"다른 이유라면 어떤 이유요?"

"멘탈이요. 실수한 다음, 그걸 잊고 다음 샷에 집중해야 하는데, 그러질 못해서 두 번째도 실수가 나오는 거예요. 실수한 잔상이 계속 떠오르는 거죠. 앞서서 아마추어는 우려한 대로 간다는 말 기억하시죠? 비슷한 거예요. 전에 실수했으니, 이번에는 어떻게든 만회해야 한다고 다짐하지만, 실수한 잔상이 떠오르는 거죠. 생각이 많아지면 샷이 원활하게 나오지 않아요. 특히 부정적인 이미지는 더욱 그렇죠. 클럽을 바꾸면서 부정적인 이미지를 조금은 상쇄할 수 있어요. 실수한 클럽이 아니니까요. 이전에 잘 맞은 클럽이라면, 더욱 그렇죠. 실수에 대한 잔상을 없애고 좋은 샷의 기억을 떠올리면서 플레이를 하니, 잘 맞을 가능성이 커지는 거예요."

"아! 거기까지는 생각 못 했는데, 일리가 있네요. 실수했던 클럽을 그대로 사용하면 잔상이 남아있으니 같은 실수를 반복할 가능성이 커진다는 말씀이 이해돼요. 저도 뭐, 잘 맞는 클럽을 잡으면 자신감이 느껴지는데요. 잘 안 맞는 클럽을 잡으면 그 순간부터 불안함이 느껴져요. 불안함은 고스란히 결과로 나오고요."

"그렇죠? 그래서 누구나 제일 자신 있는 클럽이 있어요. 우드가 어렵지만, 누군가는 짧은 거리도 우드로 치기도 하지요. 자신 있으니까, 스윙을 조절해서 치는 거죠. 라운딩하는 모습을 보면, 신기할 때도 있어요. 일반적으로 아이언이 실수할 가능성이 적은데, 우드가 더 안정적인 것을 보면 말이죠."

"맞아요. 제가 아는 분도 아이언보다 우드가 더 편안하데요. 쇼트게임을 제외하고는 거의 우드로 친다고 하더라고요."

"사람마다 잘 맞는 게 있고 그렇지 않은 게 있는 거니까요."

"강점과 약점이라고 봐도 될까요?"

"맞아요. 강점과 약점이 그래요. 사람마다 강점이 있고 약점이 있는데요. 많은 사람이 약점을 보완하려고 노력하죠. 우드가 잘 안 맞는데 계속 우드로 치려는 것처럼 말이에요. 이런 말이 있어요. 약점은 보완하는 게 아니라 관리하는 거라고요. 어떻게든 고치려고 노력하는 게 아니라, 그로 인해 문제가 생기지 않도록 관리해야 한다는 거죠. 우드가 아닌 아이언으로 바꾸는 것처럼 말이죠. 그리고 이런 말도 있어요. 강점은 더욱 강화하도록 노력하라고요. 강점은 잘하는 것이니 강화해서 더 단단하게 만드는 거죠. 우드가 잘 안 맞고 아이언이 잘 맞으면 아이언을 더욱 정교하게 연습할 필요가 있어요. 위기 상황에서도 잘 칠 수 있도록 말이죠. 그렇다고 우드를 아예 놓으라는 건 아니에요. 우드도 연습할 때 조금씩 잡아서 서서히 감을 잡아갈 필요가 있어요. 실력이 늘어서 90대가 되고 80대에 들어가면, 우드를 치지 않고는 타수를 유지하기 어려우니까요. 롱홀에서는 우드를 쳐야 가능하게 되죠. 쇼트 게임을 아주 완벽히 잘하지 않고서는요."

"약점은 관리하고 강점은 더욱 강화하라는 말씀이 인상적이네요. 보통은 강점은 잘하는 거니 더는 강화하려 하지 않고, 잘 안되는 약점에 더 많은 시간을 쏟는데 말이죠. 말씀을 듣고 보니, 강점에 더 많은 시간을 쓰는 게 효과적이라 생각돼요."

"잘 이해했네요. 이야기하신 것처럼, 보통은 반대로 해요. 알면서 그렇기도 하지만, 보통은 잘 인지하지 못해서 그래요. 그러니 팀장의 역할 중 하나가, 생각을 전환하도록 도와줘야 해요. 목적과 수단이 있으면, 목적에 초점을 맞춰야 하는데, 수단에 초점을 맞추게 돼요. 일부러 그러는 게 아니라 자연스레 그렇게 돼요. 목적은 보이지 않지만, 수단은 지금 내 앞에서 보이니까요. 자기가 하는 방법이 수단이니까요. 하는 수단에 점점 더 매몰되는 거죠. 약점이 아닌 강점에 힘을 쏟아야 하는 것도, 그런 거예요. 문제를 해결하려면 어떻게 해야 할까요? 약점을 붙잡고 늘어져야 할까요? 잘하는 것에 집중해야 할까요? 어딘가를 가야 한다면, 토끼는 달리는 것이 좋고 거북이는 헤엄치는 것이 좋겠죠. 마찬가지예요. 자기가 잘하는 방법을 이용해서 접근해야 해요. 목적은 문제를 해결하는 것이지, 노력 그 자체가 아니니까요. 무슨 말인지 이해하셨나요?"

"아. 네, 왜 강점에 집중해야 하는지 알았어요. 팀원이 약점에 빠져있다면, 강점으로 돌아서도록, 생각 전환을 도와주어야 한다는 말씀도 잘 이해했습니다. 생각을 전환해서, 앞선 홀에서 이야기한 것처럼 스스로 선택하고 행동하도록 해주면 정말 좋은 결과를 낼 수 있을 것 같아요. 강점에 집중 그리고 생각의 전환 돕기. 이 두 가지 잘 명심하겠습니다."

그렇다.

어느 하나에 꽂혀있으면 스스로 생각을 전환하는 게 쉽지 않다. 별거 아닌 건데, 누군가 무심코 던진 말에서, 문제해결에 힌트를 얻은 적이 있지 않은가. 없었던 게 아니라 있었는데 보지 못한 거였다. 그것이 생각의 전환이 이루어지지 않아서였다는 걸 깨달았다. 혼자서는 쉽지 않다는 것도 말이다. 특히 약점에 집중하는 팀원을 강점에 집중하도록 도와주는 게 얼마나 중요한지 알게 되었다. 팀원의 강점을 살려주기 위해 내 강점은 무엇인지 살펴보는 시간도 필요하겠다.

김 코치의, 코칭 레시피
문제해결을 위해서는 생각의 방향을 바꿔야 한다.

"만약에, ~라면?"

문제에 대한 대안을 찾을 때, 가정할 수 있는 질문이다. 매우 간단해 보이지만, 앞뒤로 살을 붙이면 다양한 질문을 만들 수 있다. "만약 시간과 비용에 제한이 없다면, 어떤 방법을 사용할 수 있겠는가?", "만약 모든 것을 결정할 수 있다면, 어떤 결정을 내릴 수 있겠는가?", "만약 다시 시작한다면, 어떤 것을 선택하겠는가?" 등등 수없이 만들 수 있다. 자신이 해결해야 할 문제가 있는데 머릿속에 빨간불이 떠오를 때, 파란불로 바뀐다면 어떻게 해볼 수 있는지 생각해 보는 거다. 이렇게 질문하고 답을 한다고, 상황이 바로 그렇게 되는 건 아니다. 갑자기 돈이 생기거나 결정 권한이 생기거나 시간이 되돌아가진 않는다. 갑자기 달라지진 않지만, 그렇게 질문하고 답하는 과정에서, 새로운 생각 줄기가 뻗어 나가게 된다.

"와~ 생각지도 못했어요!"

한참 동안 고민했어도 찾지 못한 방법이 떠올랐을 때, 두 눈이 동

그렇게 떠지고 입이 딱 벌어지면서 내뱉는 말이다. 아이들과 이야기를 나누다 필자의 생각을 얘기했는데, 아이들이 이런 반응을 보이면, 어깨가 부쩍 올라간다. 아빠로서 해야 할 역할을 했다고 해야할까? 존경(?)의 눈빛으로 바라보는 그 순간이 참 좋다. 문제는 거기까지 하면 딱 좋은데, 이런 반응에 힘입어 주저리주저리 말이 이어진다는 사실이다. 박수칠 때 떠나라는 조언이 떠오르지만, 이미 정류장을 지나친 버스처럼, 상황을 되돌릴 순 없다.

"아…. 그렇네요!"

새로운 생각이 잔잔하게 밀려올 때, 낮은 감탄을 하기도 한다. 책을 읽을 때나 영상을 볼 때, 그리고 누군가와 대화할 때도 그렇다. 내가 바라보지 못한 시선 혹은 경험하지 못한 것을 접하게 되면, 감탄이 절로 나온다. 고민이 있을 때 혼자서 끙끙 앓지 말고 사람들에게 이야기하라고 하는 이유다. 집단 지성의 힘이 발휘된다. 코칭 하는 이유도 그렇다. 혼자서는 다가갈 수 없는 생각을, 대화를 통해 한 걸음씩 다가가도록 도와준다. 앞서 언급한 낮은 감탄도 코칭할 때 자주 접했던 반응이다. 필자가 던진 질문에 고객이 답변하다가, 머릿속에 뭔가 스쳤는지 그렇게 표현한다. 코칭할 때, 가장 짜릿한 순간이다. 코치로서 역할을 했다는 생각에, 마음이 흐뭇해진다.

사람은 자기 경험으로, 생각을 가둔다.

새장에 새를 가두는 것처럼, 그렇게 보이지 않는 틀에 가둔다. 자신이 경험한 것 이상으로 생각하긴 어렵다. 그래서 사람들과 대화하면서 무언가를 얻고자 한다면, 자기 생각을 내려놓고 사람들의 이야기에 귀와 눈 그리고 마음을 기울여야 한다. 자기 생각에 사로잡히면, 아무런 이야기도 들리지 않는다. 아니 들으려 하지 않는다. 다름을 틀림으로 인식한다. 인정하지 않고 판단한다. 그렇게 대화가 단절된다. 자신만의 세계에 푹 빠져서 다른 건 보려 하지 않는 모습이 참 안타깝다. 문제는 정작 그 사람은 자기가 그렇다는 걸 모른다는 사실이다.

후배들이 상담을 요청할 때가 있다.

주제는 다양하다. 직장 생활도 있고 결혼을 앞둔 사람은 그에 대한 상담을 요청한다. 주제가 중요한 건 아니다. 이야기를 듣고 경험과 생각을 바탕으로 이런저런 이야기를 해준다. 당연히 후배에게 도움이 됐으면 하는 바람에서다. 하지만 후배는 "아! 그건, 이래서 안 돼요!" 이야기를 듣는 족족, 안 된다는 이야기만 한다. 그리고 이유를 장황하게 설명한다. 그래서 다른 방향으로 이야기한다. 그러면 또 이렇게 말한다. "아 그건 저래서 안 돼요!" 한참 듣다 보면 이런 생각이 든다. '그럼, 나한테 왜 상담을 요청한 거야?' 시간이 아깝다는 생각밖에는 들지 않는다. 들을 준비가 되어있지 않은 상태에서 상담을 요청했다는 사실에 안타까움을 느꼈다.

"내가 얻고 싶은 건, 무엇인가?"

얻고 싶은 게 있다면 얻을 수 있는 방향으로 생각을 보내야 한다. 자주 지나가야 길이 나듯, 얻을 수 있는 방향으로 자주 생각해야 길이 만들어진다. 문제는 반대로 한다는 거다. 얻고 싶은 게 있는데 얻을 수 없는 방향으로 생각을 보낸다. 이래서 안 되고 저래서 안 된다고 단정 짓는다. 되는 방법이 아닌, 안되는 이유를 스스로 찾고 만들어 낸다. 방법이 없다고 하면서, 방법을 찾을 수 없는 생각만 한다. 웃지 못할 이야기 하나가 있다.

한 사람이 어둠 속에서 무언가를 찾고 있었다.

그곳에는 가로등이 하나 있었는데, 그 아래서 두리번거리고 있었던 거다. "무엇을 찾고 있나요?" 지나가던 사람이 물었다. "아, 네, 열쇠를 찾고 있습니다." 지나가던 사람은 안타까운 마음이 들었는지, 같이 찾아주겠다고 했다. 그렇게 한참을 찾았는데도 보이지 않았다. 같이 찾아주던 사람이 물었다. "여기서 잃어버린 게 맞나요?" "아, 아니요. 저기 어두운 곳에서 잃어버렸어요." 같이 찾아주던 사람이 황당한 표정으로 물었다. "아니, 그런데 왜 여기서 찾고 있는 거죠?" 열쇠를 잃어버린 사람이 아무렇지 않은 듯 이렇게 말했다. "여기가 밝으니까요."

어떤 생각이 드는가?

말도 안 되는 이야기다. 말도 안 된다는 이야기지만, 이렇게 하고 있지는 않은지, 생각해 볼 필요가 있다. 문제를 해결하는 방향이 아닌, 해결할 수 없는 방향으로 생각을 보낸다. 그러면서 답이 없다고 말한다. 우물가에서 숭늉을 찾는 상황이라고 할까? 문제가 잘 풀리지 않는다면, 내 생각의 방향이 어디를 향하고 있는지 살펴봐야 한다. 어디로 향하고 있는가? 내 생각의 방향은 어디를 향하고 있는가? 내가 답을 찾는 방향이 맞는가?

비가 오면 변수를 고려해야 한다.

**팀장은 일반적인 상황과 그렇지 않은 상황을
잘 파악하고 가이드를 줘야 한다.**

"쏴~~~"

갑자기 소나기가 쏟아졌다. 다행히 다음 홀 넘어가기 전, 쉼터 같은 곳이 보였다. 선생님은 우리 보러 거기에 가 있으라고 했다. 선생님은 카트에서 내려 덮개로 클럽을 덮었다. 순식간에 쏟아지는 비라 좀 당황스러웠다. 해는 중천에 있는데 비가 쏟아졌다. 이런 날을 호랑이 장가 가는 날이라고 한다. 왜 그런 말이 돌았는지는 모르겠지만, 해가 보이는 상태에서 비가 오면 이 말이 떠오른다. 오래 올 것 같지는 않았다. 스콜이라고 하나? 그런 느낌이었다.

"영현아, 어때?"

원철이가 물었다.

"뭐가? 아, 골프? 처음에는 좀 어색했는데, 금방 적응되네?"

"오~ 그래? 넌 오늘 캐디 잘 만난 줄 알아. 아니었으면 고생했을 수도 있어. 처음에는 캐디보고 당황했는데, 지금까지 보니까 오히려 잘 된 것 같아. 너 팀장 교육도 받고 말이야. 안 그래?"

"안 그래도 너무 감사해하고 있어. 덕분에 이런 경험도 하네? 고맙다. 친구야!"

"아! 비 오니까 해물전에 막걸리 생각나네?"

광효는 우리 대화는 관심 없다는 듯, 막걸리 타령을 했다. 성환은 마치고 가자며 맞장구쳤다. 비는 생각보다 많이 왔다. 그리고 잠시 후 언제 그랬냐는 듯, 비가 멈췄다. 언제부턴가 이런 날씨를 가끔 보게 되는데, 좋은 현상은 아니라 마음이 좀 그랬다. 우리는 바로 카트로 갔다. 선생님은 덮개를 걷고 있었다. 순식간에 온 비라 카트 안으로 비가 쳐들어왔는데, 그것도 닦아주셨다.

"자! 그럼 출발합니다. 비가 와서 미끄러울 수 있으니, 손잡이 꼭 잡으세요. 혹시 모르니까요."

혹시 모른다는 선생님 말씀을 들으니, 카트 전복 사고가 떠올랐다. 사고는 방금 내린 소나기처럼, 언제 어떻게 터질지 모른다. 최고의 방법은 사고 나고 수습하는 게 아니라, 사고가 나지 않도록 주의하는 거다. 알지만 잘 안되는 부분 중 하나다. 일이 벌어져야 심각성을 느끼는 습성 때문이다. 앞에 있는 손잡이를 꼭 잡았다. 카트가 완전히 멈추고 나서야, 자리에서 내렸다. 짧은 시간이었지만, 많은 비가 내려서인지 잔디에 물기가 가득했다.

"이번 홀은 175m, 긴 파 3홀입니다. 좌우 해저드인데요. 지금 비가 와서 바닥이 미끄러우니, 다치지 않게 조심히 플레이하세요. 이 홀은 파 3홀이지만, 거리가 있다 보니, 스윙을 세게 하시는 분들이 많은데요. 바닥 물기로 자칫 미끄러지거나 틀어질 수 있으니, 너무 무리해서 스윙하지 않으시는 게 좋습니다. 티박스에 오르고 내려오실 때도 잘 살피시고요. 비가 아니더라도, 여기서 가끔 미끄러져서 넘어지시는 분들이 있어요."

실수를 최소화해야 한다.

신입 시절 부서장님이, 나를 야구장에 데리고 간 적이 있었다. 입사 초창기 힘들어하던 나를 위로해 주고 도움을 주기 위해, 야구장에 데리고 가셨던 거다. 그날도 아침까지 비가 내렸다. 취소되는 줄 알았는데, 비가 그치고 계획대로 진행됐다. 야구장에 들어가서 부서장님이 처음에 해주신 이야기가 그런 거였다. 비가 온 다음이라 변수가 많다고, 이런 날은 실수를 최소화하는 팀이 이긴다고 말이다. 지금이 딱 그 상황이다. 욕심내지 않고 실수하지 않도록 플레이하는 게 관건이라는 생각이 들었다.

원철이가 먼저 나섰다.

우드를 들고나왔다. 200m 가까이 보내는 우드인데, 선생님 말씀대로 무리하지 않고 보내기 위한 전략으로 보였다. 파 3홀에서 티를 꽂지 않던 원철이가 이번에는 티를 꽂았다. 아마도 물기가 있어서 그런 것으로 보였다. 원철이는 가볍게 연습 스윙하고 샷을 했다.

역시 부드럽게 잘 맞아 나갔다. 맨 앞 그린을 맞고 앞으로 굴러갔다. 만족한 표정으로, 티를 뽑아서 내려왔다. 다음은 광효 차례였다. 광효는 우드가 아닌 아이언을 들었다. 앞선 홀에서 잘 맞지 않던 우드를, 이후에는 잡지 않을 모양이었다. 잘 맞은 느낌을 그대로 살리기 위한 것으로 보였다. 광효는 티와 함께 공을 위치시켰고, 뒤에서 방향을 살폈다. 그리고 공 앞에 섰다. 다시 한번 홀 위치를 확인하고 스윙했다. 부드럽게 맞았다. 공은 포물선을 잘 그려서 그린 앞에 떨어졌다. 거리가 좀 짧았지만, 광효는 만족했다. 광효가 내려올 때 성환이 올라갔다. 올라가서는 바닥이 미끄러운지 발을 바닥에 문댔다. 티를 꽂았는데, 평소보다 조금 높게 꽂았다. 성환은 우드를 잡고 있었다. 성환은 연습 스윙 몇 번 하고 바로 샷을 했다. 티를 높게 꽂았는데도, 공이 높이 뜨진 않았다. 오히려 아이언보다 낮은 포물선을 그리며 나아갔다. 그린에 잘 올라갔다. 나는 아이언을 잡았다. 우드는 아직 어색하기도 하고, 아이언이 편했다. 거리가 좀 있어서 이번에는 5번 아이언을 잡았다. 연습할 때도 잘 맞진 않았는데, 지금 거리에서 7번 아이언을 드는 건 좀 뭣하다는 생각 때문이었다. 멀리 보내야 한다는 생각에 더 힘을 줄 것 같기도 했다. 7번보다는 5번을 잡는 게 힘이 덜 들어갈 것으로 생각했다. 티를 꽂고 공을 올렸다. 올라와서 보니 거리가 좀 되긴 했다. '저기까지 갈 수 있을까?' 거리에 대한 우려가 올라왔지만, 공만 끝까지 보고 친다는 생각을 되뇌었다. 연습 스윙을 한 다음, 공과 마주하고 섰다. 공만 보자 다시 다짐하고, 스윙했다. 맞는 순간 손에 느낌이 좋았다. 자연스레 돌아간 고개는 날아가는 공을 향했다. 똑바로 잘 날아갔다. 문제는 거리인데 공이 뜬 거로 봤을 때는 갈 것 같았다. 느낌은 그랬다. 느낌은 그랬지만, 실제는 달랐다. 거리가 조금 부족했다. 그런보다, 좀 앞에 공이 떨어졌다. 이 정도도 충분하다고 여기며 티박스에서 내려갔다. 비가 와서 실수가 날 법도 한데, 모두 무난하게 샷을 했다. 선생님께서 미리 주의 주신 덕분이라 생각됐다.

카트를 타고 아래로 내려갔다.

그린에 올라간 두 친구는 퍼터를 빼 들고 카트 근처에 머물렀다. 온그린하지 못한 나와 광효의 샷을 기다리기 위해서였다. 우린 둘 다 56도 웨지를 들고 갔다. 내가 그린에서 가장 멀리 있어서, 먼저 샷 준비를 했다. 공에 물기가 가득 묻어있었다. 페어웨이라 큰 어려움은 없어 보였다. 거리가 좀 애매하게 느껴졌지만, 너무 세지 않게 쳐야겠다고 생각했다. 어프로치는 어깨로 쳐야 한다는 말이 떠올라서, 어깨의 이동으로 툭 하고 쳤다. 공은 생각보다, 나가지 않았다. 그린 앞에 떨어졌다. '물기 때문인가?' 힘을 적게 주진 않았는데, 생각보다 공이 나가지 않아, 의아했다. 광효는 멀리 떨어져 있지 않아, 가볍게 툭 하고 쳤고, 그린에 올렸다. 나는 바로 뒤따라가서 어프로치를 했다. 그린 근처여서 무난하게 그린에 올렸다. 이번에는 생각보다 멀리 가서, 홀을 지나 반대편 그린 끝까지 갔다. 앞선 어프로치에서는 생각보다 적게 나갔고, 이번에는 생각보다 멀리 간 거다. 절로 고개가 갸우뚱했다. 이번에도 제일 멀리 있던 내가 먼저 퍼팅했다. 선생님은 공을 닦아서 놓으시고, 한마디 하셨다. "지금 그린에 물기가 좀 있어서 잘 안 나갈 수 있으니, 2m 정도 더 보낸다고 생각하고 치세요." 선생님 말씀을 듣고, 연습 퍼팅할 때 조금 더 보내도록 힘을 줬다. 차분하게 퍼팅했는데, 이번에는 생각보다 적게 나갔다. 홀을 지나쳐서 가게끔 쳤다고 생각했는데, 홀에 미치지 못했다. 친구들과 함께 퍼팅을 마무리하고 홀을 빠져나왔다. 아직 감이 덜 와서 힘 조절하는 데 어려움은 있지만, 이번 홀은 유독 그랬다. 생각보다 길고 생각보다 짧았다. 이런 마음을 읽으셨는지, 선생님이 바로 옆으로 오셨다.

"생각보다 거리 맞추기가 어려웠죠?"

"네, 생각보다 길거나 생각보다 짧았네요. 반대였으면 좋았을 텐데, 아쉽네요."

"골프가 어려운 이유가 그런 거예요. 같은 골프장이라고 해도 올 때마다 다르거든요. 그날의 날씨 영향도 있고, 이런저런 영향을 받기 때문이에요. 같은 골프장에서 타수 차이가 급격하게 나기도 해요. 80대를 쳤는데, 다음에는 90대를 넘기기도 하지요. 같은 골프장인데 말이죠. 그래서 매번 그때의 상황을 잘 살펴야 해요. 기본적으로 공략하는 방법이 있지만, 지금처럼 비가 올 때나 바람이 불 때 그리고 잔디 길이가 좀 길어졌거나 반대로 짧아졌을 때 등등 상황에 따라 다른 전략으로 플레이해야 해요. 캐디가 필요한 이유기도 하고요. 고객님들은 골프장의 현재 상태를 알 수 없으니, 캐디가 상황을 설명해 줘야 하지요. 골프장에 많이 오시는 회원님들 같은 경우는 당신이 많이 오셔서 더 잘 안다고 마음대로 플레이하기도 하는데요. 나중에는 다 반성하세요. 내비게이션에서 나오는 안내와 캐디 안내는 잘 따라야 한다고요. 허허허."

어디 골프장뿐이겠는가.

일상도 그렇다. 매일 보는 사람들인데, 때때로 다르다. 골프장은 환경에 따라 다르게 대처해야 한다면, 사람은 기분이나 상황에 따라 다르게 대처해야 한다. 사람들은 같은 상황에, 항상 같은 반응을 보이지 않는다. 어떤 때는 좋다고 했다가 어떤 때는 질색한다. 가끔 그런 상황으로 당황스럽기도 한데, 그럴 때마다 나도 그러는 건 아닌지 돌아보게 된다. 유연성을 가져야 하는 이유다. 같은 사람이나 같은 상황이라도, 때때로 다른 반응이나 결과가 나올 수 있다. 하나의 생각에 갇히지 않아야 하는 이유다. 어떤 상황인지 계속 살피면서 그에 따라 유연하게 대처하는 자세가 필요하다. 어렵지만 그 어려운 걸 해내야 한다. 리더라면 더욱 그렇다.

김 코치의, 코칭 레시피
핵심 가치를 지키기 위한, 융통성과 원칙의 줄다리기

모든 기초 과정에서는 기본 원리를 배운다.

기본 원리라는 것은 배우고자 하는 그것의 필요성과 핵심 가치 그리고 철학을 말한다. "이 과정의 철학은 이것이다!"라고 굳이 말하지 않아도, 추구하는 방향이 있기에 철학이라 말할 수 있다. 기초 과정은 지극히 기본에 충실하다. 이래도 되고 저래도 되는 게 아니라, "이거다! 저거다!"라면서 명확하게 짚어준다. 왜 그럴까? 잘못 받아들일 수 있기 때문이다. 처음에 잘못 받아들이면 그 생각을 바꾸기가 쉽지 않기도 하고, 잘못된 방향으로 흘러가기도 한다.

운동을 배울 때 제대로 배워야 한다는 말도 이 때문이다.

잘못된 자세를 바꾸는 건 새로 배우는 노력에 몇 배를 들여야 한다. 어떤 자세는 너무 굳어져서 도저히 바꿀 수 없는 자세도 있다. 처음에 잘 배워야 하는 이유다. 두 개의 선을 긋는다고 하자. 시작할 때 벌어진 1도의 미세한 간격은 선을 그을수록 점점 더 벌어진다. 시간이 갈수록 각도는 더 벌어진다. 제한 없이 선을 긋는다면, 서로의 끝이 보이지 않을 정도로 벌어지게 된다. 처음에 잘 배워야 하는 또 다른 확실한 이유다.

코칭을 처음 배울 때도 그랬다.

코치가 해야 할 것과 하지 않아야 할 것에 관해 명확하게 배운다. 특히 하지 않아야 할 것에 대해서는 힘줘서 강조한다. 그만큼 중요하다는 의미다. 코칭은 고객 스스로 답을 찾을 수 있도록 도와준다는 가치와 철학을 가지고 있다. 따라서 코치가 답을 주거나 코치의 생각으로 유도해서는 안 된다. 가치와 철학에 어긋나는 행동이다. 그렇게 되면 일반적으로 알려진 컨설팅이나 멘토링과 다를 게 없다. 컨설팅과 멘토링 방식에 문제가 있다는 것은 절대 아니다. 다 필요한 상황과 시점이 있다는 것을 잘 알고 있다.

코칭하는 이유가 뭔가?

다른 방법보다 코칭이 더 효과적이라 판단돼서 진행하는 것이 아닌가? 코칭답게 하지 않으면, 코칭의 강점을 살릴 수 없다. 앞서 언급한 두 개의 선처럼, 어디로 흘러갈지 알 수 없다. 엄한 곳으로 빠질 가능성도 크다. 그러면 어떻게 되겠는가? "코칭도 뭐 별거 없네?"라는 말을 듣지 않겠는가? 그러면 코칭의 진정한 가치를 맛보지 못한 채, 코칭에 대한 안 좋은 기억만 남게 된다. 코칭을 처음 배울 때는 가치와 철학에 충실해야 한다. 충실해야 한다는 것은 대화 프로세스에 충실해야 한다는 것과, 같은 의미로 볼 수 있다.

스크립트라고 봐도 좋겠다.

처음에는 코칭 대화의 흐름을 잘 알기 어려우니, 코칭 상황에서 진행되는 대화 프로세스를 알려준다. 시작은 어떻게 하면 좋은지, 어떤 질문을 해야 할지, 코칭 모델에 따라 대화를 어떻게 이어갈지를 알려준다. 고객이 원하는 목표에 도달할 수 있도록, 대화하는 방법을 알려주는 거다. 코칭을 처음 배울 때는 배우는 사람들끼리 코칭 대화를 이렇게 이어간다. 대화 프로세스가 합당하게 느껴진다.

문제는 그다음이다.

일반 사람 그러니까, 코칭을 전혀 모르는 사람하고 코칭할 때는 등에 땀이 흐르는 경험을 하게 된다. 프로세스대로 진행하는데, 이런 생각이 든다. '어? 이런 게 아닌데?' 이 질문을 하면 이렇게 대답해야 다음 질문을 이어갈 수 있는데, 그렇게 안 돌아간다. 이때부터는 고객이 무슨 말을 하는지, 잘 들리지도 않는다. 지금 닥친 문제를 어떻게 해결해야 할지에, 온 신경이 쓰인다. 다음 질문을 어떻게 이어갈지만 생각하는 거다. 머릿속이 뒤죽박죽되면서 정신이 점점 혼미해진다. 코칭을 마치고 나면, 자괴감에 빠진다. '뭐가 잘못된 거지?' 배운 대로 했는데, 잘 안되니 마음이 갑갑하다. 항상 그런 건 아니지만, 기억에 남는 몇몇 흑역사가 떠오른다.

코칭의 기본 원칙은 고객 스스로 답을 찾게 하는 데 있다.

하지만 그 위에 있는 건 문제해결이다. 고객이 문제를 잘 해결해서, 성장하도록 도와주는 데 있다. 성장이 곧 그 사람의 행복과 연결되기 때문이다. 사람은 행복하게 살기를 꿈꾼다. 그래서 컨설팅도 받고 멘토링도 받고 상담도 받고 코칭도 받는다. 접근 방법이 다를 뿐, 궁극적으로 추구하는 목표는 같다. 뭐가 옳고 그르냐를 따지는 것이 중요한 게 아니다. 어떻게 하면 내 앞에 있는 사람이, 문제를 해결할 수 있을지 고민하는 게 중요하다. 성장하고 행복한 삶을 살도록 도움을 줄 수 있을지를 고민해야 한다. 그것이 모든 원칙과 철학 위에 있어야 할 진정한 마음가짐이다.

융통성이라고 해야 할까?

모든 것에는 원칙이 있지만, 그 원칙을 뒷받침해 줄 융통성도 존재해야 한다. 융통성이 원칙을 강화하기도 한다. 원칙과 융통성의 무게 중심을 잡아줄 그것만 명확하다면 말이다. 바로, 핵심 가치다. 핵심 가치를 놓치지 않는다면, 원칙과 융통성의 균형을 잘 맞출 수 있다. 핵심 가치를 중심에 둔다면, 자칫 융통성이라는 이름으로 원칙을 깨는 어이없는 상황을 만들지 않는다.

대화 프로세스를 원칙으로 여기면 위험하다.

코치도 발전이 없고 고객도 문제해결에 진전이 없다. 프로세스보다 우선해야 하는 건, 핵심 가치여야 한다. 따라서 프로세스는 기본적으로 갖춘 틀이지, 원칙이 돼서는 곤란하다. 프로세스라는 틀을 바탕으로, 고객의 이야기를 잘 듣고 그에 맞는 질문과 인정 칭찬 등으로 대응해야 한다. 해결하고자 하는 문제해결에 접근하는 최선이다. 유연하게 대처한다는 의미에서, 융통성이라는 표현이, 그 결을 같이한다고 본다.

필자가 코칭을 시작한 이유기도 하다.

고객의 문제를 스스로 해결하는 데 도움을 주기 위해서는 내가 고집하는 방식과 방향으로 이끌어서는 안 된다. 고객이 걷고자 하는 방향으로 흘러가면서 넘어지지 않게 혹은 잘 걸을 수 있게 도움을 주면 된다. 핵심 가치를 중심으로, 언제든 변하지 않는 무엇이 아니라, 상황에 따라 제일 나은 방법을 찾고 실행할 필요가 있다는 말이다. 중요한 건 변하지 않아야 할 무언가가 아니라, 핵심 가치다. 핵심 가치를 잃지 않는다면 방향도 잃지 않을 수 있다. 내가 걷고자 하는 방향은 어디인가? 그 핵심 가치는 무엇인가? 이 두 가지만 놓치지 않는다면 인생의 원칙을 지키고 있는 거라 믿는다.

가장 좋은 레슨은 자기 경험을 들려주는 것이다.

밖에서 쪼아줘야 할 때를 아는 팀장이 진정한 리더이다.

짧은 시간이지만 강하게 내려서인지, 곳곳에 물기가 남아있었다.

카트가 이동하는 길은 마치, 청소하기 위해 물을 뿌린 듯 보였다. 날씨가 이렇게 맑은데 도로가 온통 젖어있으니 말이다. 야외 스포츠에서 날씨가 변수라는 것을, 다시 한번 실감했다. 변수가 발생했을 때는 그것에 맞게 대처하는 게 좋다. 일반적인 상식으로 대했다가는 난감한 상황을 마주하기에 십상이다. 이전 홀처럼 말이다. 처음 퍼팅에서는 물기가 공이 흐르는 데 어느 정도 영향을 주는지 파악되지 않았다. 이어지는 퍼팅에서는 고려해야 했는데, 그러지 못했다. 그냥 길게 칠 생각만 했다. 연습할 때, 클럽의 종류에 따라 거리가 어느 정도 나가는지 면밀하게 확인하고 기억해야 한다. 퍼팅도 마찬가지다. 상황에 따라 퍼팅하는 강도에 따라 공이 어느 정도 굴러가는지 수시로 확인하고 기억해야 한다. 지금은 큰 영향이 없지만, 구력이 늘고 싱글 근처에라도 가려면 필수라는 생각이 든다.

카트는 바닥의 물살을 가르며 시원하게 나갔다.

이제 남은 홀은 두 홀이다. 막막했던 일정이 어느덧 마무리할 단계로 넘어가고 있다. 지금까지 플레이하면서 얻게 된 모든 것들이, 생생하게 기억난다. 혹시 잊을지 몰라, 핸드폰 메모장에 키워드 중심으로 적어두었는데, 그것만 봐도 아까의 상황이 생생하게 느껴졌다. 라운딩을 마치면 오늘이 지나기 전에, 좀 더 자세하게 기록하려고 한다. 키워드로 적어두었지만, 시간이 지나면 또 가물가물할 테니 말이다. 사람의 망각 속도 그래프를 본 기억이 있다. 하루가 지나면 절반 이상을 잊는다고 한다. 언제 또 이런 배움이 있을지 모르니, 꼭 오늘 적어두어야겠다.

"이제 두 홀 남았네요. 이번 홀은 440m 파 5홀입니다. 좌우 해저드고, 보시는 것처럼, 무난한 홀인데요. 간혹 투온 하신다고 욕심내시다가 망가지기도 하니, 잘 생각하고 플레이하시는 게 좋습니다. 거리가 좀 나가시면 도전해 보는 것도 나쁘지 않고요."

원철이는 잘하면 투온이 가능해 보였다. 광효는 우드가 잘 안 맞으니, 아이언으로 칠 가능성도 있지만, 한 번쯤은 우드로 도전하지 않을까 싶다. 실수만 하지 않는다면, 거리로는 충분히 가능해 보인다. 성환은 지금까지의 플레이로 봤을 때, 안전하게 갈 가능성이 커 보인다. 친구들의 플레이를 좀 지켜보니 어떤 플레이를 할지 조금은 가늠이 간다. 실제 그렇게 할지 아닐지는 모르지만 말이다.

원철이는 드라이버를 들고 티박스로 올라갔다.

지금까지와 다르지 않게 연습 스윙하고 방향을 본 뒤, 공 앞에 섰다. 시간을 오래 끌지 않고 바로 스윙했다. 공은 잘 맞아 나갔다. 거리도 좀 나갔고, 페어웨이 중간에 잘 떨어졌다. 투온이 가능해 보였다. 성환이 다음 샷을 준비했다. 성환도 자기의 루틴을 하고 스윙했다. 공이 좀 뜨긴 했지만, 잘 나갔다. 페어웨이 중간에서 약간 오른쪽으로 갔다. 거리에서 약간 손해를 볼 수 있을 것으로 보였다. 광효가 다음을 이었다. 광효의 연습 스윙이 경쾌했다. 지금까지도 그랬지만, 이번은 더 그렇게 느껴졌다. 뭔가 다짐한 모양이었다. 광효의 드라이버도 잘 맞았다. 원철이와 같은 방향으로 갔는데, 거리는 조금 못 미쳤다. 이번에는 내 차례가 되었다. 앞서 모두 잘 치면, 더 긴장됐다. 나 때문에 괜히 민폐를 끼칠 것 같아서였다. 이럴 때일수록 멀리 보낸다는 생각보다, 정확하게 맞춰서 죽지 말자, 다짐하곤 했다. 지금도 그렇다. 정확하게 맞춰서 죽지 말자는 생각에 스윙했다. 만족할 정도의 거리와 위치로 나갔다. 공을 끝까지 봤을 때는 죽는 일이 없었다. 왜, 공만 끝까지 보라고 했는지 명확하게 이해했다. 공만 끝까지 보면 죽지 않아서였다. 모두 기분 좋게 드라이버를 치고 카트에 올랐다. 카트로 이동할 때 부는 바람이 얼굴에 스치는데 기분 좋은 느낌이었다. 드라이버가 잘 맞으면, 뭐든지 다 좋게 보이고 좋게 느껴진다.

내가 먼저 내려서, 클럽을 받아 들고 갔다.

이번 세컨드 샷은 7번 아이언을 들었다. 7번 아이언의 느낌이 좋았기 때문이다. 세컨드 샷 위치도 괜찮았다. 이번에 실수만 하지 않는다면, 쓰리 온까지 노려볼 만했다. 이번에도 공만 끝까지 보자는 마음으로 스윙했다. 서는 위치가 잘못돼서였을까? 공을 끝까지 봤는데, 정확하게 타격되지 않았다. 공 윗부분을 맞고 앞으로 힘차게 굴러갔다. 고개를 갸우뚱하며 페어웨이 왼쪽에 있는 카트로 이동했다.

"왜? 뭐가 잘 안 돼?"

원철이가 카트에 앉아서 물었다. 원철이는 좀 여유가 있으니 아직 카트에서 나오지 않았다.

"아니. 7번 아이언은 공을 두 발 중앙에 두고 치는 거잖아? 아까도 계속 그랬을 때 나쁘지 않게 맞았거든? 그런데 이번에는 머리에 맞네. 분명히 중앙에 두고 섰는데 말이지."

"너 연습 스윙하지?"

"당연히 하지. 다 하지 않아?"

"하긴 다 하지. 넌, 연습 스윙할 때 어떻게 해?"

"응? 어떻게 하긴 뭘 어떻게 해? 실제 하는 것처럼 하지."

"아니, 연습 스윙할 때 뭘 보느냐고."

대화가 이어질수록 더 동굴로 들어가는 느낌이었다. 무슨 말을 하는지 혹은 뭘 물어보고 싶은지, 이해가 되질 않았다.

"난 지금 네가 뭘 물어보는지 잘 모르겠어. 그냥 말해주면 안 될까?"

"아! 그래? 알았어. 연습 스윙하는 이유가 단순히, 그냥 스윙 몇 번 하는 게 아니라는 걸 얘기해주고 싶은 거야. 아이언의 길이에 따라 두 발 사이에 놓는 위치가 다르다는 건 알지? 7번은 중앙이고 아이언이 길수록 왼쪽으로 더 가고 짧을수록 오른쪽으로 가잖아?"

"맞아. 어느 정도 더 가야 하는지는 좀 아리송하지만 말이야. 누구는 클럽이 한 치수 늘어날 때마다 공 한 개 정도 차이 나게 서면 된다고 하고, 누군가는 그보다 더 차이가 나야 한다고 하니. 좀 헷갈리기는 해."

"바로 그거야. 연습할 때는 매트 위에서 치니까 차이를 못 느끼는데, 필드는 다르지. 지금까지 세컨드 샷 할 때 연습장 같은 평지를 만난 적이 얼마나 돼?"

"어? 어…. 거의 없던 것 같은데?"

"그렇지? 이곳은 자연이니까 완전 평지는 없다고 봐야지. 그 말은 공의 위치가 항상 같을 순 없다는 말이기도 하고. 그러니까, 연습 스윙할 때 그냥 하지 말고 헤드가 떨어지는 위치를 잘 살필 필요가 있어. 그 자리에서는 헤드가 어디에 떨어지는지 살피는 거지. 그리고 또 하나!"

"또 하나?"

"아이언으로 샷 할 때 공 어디를 봐?"

"공 어디를 보느냐니? 그냥 공을 보는 거지. 아냐?"

"그럼, 조금 전처럼 머리를 때려서 굴러갈 수도 있는데?"

"아. 그러네? 그럼, 어디를 봐야 해?"

원철이는 공을 왼손 손바닥에 올려두고, 오른손을 들며 말을 이어갔다.

"자. 봐봐. 바닥에 이렇게 공이 있으면, 공 하고 바닥 사이에 공간 보이지? 클럽헤드가 여기에 들어가면 아주 이상적이지. 헤드가 이 공간을 파고 들어가면 공이 제대로 맞고 나가게 돼. 손에 감각도 없어. 제대로 맞으면. 나도 이건, 같이 라운딩하면서 배운 거야. 처음에는 너처럼 공만 보고 쳤거든? 그렇게 배웠으니까. 근데 이 말을 듣고, 연습할 때 이 공간만 보고 쳤거든. 샷이 달라지더라. 맞아 나가는 느낌이 완전히 다른 거야. 사실, 이때부터 급격하게 골프가 늘었어."

손에 감각이 없다는 것이 어떤 느낌인지 안다.

아까의 경험이 알려줬다. 클럽헤드가 공과 바닥 그 사이 공간에 제대로 들어간 모양이었다. 공만 보자는 마음에 클럽헤드와 공이 맞는 것만 봤지, 세세하게 보진 못했다. 그럴 정신도 없었지만 말이다. 오늘 원철이한테 이 이야기를 듣지 않았으면 막연하게 공만 보고 쳤을 거다. 우연히 잘 맞으면 잘 나갔을 것이고, 아니면 잘못 맞아 나갔을 거다. 잘못 맞아 나간 이유를 잘못 인지했을 것이고. 서는 위치와 클럽헤드가 떨어져야 할 곳에 제대로 떨어지지 않아서가 아니라, 구력이 적어서라고. 막연하게 그렇게 넘어갔을지도 모른다. 잘 치는 사람과 함께 쳐야 한다는 말이 어떤 말인지 이해가 됐다. 원철이한테 들은 이 내용만 잘 숙지해도, 금방 초보에서 벗어날 수 있을 것 같다. 빨리 연습해 보고 싶은 마음이 올라왔다. 이래서 라운딩 마치고 연습장으로 간다고 하나 보다. 나도 라운딩 마치고 바로 연습장에 가서, 지금 들은 방법으로 연습을 해봐야겠다. 복습은 빠르게 해야 달아나지 않으니 말이다.

김 코치의, 코칭 레시피

밖에서 쪼아줘야 할 때를 아는 코치가 고수다.

코칭과 컨설팅의 차이가 뭘까?

답을 제시하느냐의 여부에 따라 갈린다. 컨설팅은 문제를 파악하고 그에 따른 해결책을 제시한다. 코칭은 답을 제시하지 않고, 고객 스스로 답을 찾게 한다. 답을 주느냐 찾게 하느냐 이 둘의 차이라고 할 수 있다. 빠르게 답을 원하는 사람의 경우는 코칭이 매우 답답하게 느껴질 수도 있다. 어쩌면 주입식 교육이 우리에게 답을 찾기보다 받기를 원하게 했는지도 모르겠다. 답뿐만이 아니다. 코칭은 진짜 욕망까지도 스스로 찾게 한다. 의도하든 의도하지 않든 그렇게 되는 경우가 많다.

이런 상황이 그렇다.

한 고객이, 책을 쓰고 싶은 마음에 코칭을 의뢰했다. 처음에는 책을 쓰고 싶은 마음을 이야기하며, 코칭을 시작했다. 하지만 대화를 나누면서, 책을 쓰고 싶은 것이, 진짜 해결해야 할 문제가 아니라는 것을 알게 되었다. 고객의 입에서 이런 말이 나왔다. "아! 그렇네요. 제 진짜 문제는 책을 쓰고 싶은 게 아니었네요!" 왜 이런 말이 나왔을까? 진짜 욕망은 따로 있었던 거다. 성공하고 싶다는 열망이다. 내용은 이랬다.

고객은 지금 현실이 마음에 들지 않는다.

지금의 현실을 벗어나기 위해 성공을 꿈꿨고, 그래서 강연을 많이 듣고 책도 많이 읽었다. 큰 변화는 일어나지 않았다. 조급한 마음만 계속 올라왔다. 마음을 졸이던 중, 성공한 사람들은 책을 썼다는 것을 알게 되었다. 책 쓰기에 관련된 책을 읽고, 강연도 들었다. 책 쓰기 컨설팅을 하는 곳에서 교육을 받기도 했다. 교육은 받았지만, 정작 자신은 무엇을 써야 할지 정하지 못하고 있었다. 책 쓰기 코칭을 의뢰한 이유다. 코칭을 이어가면서, 고객의 진짜 문제는 그것이 아니라는 것을 알게 되었다.

대화를 나누는데 계속 도돌이표가 됐다.

미로 속에서 꽉 막힌 길만 계속 왔다 갔다 하는 하얀 쥐의 모습이 떠올랐다. 이때는 어떻게 해야 할까? 서두에, 코칭과 컨설팅의 차이에 대해 언급했다. 코치는 답을 제시해 주는 사람이 아니라, 스스로 답을 찾도록 지지하고 도와주는 역할을 해야 한다고 말이다. 이런 상황을 마주하면 딜레마에 빠지게 된다.

코치는 어떻게 해야 할까?

끝까지, 날이 새더라도 고객이 답을 찾을 때까지 질문해야 할까? 아니다. 코칭 철학에 어긋난 방법일 수도 있지만, 이럴 때는 코치가 답에 대한 힌트를 주기도 하고 직접 제시해 주기도 한다. 코치 선배 님들도 이런 상황에 직면한 적이 있으신지, 이를 허락(?)하셨다. 난 처한 상황에 부닥친 코치들에게는 실낱같은 희망으로 다가왔다.

왜 그렇게 하도록 할까?

코칭 철학이라고 강조하고 또 강조하는 부분이 이 부분이고, 컨 설팅과 가장 큰 차이라고 하는데 왜 이것을 허락할까? 고객의 문제 를 해결하는데, 더 도움이 되기 때문이다. 생각해 보라. 아무리 생 각해도 어떻게 해야 할지 모르는 사람에게, "무엇을 할 수 있을까 요?", "어떻게 해볼 수 있을까요?"를 녹음기 틀어놓듯 반복해서 묻 는다면 좋겠는가?

코칭 받으러 왔다가 스트레스만 더 얹어서 갈지도 모른다.

혹 떼러 왔다가 혹 붙이고 간다는 속담처럼 말이다. 그래서 코칭 은 기본적으로 고객 스스로 답을 찾도록 도와주지만, 그러기 어렵다고 판단되면, 해결할 수 있는 힌트를 살짝 주거나 해결 방법을 제시해 줘야 한다. 아! 당연히 고객에게 동의를 구해야 한다. "제 경험을 좀 들려드려도 괜찮을까요?"라고 동의를 구하고, 그렇게 해달라고 하면, 찬찬히 자신의 이야기를 들려주는 게 좋다.

줄탁동시(啐啄同時).

교육학을 배울 때, 가장 먼저 들었던 사자성어다. 병아리가 알을 깨고 나올 때, 어미 닭이 밖에서 같이 알을 쪼며 도와준다는 의미다. 교사와 학생이 그런 관계여야 한다는 말인데, 병아리가 학생이고 어미 닭이 교사라고 볼 수 있다. 병아리가 혼자서 알을 깨고 나오기 어려우니, 어미 닭이 도와주는 것처럼. 교사도 학생에게 그런 도움을 줘야 한다고 배웠다.

코칭도 마찬가지다.

고객 스스로 알을 깨고 나오면 좋겠지만, 그러기 어렵다고 판단되면 밖에서 함께 쪼아주어야 한다. 코칭의 궁극적인 목적이 무엇인가? 고객의 문제해결에 도움을 주는 거다. 스스로 답을 찾아야 한다는 것에 매몰되지 않도록 유의해야 한다. 그렇다고 이 방법을 남용하는 것도 곤란하다. 이 방법을 사용하는 기준이, 고객에게 있어야지 코치 자신에게 있으면 곤란하다는 말이다. 코치가 답답하다고 답이라고 생각하는 것을 제시해서는 안 된다. 고객이 답답함을 느낀다는 판단이 들 때, 이 비장의(?) 카드를 꺼내야 한다.

자신의 전문 분야를 코칭하는 게 그래서 어렵다.

무슨 말인가 싶겠지만, 자신이 잘 알고 있으니 먼저 이야기를 해 주고 싶은 욕구가 미친 듯이 치밀어 오른다. 목구멍에 걸려서 깔딱 깔딱한다. 필자도 이런 경험을 몇 번 했다. 앞서 언급한 책 출간이 그렇다. 책 출간에 전문가는 아니지만, 출간한 경험이 있어서 그런지, 이 주제로 코칭을 몇 번 진행했다. 고객이 책 출간과 관련 없는 것에 꽂혀서 그걸 열심히 하겠다고 말하면, "그렇게 하면 안 돼요!" 라고 입안에서 맴돈다. 그래서 어렵다는 거다. 잘 알고 있으니 그냥 바로 얘기하고 싶어진다. 때로는 유도 질문이 떠오르기도 한다. 그걸 참는 게 어렵다. 그 어려운 걸 해내야 한다.

Hole 18

파 6를 기회로 만드는 것도 위기로 만드는 것도 자신이다.

**팀장의 말 한마디는 독이 되기도 하고
약이 되기도 한다.**

'처음에 이 말을 들었으면 어땠을까?'

원철이의 이야기를 듣고, 다음 홀로 이동하는데 이런 생각이 들었다. 처음에 들었으면, 지금까지의 플레이보다 더 좋았을 텐데 말이다. 하지만……. 정말 그랬을까? 아닐 가능성이 크다. 저음에 늘었다면 무슨 말인지 이해가 되지도 않았을 거고, 그냥 흘렀을 거다. 시도하고, 잘 안됐던 부분을 물어서 들었기 때문에, 귀에 들어온 것이라 여긴다. 골프를 모르는 사람에게 골프의 즐거움과 해야 하는 이유를 설명하면 이해가 되겠는가? 몇 번 해본 사람이나 해야 할 이유를 절박하게 느낀 사람이어야, 마음이 동요된다. 나도 마찬가지다. 라운딩을 돌면서 이렇게 저렇게 하면서 느낌을 찾아가고 있을 때 이야기를 들으니, 확 와닿았던 거다. 처음에 들었다면 흘려들었을 것이고, 다시 이야기해 주지 않았을 거다. 시기적으로, 이전 홀에서 들은 이유가 다 있는 거다. 최소한, 한 홀에서는 시험해 볼 수 있으니 말이다. 이번 홀에서 시도했는데 잘 맞아 나간다면, 오늘은 정말 횡재한 날이다. 골프 레슨을 제대로 받았고, 팀장 레슨도 제대로 받았으니 말이다.

"이제 마지막 홀이네요. 마지막 홀은 파 6홀입니다. 처음 경험하는 분들도 있을 텐데요. 거리도 그리 길지 않습니다. 510m예요. 좀 긴 파 5홀과 같다고 볼 수 있지요. 이곳은 누군가에게는 버디 할 기회가 되기도 하지만, 누군가한테는 6오버를 하게 되는 최악의 홀이 되기도 합니다. 기회의 땅이 될지 위기의 땅이 될지 궁금하네요. 이번 홀은 좌측은 해저드, 우측은 오비입니다."

"그렇네. 최악에는 6타를 까먹을 수 있겠네. 내가 그렇게 되는 거 아냐?"

광효는 장난스럽게 자신이 그렇게 되는 거 아니냐며 어스름을 떨었다. 광효가 가끔 사용하는 수법이다. 일명, 밑밥 깔기. 혹 그렇게 되더라도 자기가 말한 대로 됐다며 둘러댈 명분을 만드는 거다.

"야! 이왕이면, '나 이러다가 버디 하는 거 아냐?'라고 해야지. 재수 없게 6개 까먹는다는 게 뭐니?"

성환이가, 습관적으로 부정적 표현을 하는 광효한테 한마디 했다. 성환은 평소에도 가끔, 광효를 지적했다. 재수 없으면 어떻게 된다는 둥, 말을 쉽게 했기 때문이다. 성환은 그럴 때마다, 말이 씨가 된다며 표현을 수정해 줬었다.

"광효야! 이왕이면 잘 되는 방향이나 좋은 방향 뭐, 그런 식으로 말하면 어떨까?"

그럴 때마다 광효는 말로는 아니지만, 손바닥을 펴고 흔들며 알았다고 했다. 바뀌지는 않지만 말이다.

파 6홀이라.

처음 들어본다. 라운딩한 다른 사람들한테서도 들어본 적이 없었다. 그만큼 흔한 홀은 아니라는 말이다. 보기에는 그냥 무난하게 보였다. 다만 길뿐이었다. 장타자한테는 기회의 땅이 될 것이고, 나처럼 잘 치지 못하는 사람들한테는 위기의 땅이 되지 않을까 싶었다. 원철이 실력이라면, 이글도 가능해 보였다. 공간도 넓어서 아주 잘 못 치지만 않으면 무난해 보였다. 예상대로 모두 드라이버를 잘 보냈다. 나도 이전 홀처럼, 괜찮게 보냈다. 마지막 홀이라 그런지 왠지 좀 아쉬운 마음이 들었다. 언제 또 올 수 있을지 모르니 더 그랬다. 이번 홀은 타수 생각하지 말고, 원철이한테 배운 것을 시험하는 홀로 삼기로 했다. 아이언 느낌만 잘 가져가도, 그게 어디인가? 카트가 멈췄다. 친구들은 드라이버 말고 가장 멀리 보낼 수 있는 클럽이 무엇일지 골랐다. 나는 7번 아이언을 골랐다. 원철이한테 레슨 받은 것을 시도해 보기 위해서였다.

"전 홀에서 원철이한테 원 포인트 레슨을 받았어요. 이번 홀에서는 배운 것을 시도해 보려고요. 괜찮죠?"

"허허허. 당연히 괜찮죠. 필드에서 배우고 바로 적용해 보는 건 아주 좋은 방법이에요. 필드에서 치는 것과 연습장에서 치는 것은 완전히 다르거든요. 느낌이 매우 다르죠. 어떤 분은 연습장에서는 그렇게 안 맞는데, 필드만 나오면 잘 맞는다는 분도 있어요. 그래서 연습장을 안 간대요. 연습장 가기 싫어서 핑계 대는 걸 수도 있고요. 아무튼. 필드에서 배운 건 바로 적용해 보는 게 좋아요. 지금은 타수를 따질 때가 아니에요. 아시겠죠?"

기운이 났다.

선생님이 더 강력하게 동기부여 해주시니 기운이 났다. 주변에 어떤 사람들이 있는지에 따라 에너지가 달라진다는 말을 들은 기억이 난다. 오늘 그 에너지를 더 절실하게 느낀다. 처음 만난 나이 드신 캐디가 선생님이 되고, 친구의 한마디가 훌륭한 레슨이 되었다. 이것만 봐도 주변에 어떤 사람이 있느냐에 따라, 에너지가 달라지고 시간의 질이 달라진다. 골프장에 올 때만 해도 오랜만이기도 하고 회사 일로 머리가 복잡해서 제대로 할 수나 있을지 걱정했다. 라운딩하는 내내 힘들고 짜증이 날 수도 있을 거로 생각했다. 하지만 뭔가? 호강도 이런 호강이 없다. 다시 감사함이 올라왔다. 좋은 분들과 함께한 이 라운딩에 감사한 마음이 올라왔다. 선생님은 편안하게 연습하라고 하시면서, 카트 쪽으로 가셨다. 친구들은 내 샷이 마치면 들어오려고 카트 주변에 서서 나를 보고 있었다. 다행히 공이 있는 위치는 평지로 보였다. 공에서 뒤로 한 발 떨어져서 섰다. 대략 이쯤이면 될 것 같은 위치에 양다리를 벌렸다. 가상의 공을 놓고 스윙했다. 머리 쪽에 맞을 것 같은 느낌이 들었다. 약간 왼쪽으로 이동했다. 이번에는 정확하게 공과 바닥 사이 공간에 들어갈 것으로 보였다. 한 발짝 앞으로 가서 공을 칠 수 있는 위치를 잡았다. 다시 한번 연습 스윙하는 궤적을 그려봤다. 위치는 적당했다. 호흡을 한 번 가다듬고, 백스윙에 이어, 다운스윙했다. 클럽헤드가 원하는 공간에 들어가는 것으로 보였다. 하지만 살짝 뒤쪽 땅에 먼저 닿았다. 둔탁하게 클럽헤드가 땅을 치고 공을 때렸고, 공은 떠서 앞으로 나갔다. 제대로 맞았으면 더 나갔을 텐데 그러지 못해 아쉬웠다. 땅을 먼저 치긴 했지만, 느낌은 좋았다. 아까의 뒤땅은 공 머리를 맞고 앞으로 굴러갔는데, 이번에는 공이 떴다. 그리고 앞으로 어느 정도 나갔다. 공과 바닥 사이를 공략하는 방법은 약간 실수해도 어느 정도 만회가 된다는 믿음이 생겼다.

친구들은 자기들의 클럽을 가지고 공을 힘차게 쳤다.

누가 누가 멀리 보내나 시합하는 것으로 보였다. 뒤에서 보니 공이 멋있게 날아가는 모습이 보였다. 원철이는 두 번째 샷이 잘 맞아 나갔다. 나름대로 거리가 나가는 광효는 생각보다 멀리 보내지 못했다. 성환도 그럭저럭 잘 보냈다. 이번에도 내가 가서 먼저 쳐야 할 상황이었다. 아이언으로 치니 당연한 결과였다. 친구들이 클럽 교체를 위해 카트로 갈 때, 다음 샷을 준비했다. 아까와 같은 방법으로 연습 스윙하고 준비를 마쳤다. 아까 땅을 쳤으니, 이번에는 좀 더 깊게 클럽 헤드를 넣기로 계획했다. 손에 힘도 조금 뺐다. 아까 힘을 줘서인지 클럽이 땅에 맞을 때 손에 울림이 좀 있었기 때문이다. 툭 치는 느낌으로 백스윙과 다운스윙을 가져갔다.

"탁"

손에 느낌이 없었던 그 느낌이 또 났다. '이거구나!' 순간 그런 느낌이 들었다. 공은 생각보다 높게 그리고 멀리 나갔다. 친구들은 카트 부근에서 나이스 샷을 외쳤다. 나는 여유가 생겨 친구들을 보고 가볍게 고개를 숙였다. 이번 샷을 마치니, 마지막 홀이라는 게 더 아쉬웠다. 이래서 27홀을 치고 36홀을 치러, 해외에 나가나 보다 싶었다.

잘 맞은 다음 걸어갈 때는 어깨가 절로 펴졌다.

옆에 핀 꽃도 보이고 나무와 하늘이 조화를 이룬 배경도 눈에 들어왔다. 슬슬 걸으며 앞으로 가는데 광효가 다음 샷을 준비하고 있었다. 이번에는 우드를 집어 들었다. 마지막 홀이기도 하고 기회가 될 수 있는 홀이니, 아이언보다는 잘하면 온을 시킬 수 있는 우드를 드는 것도 나쁘지 않은 방법으로 보였다. 차분하게 연습 스윙하고 방향을 살폈다. 자못 진지해 보였다. 자세를 잡은 광효는 백스윙과 함께 다운스윙을 가져갔다.

"탕"

경쾌한 소리와 함께 공이 높이 잘 날아갔다. 뒤에서 보니 멋진 스윙이었다. 그런데 공이 조금씩 오른쪽으로 휘더니 마지막에는 급격하게 휘었다. 그리고 공이 보이지 않았다. 오비였다. 광효는 그 자리에서 클럽을 떨어트렸다. 아쉬움을 온몸으로 표현한 거다. 잘 맞았는데 저렇게 나가면 정말 아쉬울 것 같았다. 광효는 클럽을 집어 들고 카트를 향해 터벅터벅 걸어갔다. 다음으로는 성환이 샷을 했고, 원철이가 샷을 했다. 둘 다 온 그린을 시켰다. 쓰리 온이 된 거다. 성환은 140m 좀 더 되는 거리에서, 원철이는 80m 정도 거리에서 온 그린을 시켰다. 같은 쓰리 온인데, 원철이 처지에서는 비교적 손해 본 느낌이 들지도 모른다는 생각이 들었다. 드라이버 한 타와 퍼팅 한 타의 느낌까지는 아니어도, 어쨌든 한 타니 말이다. 나는 네 번째 샷으로 온 그린을 시켰는데, 온 그린이라 말하기 좀 부끄러운 온이었다. 파 6홀이라 그런지 그린이 매우 넓었다. 어프로치를 해도 될 정도의 거리였다.

광효는 오비티에서 샷을 했는데, 잘못 맞았는지 온 그린이 되진 못했다.

근처에 떨어졌다. 헛웃음으로 아쉬워하긴 했지만, 오비가 됐을 때 정도까진 아니었다. 자포자기한 모습이었다. 공이 있는 곳으로 걸어가서 자세를 잡고 바로 어프로치를 했다. 공을 잘 굴려 핀으로 향했다. 세븐 온이 된 거다. 정말로 말이 씨가 되는 건가? 그래도 온 그린을 했으니 한두 타로 마무리하면, 최악의 상황은 면할 수 있었다. 원철이와 성환은 퍼팅을 잘했는데 아쉽게 근처에서 멈췄다. 오케이 거리긴 한데, 버디는 오케이를 받는 게 아니라며 원철이는 퍼팅을 마무리했다.

"땡그랑"

실력으로 버디를 했다. 성환도 퍼팅을 준비하는데 좀 긴장된 것으로 보였다. 침착하게 툭 하고 쳤는데, 아쉽게도 끝에서 약간 휘어서 멈췄다. 매우 아쉬워했지만, 어쩔 수 없었다. 광효도 잘 마무리해서 최악을 면했고, 나도 나쁘지 않게 퍼팅을 마무리했다. 원철이가 먼저 모자를 벗어 손을 내밀었다. 성환과 광효도 모자를 벗고 서로 손을 잡았다. 나도 모자를 벗고 손을 내밀었다. 라운딩을 마치면 이렇게 하는 게 매너라고 했다. 오늘 참 많은 걸 배웠다. 좋은 걸 배웠다. 오늘 하루는 정말 보람찬 하루였다.

김 코치의, 코칭 레시피 코칭은 삶의 태도에 변화를 불러온다.

"책을 읽는 목적이 뭘까?"

너무 당연한 질문일 수도 있고, 딱히 뭐라 답하기 어려운 질문일 수도 있다. 책을 좋아하고 자주 읽는 사람들 이야기를 들어보면, 그 목적이 제각각이다. 그냥 글 읽는 것 자체가 좋아서 책을 본다는 사람은 책 자체가 목적이다. 원하는 지식을 얻기 위해서 혹은 풀리지 않는 문제를 해결하기 위해 책을 집기도 한다. 마음의 양식이라고 해야 할까? 마음이 어수선할 때 마음을 다스리기 위해, 책을 펼친다는 사람도 있다. 요즘은 시간이 없다는 핑계로 자주 가지 못하지만,

서점에 들어가 책들을 훑어보면 그것만으로도 마음이 편안할 때가 있다. 나무를 좋아하는 사람이 산속에 있을 때의 느낌이랄까? 나무들이 내뿜는 상쾌한 공기처럼, 책들이 잔잔하게 내뿜는 에너지가 좋다.

책을 읽는 목적 말고, 읽어야 하는 이유가 있다.

최근에 이 부분을 자각하게 되었다. 세상을 바라보는 시선이 달라지기 때문에 책을 읽어야 한다. 세상을 바라보는 시선이 달라지면, 생각과 말과 행동도 자연스레 달라진다. 사람은 일반적으로 어떤 상황과 마주쳤을 때, 무의식적으로 떠올리는 생각이 있다. 이 생각은 주로 감정에서 일어난다. 일상에서 벌어지는 일들에, 자동으로 반응한 감정과 생각이 그것이다. 자주 다닌 곳에 길이 나듯, 자주 느낀 감정과 생각이 자동으로 떠오른다. 불쾌한 자극이라면, 좋은 반응이 일어나진 않는다. 드러내진 않지만, 불편한 감정과 생각이 혹 하고 올라온다.

지금 읽고 있는 책이 이와 관련된 거라면, 그 생각을 다시 되돌아보게 한다.

옳고 그름을 떠나, 그 감정과 생각이 나에게 어떤 의미가 있고 어떤 결과를 가져올지 살피게 한다. 미용실에서 나온 사람들은 사람들 머리에 시선이 간다. 새 운동화를 산 사람은 어디에 시선이 갈까? 당연히 사람들 신발에 시선이 간다. 마찬가지다. 내가 지금 읽고 있는 책이 내 생각을 지배하게 되고, 그 생각은 세상을 바라보는 시선을 다르게 한다. 시선이 달라진다는 말은 반응이 달라진다는 의미도 된다. 무엇이 달라지는지 두 가지 경험을 공유해 본다.

첫 번째 이야기.

매주 수요일은 재활용 분리수거를 하는 날이다.

재활용 쓰레기를 손수레에 싣고 엘리베이터를 탔다. 로비 층에 도착해서 나가려는데, 어떤 학생이 비좁은 문틈으로 들어왔다. 내리려다 주춤했고 학생이 들어온 다음에 내리게 됐다. '아니! 기본도 모르나? 내리고 타야 하는 걸 모르는 거야?' 불쾌한 감정이 올라왔고 그 감정은 기본도 모르는 학생이라는 생각이 들게 했다. 한마디할까? 했지만, 그런 말을 잘하는 성격도 아니고 문이 닫혀서 그냥갈 길을 갔다.

예전 같았으면 불편한 감정이 저녁 내내 갔을 거다.

하지만 분리수거하면서 이 기분도 함께 버릴 수 있었다. 이런 생각이 들었기 때문이다. '그러고 보니 나도 그런 적이 있네? 사람이 없는 줄 알고 타려고 그랬잖아? 그 학생도 그랬겠지? 아차 싶었겠지?' 타인의 행동에 지적할 것을 찾기보다, 그 이유를 생각하니 불편한 감정이 내려갔다. 이런 생각을 하면서 감정을 빠르게 추스르고 타인의 상황을 이해하게 되었다.

두 번째 이야기.

필자는 말이 좀 빠른 편이다.

항상 그런 건 아니고 뭔가를 설명할 때, 잘 알고 있는 부분이거나 흥분하면 말이 좀 빨라진다. 이런 상태를 가끔 느끼긴 하지만 알면서도 잘 안 고쳐진다. 그런데 많이 개선됐다는 걸 느꼈다. 전화 통화로 누군가에게 어떤 정보를 설명해 줄 일이 몇 번 있었다. 이전 같았으면 전화로 따발총을 쐈을 텐데, 이번에는 달랐다. 먼저 말하는 톤이 차분해졌다. 예전에는 '파' 정도의 톤이었다면, '레' 정도의 톤으로 이야기했다. 글을 낭독하듯, 말마디를 적절하게 끊어가면서 호흡도 유지했다. 필자가 생각해도 잘 들리고 쉽게 이해될 거라는 확신이 들었다. 상대방의 의견을 물어보진 않았지만 말이다. 자각하면서 말한다는 것만으로도 큰 변화라 여긴다.

어떤 책이 이런 변화를 불러오게 했을까?

코칭에 관련된 책들이다. 첫 번째 이야기와 관련된 책은 《마음을 아는 자가 이긴다》이다. 감정과 생각 그리고 욕구에 관한 책이다. 감정은 생각에서 온다고 한다. 어떤 감정이 올라왔다고 하면, 그 감정을 올라오게 한 생각이 있다는 거다. 감정과 생각은 궁극적으로, 진정 원하는 것이 있다는 것을 알려준다고 한다. 자신의 감정과 생각을 잘 알아차리면, 그 감정과 생각을 일으킨, 진정으로 원하는 것이 무엇인지 알아차릴 수 있다는 말이다.

엘리베이터 사건을 보자.

훅 올라온 불편한 감정은 어떤 생각에서 왔는가? 기본 개념을 모른다는 생각이, 그렇게 불편한 감정을 불러왔다. 불편한 감정을 느꼈지만, 본의 아니게 그럴 수도 있었겠다는 생각이 나를 이해시켰다. 감정을 내려앉게 했다. 이를 통해 필자가 원했던 것은 그 학생이 다시는 그런 행동을 하지 않는 게 아니었다. 불편한 마음이 가라앉는 거였다. 원하는 그것을 위해 그 학생의 상황을 이해하게 됐고, 이해된 생각은 마음을 가라앉혀줬다.

두 번째 이야기와 관련된 책은 《강 팀장을 변화시킨 열 번의 코칭》이다.

후배가 오랜만에 직장 선배였던 분을 만났는데, 그 선배가 코치가 되어있었다. 마침 팀장이 되면서 고민이 있다고 말하면서, 선배는 코칭을 제안했다. 그렇게 열 번을 찾아가면서 코칭 받는 이야기다. 이 책에서는 글이기는 하지만, 선배가 후배에게 조곤조곤 코칭하는 모습이 그려졌다. 그 모습이 참 좋았다. 좋아하면 닮는다고 했던가? 책을 읽는 동안 선배의 모습을 좋게 보면서, 인식하지 못하는 사이 그 선배의 모습을 닮아갔나 보다. 필자를 조곤조곤 설명하는 사람으로 만들었다.

책은 지식과 정보를 얻는 데 그치는 것이 아니다.

내 마음과 시선을 결정하는 매우 중요한 도구이다. 본인이 원해서 책을 읽게 되지만, 이왕이면 목적을 가지고 읽는 게 어떨까 싶다. 필자처럼 코치로서 좋은 모습을 갖추기 위해서 코칭 관련 책을 읽은 것처럼, 원하는 모습으로 되기 위한 책을 읽는 거다. 완전하게 변하진 않겠지만, 책을 읽는 동안에는 자신도 모르게 원하는 모습으로 생각하고 행동하게 된다. 그걸 자각하고 반복하면, 진정 원하는 모습으로 변하지 않을까? 이 또한 새로운 코칭이라 생각된다.

에필로그

'아! 진작에 만났더라면…'

코칭을 접하고 든 생각이다. 코칭은 양파와 같다. 까도 까도 나오는 양파처럼, 배우면 배울수록 새로움을 느낀다. 새로운 배움도 있고 매력도 있다. 진작 만나지 못한 것을 아쉬워한 이유다. 한편으로는 다행이라는 생각도 들었다. 이제라도 만났으니 말이다. 코칭을 처음 만난 건 2022년 초였다. 우연한 계기로 특강 강연에 참여하게 되었고, 강연을 들으면서 결심했다. '이것 꼭 배워야 한다!' 바로 기초 과정을 듣고, KAC 자격 취득을 위한 준비에 들어갔다. 그해 6월 KAC를 취득했고, 다음 해인 2023년 KPC를 취득했다. 2023년 말에는 기초 교육 과정 프로그램을 운영하는 라이선스도 취득했다. 필자가 배출한 KAC 취득자도 있다.

기초 교육을 받고 해야 할 것은, 코칭 실습이었다.

50시간을 채워야 하는데, 어떻게 할지 고민했다. 코칭 교육을 받은 사람들끼리 하면, 진행이나 시간 채우는 건 어렵지 않았다. 하지만 한계가 분명했다. 일명, 짜고 치는 고스톱이 되는 거다. 프로세스에 따라 질문하면, 어떤 대답을 하는 게 좋을지 서로 안다. 실전 코칭이 되기 어렵다는 말이다. 단순히 시간을 채우고 싶진 않았다. 도전적으로 코칭할 방법을 찾았다. 지인들에게 연락했다. 코칭을 배웠으니, 무료로 해주겠다고 알렸다. 몇몇 분들이 신청해서 진행했다. 의미 있는 시간이었다. 움찔한 순간도 있었고, 어떻게 말해야 할지 고민된 시간도 있었다. 다행히 좋은 시간이었다는 피드백을 받았다. 뿌듯한 마음도 있었지만, 지인이라 좋게 말해줬다는 생각도 들었다.

조금 더 강도(?)를 올리기로 했다.

방법을 찾다가, 선배들이 했다는 프로젝트를 시도하기로 했다. 불특정 다수에게 코칭을 진행하는 거였다. 선배들은 어느 정도 코칭 실력이 갖춰진 상태에서, 재능 기부 형식으로 진행했다. 명칭도 다양하다. '생수 코칭', '박카스 코칭', '월드콘 코칭' 등등. 코칭 앞에 붙은 수식어는, 코칭 비용이다. 부담 없는 비용으로 코칭을 진행한 거다. 필자는 초보였지만, 좋은 방법이라는 생각이 들었다. 그래서 '아메리카노 코칭'을 시작했다. 커피를 좋아해서 그렇게 명명했다. SNS에 올렸는데, 몇몇 분들이 신청해주셨다. 지인 소개로 신청한 분도 있고, 아무런 연관이 없는 분도 신청해주셨다. 모두, 얼굴도 모르는 분들이었다.

떨렸다.

누군지도 모르는 사람과 처음 만나서, 그것도 전화로 코칭한다는 게 여간 부담스러운 게 아니었다. '괜한 일을 벌였나?'라는 생각도 들었지만, 이미 엎질러진 물이니 편안하게 하자고 마음을 고쳐먹었다. 지인과 하는 것과는 느낌이 달랐다. 잠시 인사 나누고, 바로 코칭을 진행했다. 놀라운 사실은, 일면식도 없는 사람한테 속사정을 이야기했다는 거였다. 아주 친한 사이가 아니라면 털어놓기 어려운 이야기다. 아니, 오히려 치부를 드러내는 것 같아 말하기 어려웠을 거다. 어쩌면 그래서, 코칭을 신청했는지도 모른다. 누군가와 이야기 나누고 싶은데, 마땅한 사람이 없어서 말이다. 코칭하면서든 생각은, 내가 무언가를 해주려고 하지 말고 그냥 이야기를 들어줘야겠다는 거였다. 무언가를 하려고 하니 마음이 조급해지고 뭔가 꼬였다. 코칭을 신청한 사람들은 나에게 무언가를 바라서가 아니었다. 자기 이야기를 털어놓고 싶은 거였다. 들어주는 것만으로도, 누군가한테 말할 수 있다는 것만으로도, 위로가 된다는 것을 새삼 깨달았다.

많이 배웠다.

처음 통화하는 사람과 깊은 주제로 이야기를 나눌 수 있는 게 신기하기도 했다. 속 깊은 이야기를 나누고 위로를 나누고 응원을 나누는 시간을 통해, 나 또한 위로를 받고 응원을 받았다. 코칭은 일방통행이 아닌, 양방 통행이라는 것을 실감했다. 코칭은 코칭 받는 사람뿐만 아니라 코치도 에너지를 받는다. 코칭 경험을 통해 명확하게 깨달은 사실이다. 떨어졌던 에너지가 올라오는 느낌은 정말 짜릿하다. 시간이 지나면, 필자 스스로가 에너지를 받기 위해 코칭을 진행할지도 모를 일이다.

코칭의 가장 큰 매력이라 자신한다.

서로 좋은 에너지를 나누는 것이 코칭의 가장 큰 매력이다. 어떤 주제라도 어떤 결과로 마무리 짓더라도, 마지막에 남는 건 에너지다. 서로에게 전해준 에너지다. 코칭을 마치고 잠시 그 자리에 가만히 머무를 때가 그렇다. 여운이 남는다. 서로가 나눈 에너지의 여운을 조금 더 느끼고 싶어서, 잠시 가만히 머무르게 된다.

필자는 코칭 경력이 길진 않다.

짧은 시간이지만, 많은 경험과 공부를 했다. 깨닫고 느낀 것도 많았다. 그 내용을 글로 정리해봤다. 코치가 되어 가는 과정을 기록하고 정리하면서, 또 배움을 얻었다. 이 메시지를 어떻게 전하면 좋을지 고민하다가, 골프와 연결하게 됐다. 골프와 코칭 메시지가 적절하게 잘 어울렸기 때문이다. 약간 억지스러운 부분이 있다고 느낄지도 모르겠다. 필자가 느낀 것과 연결했으니 말이다. 같은 상황을 보고 다르게 해석할 수 있다. 이런 부분은, 다른 시선을 엿본다는 느낌으로 읽어도 좋겠다. 모든 사람이 같은 상황을 보고 같은 해석을 하면 재미없지 않은가? 아무쪼록 이 책이, 코치가 되고자 하는 분들은 물론 코칭을 알고 싶은 분들에게 조금이나마 도움이 되길 바란다.

골프에서 배우는
팀장 코칭
리더십

초판인쇄 2025년 10월 10일
초판발행 2025년 10월 10일

지 은 이 김영태
펴 낸 이 채종준
펴 낸 곳 한국학술정보(주)
주   소 경기도 파주시 회동길 230(문발동)
전   화 031-908-3181(대표)
팩   스 031-908-3189
투고문의 ksibook1@kstudy.com
등   록 제일산-115호(2000. 6. 19)

ISBN   979-11-7457-198-4 13190

이담북스는 한국학술정보(주)의 학술/학습도서 출판 브랜드입니다.
이 시대 꼭 필요한 것만 담아 독자와 함께 공유한다는 의미를 나타냈습니다.
다양한 분야 전문가의 지식과 경험을 고스란히 전해 배움의 즐거움을 선물하는 책을 만들고자 합니다.